四海來鴻

趙令揚教授友朋書信選集

黃啟華　林光泰　楊文信　黃毓棟

編選

中華書局

本書荷蒙

香港大學中文學院

Small Research Grant

資助部分經費

謹此鳴謝

趙令揚教授

1988 年趙令揚教授攝於荷蘭萊頓

趙令揚教授

王賡武校長、趙令揚教授

張岱年教授、趙令揚教授攝於「人的革命」研討會

趙令揚教授、劉渭平教授

饒宗頤教授、趙令揚教授攝於查良鏞講座

趙令揚教授、查良鏞博士

唐振常教授、趙令揚教授

趙令揚教授、作家白樺

杜維明教授、李焯然教授、陳榮捷教授、趙令揚教授

左起：李田意教授、柳存仁教授、楊紫芝教授
趙令揚教授、陳學霖教授、林徐典教授

陳捷先教授、趙令揚教授、杜維運教授、繆全吉教授

左起：夏瑞春教授（Prof. Adrian Hsia）、馬楚堅博士、查良鏞博士、趙令揚教授、陳偉明教授

趙令揚教授、陳福霖教授

序

深夜來鴻逐夢遙，飄零碎念此狂飆。
殘箋喜得殷殷集，故事今宜款款描。
莞爾鵷雛留指爪，悲乎病木枕蕭條。
南風何許歘然至，啟迪生徒信可昭。

趙子美
癸卯中秋日於薄扶林

出版緣起

趙令揚教授於香港大學中文系退休時，有一批藏書和個人物件吩咐我代為跟進，經兩三度轉折，那十多紙箱個人物件由 2012 年起便存放於我的研究室，至老師仙逝，也原封未動。

及至 2022 年，我也要從中文學院退休，徵得老師二公子子強兄的同意，便與林光泰、楊文信二君子一起整理這些物件，把貴重者如劉海粟的墨寶、其他名家書畫、錢幣、郵票、漢朝未央宮瓦擋、眾多印章、老師一家的物品……，送還給子強兄，又按子強兄的吩咐，把其餘物件逐一處理。經我們三人一起檢視，把廢舊文具、殘破物品丟掉後，老師的早年授課筆記、林仰山教授（Prof. F. S. Drake）的一批筆記資料，送了給香港大學馮平山圖書館庋藏。當時，適值陳婉瑩教授編撰《香港大學世紀之問》一書，其中有篇章介紹老師於改革開放初期對推動海峽兩岸暨香港，以及海外學者交流聯繫的功績，她的助手趙晗女士找我接受訪問，又借用了任繼愈、包遵信、容肇祖、湯一介等多人的書信、張岱年於「人的革命」研討會的發言手稿、多個學術會議議程及眾多照片，我們便把老師的數百通友朋書信、多次學術會議的議程及數百幀照片先保留下來，待《香港大學世紀之問》一書使用完畢後，與我手上的杜維運師少量手稿、杜師母從加拿大送來的一批杜師友朋書信、杜師重新考證《廿二史劄記》的掃描檔（杜師的遺稿），稍後才送贈給馮平山圖書館。

後來，我們覺得手寫書翰只會越來越稀罕，而且把兩位老師的友朋書信只藏諸名山，後人未必知其價值，便興起整理出版的念頭。可惜，杜師的書信集（原擬名為《鱗鴻選珍》）因我們無法控制的因素，暫時無法付梓，《四海來鴻》此書，得中華書局（香港）有限公司副總編輯、學術出版分社社長黎耀強先生襄助，現先行問世。

由我保管的老師書信約有四百通（包括本書未收錄者），仔細閱讀，如唐振常教授託請老師代購美食醇酒（唐教授常有稿費暫存於老師處）、老師寄送鼻痛片給韓國李炳漢教授、錢伯城先生託請老師找醫生、瞿同祖教授望能於香港留上兩個月以修補牙橋，都可以佐證老師真誠待人、豪爽慷慨的性格。此外，老師原本向港大推薦頒授名譽文學博士給查良鏞先生（該信為港大公文，本書未有收錄），後因頒授學位一事引起爭議，最後改為授予名譽社會科學博士；今天回頭看來，老師對查先生的評價，也別具隻眼，開創先河。至於促進學術交流，馮爾康教授便指出「兩岸史學工作者切磋交流，只有在改革開放之後才有可能，第一次提供大規模交流平台的是前述港大教授趙令揚，他於1985年舉辦國際明清史研討會，兩岸各有近二十名學者出席」，馮教授就是在這次會上認識了陳捷先教授和其他台灣學友。因此，馮教授稱頌海峽兩岸暨香港的「史學家交往，是趙令揚教授在香港、捷公（筆者按：指陳捷先教授）在台北先後創造了平台，功在史學界。」[1] 證諸本書的書信，也所言非虛。

本書收錄之書信、書信排列之次序，有以下原則：

① 本書只收錄老師生前交由本人看管之書信，老師家人或他人保存之書信，不在其中。

② 本書收錄世界各地學者、友人、機構致函老師之書信，老師致李定一教授之翰札，以附翰列於眾書信之前。

③ 本書收錄之中英文書信，按署名者姓名筆畫、字母排序。

---

1 馮爾康：〈捷公祝壽集序言〉，載馮明珠編：《盛清社會與揚州研究：恭賀陳捷先教授八秩華誕論文集》（台北：遠流出版事業有限公司，2011年），頁vi。

④ 同一人士如同時有中英文書信者，英文書信也收入中文書信部分之中。

⑤ 同一人士之書信，按年、月、日排序，書信正文寫出年分者，不作注明，根據郵戳、書信入檔記錄而得知年分者，年分標注於書信之下。

⑥ 為便閱讀，有些書信圖像會分割處理，不會刊載信箋之完整圖像。

⑦ 有一位外國學者我們未能考知其姓名，該信排列於最後。

⑧ 生卒年月及個人通訊資料已成重要私隱。個人地址、電話號碼，本書一概隱去；在世者之生年，我們亦不會列載。

⑨ 書信署名者介紹及眾多書信提及的香港大學中文系現已改稱中文學院，書中不會再作注明。

本書所列人物介紹由我們四人分工擬寫，如有錯誤，懇請方家諒鑒、諟正。至於老師大公子子美兄惠賜七律作序，黎耀強先生襄助出版事宜，我們在此一併致謝。

我們也盡了最大努力通知在世之書信署名者將刊登其書信，惟未能聯絡個別署名者，尚祈他們見諒。

2025 年 4 月黃啟華識

趙令揚教授小傳

上世紀30年代初，祖籍廣東澄海的趙世銘和同省籍的趙璧在上海邂逅，稍後二人同往廣西執教鞭，並於1932年1月在梧州結婚，同年5月移居上海，住在狄思威路麥加里6號，於10月誕下長子令揚。隨着日本侵華戰事形勢的急變，趙世銘與家人南下避難，長女莉雯1937年於廣州出生，上海淪陷後，虹口一帶生活粗安，遂返回故居，於1939年誕下次女莉慈。在那些奔波與折騰的歲月裏，趙令揚並未獲得正式教育的機會，他的童年在上海美術專門學校畢業的父親和上海新華藝術專科學校畢業的母親嚴謹的教導下度過，趙世銘和趙璧亦能學以致用，在上海教授西洋畫和音樂為生。1940年3月，趙璧病重，臨終前囑託既是摯友，亦同屬新華藝術專科學校的同學阮謹之照顧丈夫及子女。趙璧去世後，趙世銘以一人無法照顧令揚、莉雯和莉慈，遂舉家暫遷廣州，住在阮謹之位於荔灣區的阮氏祖屋。當時南中國兵馬倥傯，趙世銘和阮謹之成婚後，時局尚未緩和。1942年香港淪陷，不少逃難人士倒灌回穗，令廣州發生糧荒，趙世銘唯有返回汕頭趙氏祖屋，把三個兒女交由母親和妹妹趙雲光照顧，他和阮謹之在局勢稍平定時，便南下香港另謀出路，期間先後於1944年和1946年誕下二子令平與三子令名，後又於1948年誕下幼女莉莉。

在祖母和姑姐悉心照料下，在家鄉成長的趙令揚終於能體驗真正的學校教育，汕頭寬敞故居的前後花園和蓮花池，提供了一個心境相對安穩的氛圍，除努力學習外，每天課餘都在埋頭翻閱《西遊記》等漫畫書籍。香港重光後，趙世銘的母親和妹妹於1946年自汕頭攜同令揚、莉雯和莉慈抵達香港闔家團聚，當時的住所是深水埗醫局街144號，後遷往167號。同年，趙令揚入讀喇沙小學，並於1954年畢業於喇沙書院。他在1955至1956年於葛量洪師範專科學校（Grantham Training College, Hong Kong）完成師資培訓，並在1956至1958年任教於窩打老道山新法書院，主要教授英文科，也曾代兼音樂課。他在1958年入讀香港大學（University of Hong Kong），1961 年獲中文系（Department of Chinese，即今中文學院）文學士學位，1963 年以《唐宋時廣州市舶司研究》論文獲頒授文學碩士學位，其指導老師乃史學泰斗羅香林教授。

趙令揚在 1963 年 3 月獲澳大利亞悉尼大學（The University of Sydney, Australia）聘任，出任東方學系（Department of Oriental Studies）講師，1964 年 1 月履新，任教漢學；所授課程包括《史記》、《儒林外史》，當然也包括他的專長明史，屬於高級課程。他第一年開明史課，學生只有杜博妮（Bonnie McDougall）一人。今天，她已經是聞名國際的漢學家。趙令揚在教學之餘，繼續進修，師從東方學系主任戴維思教授（Prof. Albert Richard Davis），於 1968 年獲博士學位。戴教授為傑出的中日文學研究者，尤醉心鑽研六朝文學，其巨著《陶淵明研究》由劍橋大學出版社及香港大學出版社聯合出版。趙令揚於 1969 年受聘回港，在母校中文系講授明清史、中西交通史、政治思想史和近代文學等科目。1973 年升任高級講師，1976 年榮升教授（Reader），1984 年破格晉升講座教授（Personal Chair）。任教港大期間，曾任文學院院長、中文系主任、日文系創系主任。2001 年退休，因為升任講座教授已滿 12 年的關係，獲大學授予「榮休教授」（Emeritus Professor）榮銜。

趙令揚教授之研究範圍主要為明清思想史、中國現代文學和海外華人史。曾參與撰寫 *Dictionary of Ming Biography*（《明代名人傳》），出版學術專著多種，包括《明史論集》、《關於歷代正統問題之爭論》、《寧王朱權及其庚辛玉冊》等，合編史料如《明實錄中之東南亞資料》、《明實錄中之天文資料》、《海外華人史資料選編》、《苦笑錄：陳公博回憶（一九二五—一九三六）》等，發表學術論文近百篇，如〈從張岱史學觀點看明代文化思想變遷之歷程〉、〈論龔自珍對史之觀念〉、〈中國知識分子的「家」、「國」觀念〉、〈辛亥革命期間海外中國知識份子對中國革命的看法 —— 梅光達、邱菽園與康梁的關係〉、〈陳寅恪先生與民族文化史研究〉、〈儒學與香港專上教育關係之今昔〉、"The Study of Chinese History and Modern Chinese Politics"、新加坡國立大學吳德耀教授文化講座之 "Zheng He: Navigator, Discoverer and Diplomat" 等。

趙令揚教授擔任香港大學中文系主任期間，繼承中文系文史哲不分家之傳統，除致力發展文學、歷史、哲學、翻譯各科之外，並將原屬港大語文研習所(Language Centre)的普通話和廣東話課程納入中文系，改設成為中國語文學部，使校內師生增加學習中國語言的機會，又創立「中文增補課程」，使港大選修不同學科的學子們得以有系統地學習漢語和實用中文，中文系成為港大少數以全校學生為教學對象的學系。

過去港大中文系研究生獎學金名額有限，有志於畢業後繼續深造的同學，受制於中文、歷史及翻譯每組僅設一個大學資助研究生(Studentship)名額，往往不能一展抱負。趙令揚教授擔任系主任以後，一方面在系內經費的支持下，增設教學助理(Teaching Assistant)的職位，另一方面則把導師(Demonstrator)的職位分拆為二，此舉不獨令未能得到資助的同學得以紓緩經濟壓力，也使更多同學受惠。此外，趙教授還極力向校方反映，敦促大學撥出更多經費來培養未來的學術人才。在多方面的配合下，語言文學、歷史文化、中英翻譯三個不同組別的研究學額及資助日增，使中文系在 20 世紀 80 至 90 年代增添一批又一批年青研究才俊，為本地及海外學府培養了不少教學和研究人才。

趙令揚教授在任期間，亦積極推動學術研究，並多次邀請國內外著名學者到香港大學講學。其中如史學大師錢穆教授、北京大學任繼愈教授、中國社會科學院近代史研究所瞿同祖教授、廣州中山大學金應熙教授、中國文物界大家王世襄先生、台灣大學陳捷先教授、哥倫比亞大學狄百瑞（William Theodore de Bary）及蔣彝兩教授、哈佛大學杜維明教授、華盛頓大學陳學霖教授、明尼蘇達大學范德（Edward Farmer）教授、威斯康辛大學周策縱教授、羅馬大學史華羅（Paolo Santangelo）教授、澳大利亞國立大學柳存仁教授、墨爾本大學 Harry Simon 教授、倫敦大學亞非學院裴達禮（Hugh Baker）教授等，使港大中文系莘莘學子得以親睹著名學人的風采，聆聽教益。上世紀 70 年代末，中國內地改革開放之初，趙教授即舉辦多次學術研討會，使海峽兩岸暨香港學者能聚首一堂，交流研究心得，同時亦邀請海外學人參加，使中國歷史或其他學科的研究者在不同地區、不同領域，甚至不同的意識形態下，得以相互切磋砥礪。這類具前瞻性和影響力的國際研討會和講座，令中文系的學術研究和路向得到嶄新的開拓與發展。大略計算，這些國際學術會議和講座不下四十餘次，時間橫跨上世紀 70 年代末至本世紀。舉其例子，如「查良鏞學術講座」，不同主題的明清史國際學術研討會、「人的革命研討會：中國現代化中的思想與文化問題」、「香港大學中文系七十周年紀念國際學術研討會」、「中國學術研究之承傳與創新研討會」、「五四運動紀念國際研討會」、「許地山教授學術研討會」、「孫逸仙思想與廿一世紀國際學術研討會」、「第 34 屆（1993）亞洲及北非洲研究國際學術會議」（International Congress of Asian and North African Studies, ICANAS）、「鄭和下西洋六百周年紀念國際學術研討會」、「廿一世紀國際儒學教育之發展學術研討會」等。尤應注意的是，「亞洲及北非洲研究國際學術會議」是國際盛會，素被譽為「學術界奧林匹克」，第 34 屆會議是首次在香港舉行，而趙教授是首位擔任會議主席的華人學者。此後，他更連續兩屆（1997 年匈牙利布達佩斯和 2000 年加拿大蒙特利爾）獲大會邀請擔任會議的名譽主席。

趙令揚教授除服務香港大學外，對海內外高等教育事業貢獻良多，曾受聘為新加坡國立大學中文系客座教授，並擔任該校和馬來亞大學校外考試委員與學術顧問；曾出任澳大利亞國立大學客座研究員、墨爾本大學客座講師、廣州中山大學及暨南大學客座教授、中國社會科學院近代史研究所客座高級研究員、汕頭大學創校校董、香港浸會大學校董、香港中文大學新亞書院校董。趙教授雖然退休多年，但在學術界仍然活躍，是中國史學會會員、皇家亞洲學會香港分會（Royal Asiatic Society, Hong Kong Branch）終身會員，並身兼港大中文學院名譽教授、香港聯合國教科文組織協會（UNESCO Hong Kong Association）副會長、上海財經大學顧問、國際儒學聯合會副會長、中國明史學會理事等職。上世紀 80 年代，大學迅速擴張，趙教授說服社會名流如查良鏞教授、徐谷華昆仲、徐展堂博士慨捐巨款，共同發展大學之多元化學術活動，成效卓著。

對本地明清史研究的推動，趙令揚教授的貢獻更是有目共睹。他以其研究的興趣和專長，為香港培養了大批明清研究的學人，也為香港大學中文系成為國際上明清研究的重鎮打下堅實的基礎。趙教授於 1985 年創辦《明清史集刊》，與當時美國的 *Ming Studies*、台灣的《明史研究專刊》、日本的《明代史研究》、內地的《明史研究論叢》，共同發展明清史研究，使港大成為國際上推動明史研究的重要推手。《明清史集刊》在他的開拓和經營下，吸引了不少海內外著名學者踴躍投稿，這固然由於學術界承認該學刊的地位，也和趙教授的慧眼獨具、果斷創刊的決心不無關係。2003 年，新加坡國立大學文學院院長 Edwin Thumboo 教授特別在當地為趙教授舉辦榮休紀念學術研討會，足見國際學術界對其成就的肯定。翌年，研討會論文集由附屬於新加坡國立大學藝術中心之 UniPress 和新加坡八方出版社共同出版，題為 *East-West Studies: Tradition, Transformation and Innovation - A Festschrift in Honour of Professor Chiu Ling Yeong on the Occasion of his Retirement from the Chair of Chinese, the University of Hong Kong*。

趙令揚教授在香港大學榮休後，隨即擔任新成立不久的香港金融管理學院院長的職位，致力促進內地及香港的經濟和文化交流，繼續在新崗位上發揮他在管理和學術方面的貢獻。趙教授於 2019 年 6 月 19 日病逝，享年 86 歲。

（本小傳原載趙子美、趙子強編：《平生玉露灑河汾：趙令揚教授追思集》〔香港：香港大學中文學院、商務印書館（香港）有限公司，2019 年〕，頁 1-6，現據此刪節而成。）

附翰：趙令揚致李定一手札

李定一（1919—2002），男，史學家，專治中國近代史、外交史，先於台灣大學任教，後任香港中文大學歷史系主任兼文學院院長，最後回台灣於政治大學任教，著有《中國近代史》、《中美外交史》、《中美早期外交史》、《中華史綱》、《世界史綱》（譯）、《俄羅斯源流考》（譯）、《中國近代史論叢》（合編）等。

定一吾兄：今接楊雷峯先生來信，知楊先生B.A.畢業於法律系，其學位為LL.B.而非B.A. 然此可能有問題，因「法律系」人士，可能提出反對，但弟將盡力勸說服戴維思教授。因其接到「申請表」，殊呼頭痛也。如何月內當可知曉，但希吾兄能告訴楊先生，以免使其失望也。無論如何，弟當盡力爭此，這點可以肯定。

雪梨大學已將結束一九六四年學年，弟將利用暑期趕寫短文。明年度課程，弟除擔任明史、史記及近代小說選講（其實是選譯）外，還加「中國與東南亞關係史」一課，但此為研究生之Seminar，非大學本部課程也。近來港「中文大學」發展如何？希能見示一二。專此

並祝

近安

弟 令揚 首上

1964年

目　錄

中文書信

（括號內數字為書信數目）

英文書信

中文書信

丁守和

丁守和（1925—2008），男，史學家，專治中國近代史，曾任中國社會科學院近代史研究所研究員、北京大學兼任教授、《歷史研究》編輯部主任、《近代史研究》主編，中國文化學會發起人並任創會會長，著有《從五四啓蒙運動到馬克思主義傳播》、《民主科學在中國的命運》、《瞿秋白思想研究》、《中國近代啟蒙思潮》（主編），及眾多其他論著。

中国社会科学院近代史研究所

令揚先生：

您好！邀请信及研讨会简介均已收到，谢谢。贵院要举行一次中国现代化中的思想与文化问题研讨会，是一件好事，讨论这样的问题很有必要。贵院邀我参加这次研讨会，兄又嘱前往，我决定参加此会。准备写篇《民主与科学和中国现代化》的论文，因近来他事较多，如完不成就写个发言提纲。兄11月10日来北京，当去拜访，住在何处，请电话告知。

谨此

敬礼！

弟 丁守和 10月15日

地址：北京王府大街东厂胡同一号 电话：五五局五一三一号

丁身尊

丁身尊，男，學者，對孫中山和民國史有研究，曾為廣東民國史研究會會長、廣東潮人海外聯誼會名譽副會長，著有《創業者的足跡：港澳海外企業家創業史》第 1 卷（主編）、《廣東民國史》（合編）、《抗日空軍烈士丁壽康家書》（合編）、《新西蘭華僑史》（楊湯城口述、丁身尊整理），及眾多其他論著。

中国人民政治协商会议广东省委员会

趙院長令揚先生鈞鑒：

廣州幸會，不勝仰慕。新春來臨，謹致健康愉快，事業進步。

茲寄上去年我會紀念孫中山先生誕辰120周年編印的《孫中山三次在廣東建立政權》一書，以供閱存。

廣州晤面時曾商請撰寫李嘉誠先生創業史一事，未知進行如何？我會近年來正大力徵集港澳企業家創業史，以便為經濟建設提供借鑒。李先生事業上成就顯著，愛國感人。如能把李先生事迹具体撰述成篇，定可啟迪世人。

先生為香港教育界知名人士，又是李先生知交，如能協助完成此事，自當感激不盡。

盼多聯繫賜教。順致全家安好。

書此，即頌

祺安！

丁身尊謹上 1987年2月24日

丁景唐

丁景唐（1920—2017），男，學者、出版人，尤專注中國現代文學史及左翼文學研究，曾任《小說月報》、《文壇月報》編輯、《文藝學習》主編，1949 年後，曾任上海市出版局副局長、上海文藝出版社社長兼總編輯，並曾為中國出版工作者協會副主席，推動影印出版《中國新文學大系》第 1 輯和後續 4 輯的編輯出版工作，著有詩集《星底夢》、《猶戀風流紙墨香》、《婦女與文學》、《左聯五烈士研究資料編目》、《魯迅和瞿秋白合作的雜文及其他》，及眾多其他論著。

上海文艺出版社

赵令扬先生：

欣读来函。

《新文学大系（1927—37）》散文卷由吴组缃教授作序。他是北京大学教授，《红楼梦》研究学会会长，著名的小说家、散文家，曾出国访问，可能你认识他。

此次，香港举办"上海书展"，有几位上海同行赴港参加书展。欢迎你参观书展，多提宝贵意见。

柯灵先生赴日参加国际笔会活动，诗人王辛笛也时相随从。我们希望能在上海见到你。行前，希来信先知我们。

顺颂

时绥！

弟 丁景唐敬上

1984年5月23日

丁寶蘭、李錦全

丁寶蘭（1919—1988），男，史學家，專治哲學史方法論、中國近現代哲學史、中國無神論史、嶺南思想史，曾任中山大學教授，中國哲學史學會理事，著有《馬克思主義哲學的階級性和實踐性》、《中國歷代教育家》、《嶺南歷代思想家評傳》（主編），及眾多其他論著。

李錦全，男，史學家，專治中國哲學史、思想史，曾任中山大學哲學系教授兼系主任、中國哲學史教研室主任，亦曾為中國哲學史學會理事、國際儒學聯合會理事，著有《思空齋詩草》、《海瑞評傳》、《簡明中國思想史》（合著）、《現代新儒學研究叢書》（合編），及有《李錦全文集》10 冊。

中山大学
Zhongshan (Sun Yatsen) University
Guangzhou, People's Republic of China
Tel. ~~51710~~ 446300

今揚教授惠鑒：

去月尊駕率團蒞臨敝校访问，得聆谠论，至为钦佩！并承同意商订有关中国思想文化研究的协作计划，尤深感纫！现将我们正在组织的研究课题三项编出简介材料，寄陈台端，请予审察。尚祈将贵方参与合作的意向和措施见示，以便落实施行。简介材料副本一份已另送陈胡守为副校长，顺此奉告。

谨候

研安！

丁寶蘭
李錦全
一九八七年十二月十日

上海市人民政府

上海市人民政府外事办公室

香港大学中文系

赵令扬教授：

上海社会科学院历史研究所、华东师范大学中文系、历史系邀请您于今年三月十五日到二十七日来上海访问和讲学，请持此件去中华人民共和国外交部驻香港办事处办理签证。

上海市人民政府外事办公室

一九八五年三月一日

中村哲夫

中村哲夫，男，日本史學家，專治近現代中國史、東亞現代史，曾於大阪大學、富山大學任教，後為神戶學院大學教授，並曾為日本孫文研究會代表理事，著有《近代中國社會史研究序說》、《同盟の時代：中國同盟會の成立過程の研究》（同盟的時代：中國同盟會成立過程之研究）、《孫文の経済学說試論》（孫中山的經濟學說試論）、《日中戰争を読む》（閱讀中日戰爭），並有眾多其他論著。

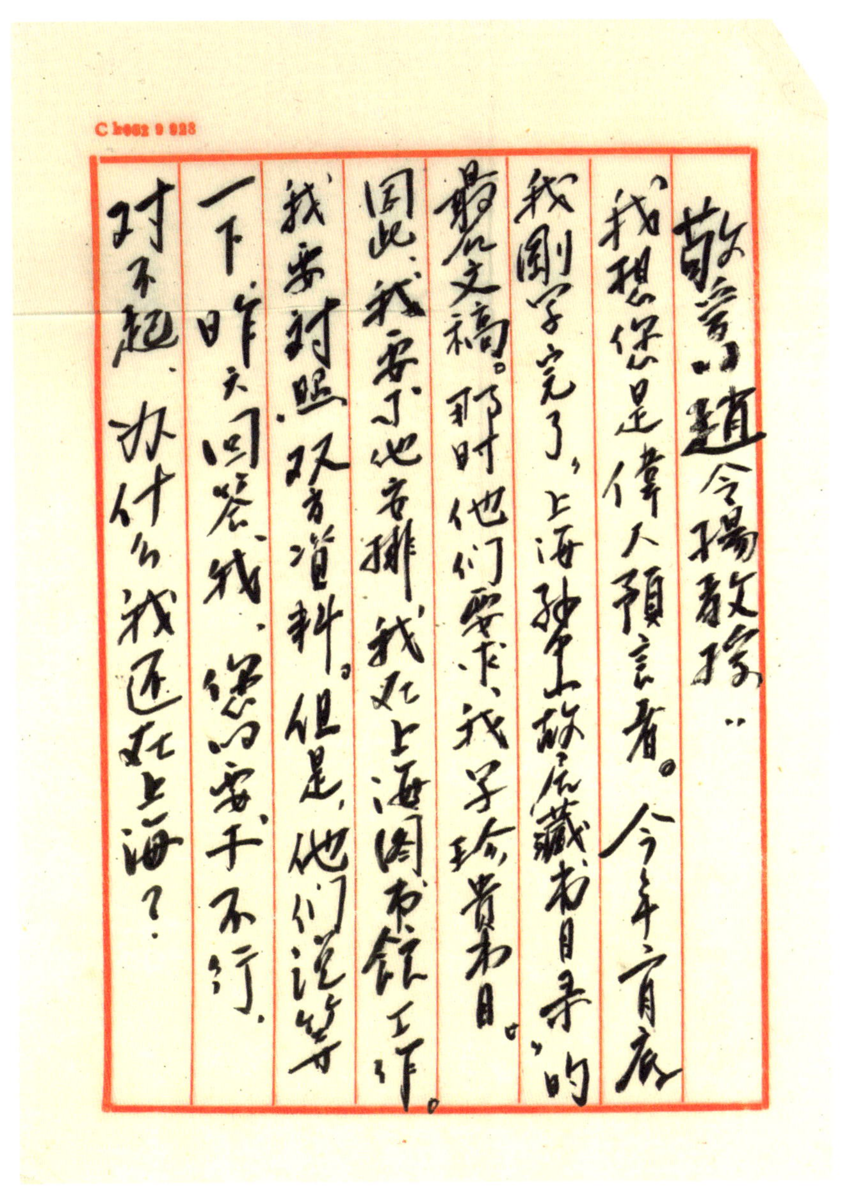

C 8062 9 928

敬爱的趙令揚教授：

我想您是偉大預言者。今年六月底我刚写完了"上海孙中山故居藏書目录"的最后文稿。那时他们要求我写"珍贵書目"。因此，我要求他们安排我在上海图書館工作。我要对照双方資料。但是，他们说等一下。昨天回答我，您的要求不行。对不起。為什么我还在上海？

（此信共四頁）

C h052 9 928

他们忘记他自己的客于。情况如上，
在那里工作比较困难，有时好，有
时不好。但，我在普校负的责任大
博物馆及美国联合目录的有资料。
对照原手工作很快。
如果我一个月以内不能对照，他们
大概说「您再来吧」！
我的最大幸运以来是先济问

貴校复印資料。没有香港今日的資料，
不能写国際水平的目录文稿，
上海地区的工作很複雜，
但是我的工作大体上成功了。先
我要報告您，而要说衷心感謝
育庭同志日本，以前我不能訪問
貴校。今秋，我们的目录印刷工作
大概完了。出样后我马上郵送您。

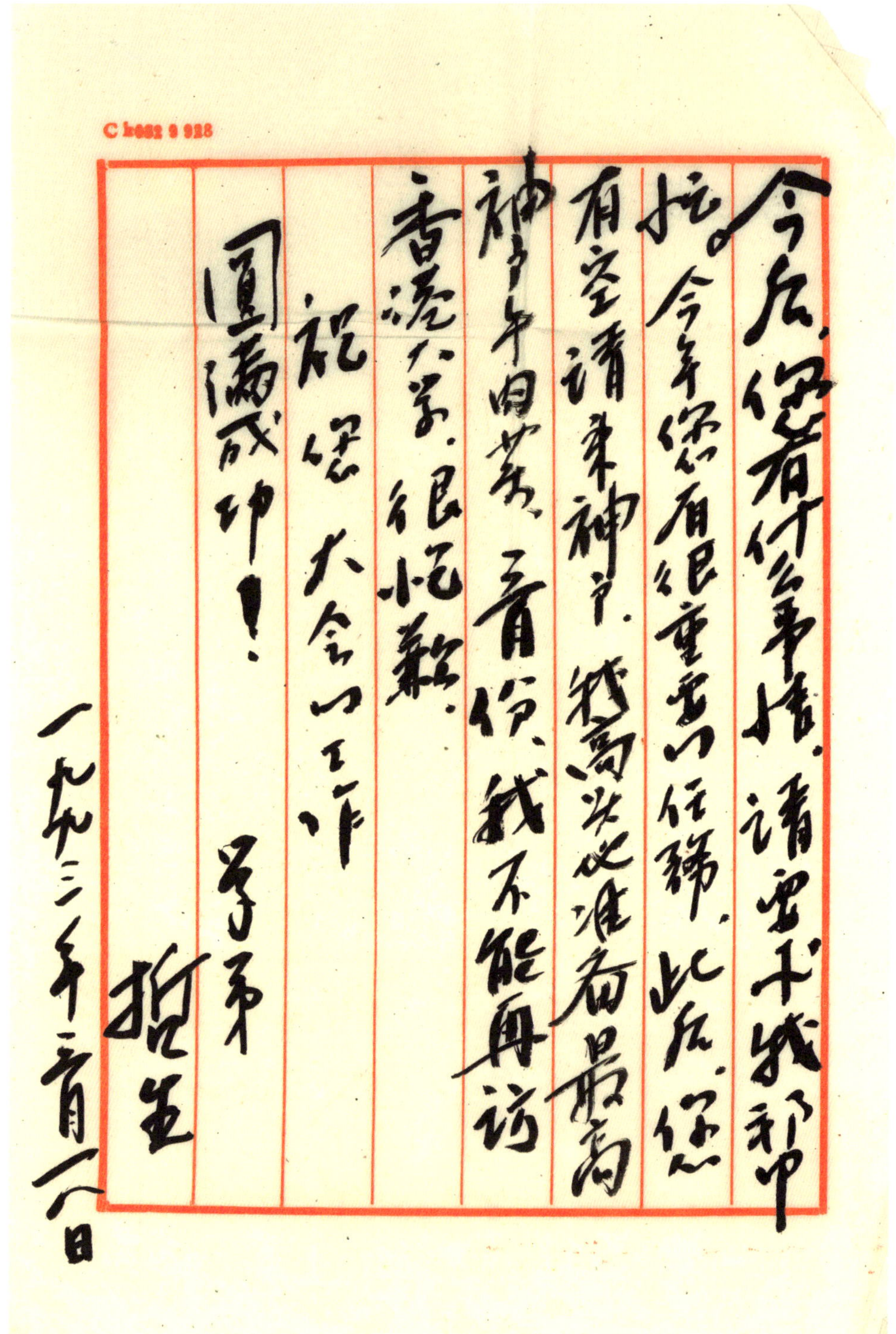

今后，您有什么事情，請要求我帮忙。今年您有很重要的任務，此后，您有空請來神戶，我高兴地准备最高神戶牛肉等。二月份，我不能再訪香港大学，很抱歉。

祝您大会的工作

圓滿成功！

学弟

哲生

一九九二年二月一八日

方豪

方豪（1910—1980），男，天主教神父、史學家、「中研院」院士，專治中西交通史、宋史、台灣史、天主教史，1949 年前曾於輔仁大學、津沽大學、浙江大學、復旦大學任教，1950 年代起，歷任台灣大學、政治大學教授，著有《中西交通史》、《宋史》、《紅樓夢西洋名物考》、《台灣早期史綱》、《中國天主教史人物傳》，及眾多其他論著。

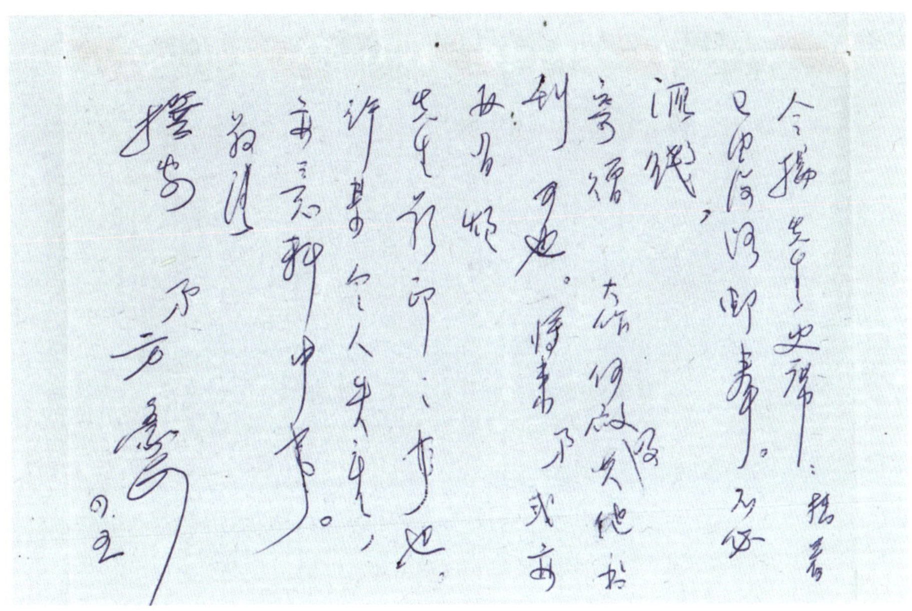

1970 年

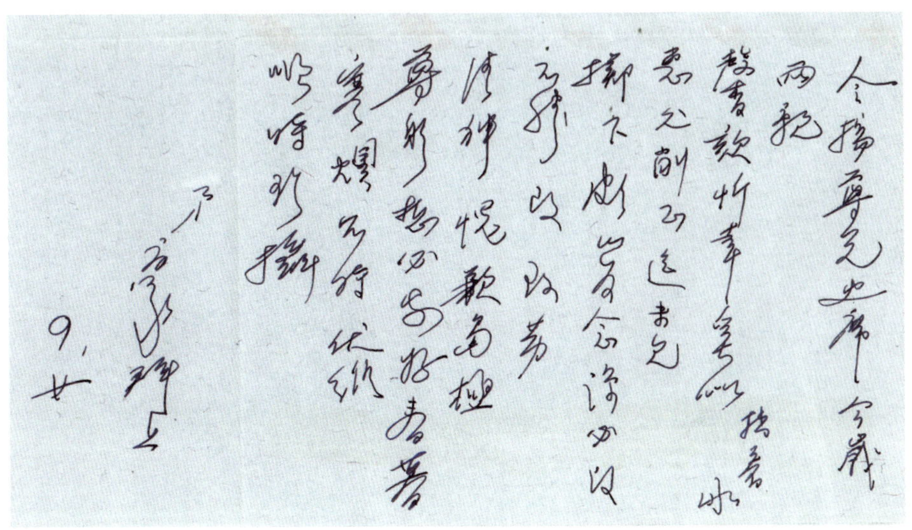

1971 年

王元化

王元化（1920—2008），男，作家、文藝評論家，專治中國古代文論、當代文藝理論、中國文學批評史，1980年代「新啟蒙運動」代表人物，發起創辦《新啟蒙》雜誌，曾任華東師範大學教授，著有《文心雕龍創作論》、《文化發展八議》、《傳統與反傳統》、《讀黑格爾》、《九十年代反思錄》、《王元化集》，及眾多其他論著。

第　　頁

令揚先生

我印好為港刊之稿（再由穗迴港），前去電給中蔡（允諾）將港大應付之款寄我。現我改寄之，請將款寄交九龍新蒲崗大有街2號旺景工業大廈十六樓B座胥高棠先生收。他會轉我。倘有可需洽談，盼請與他通信。

諸多麻煩，謝謝。

匆匆

祝好

[illegible]

王元化
八七年二月八日

此信托人帶港寄奉

王守常

王守常，男，史學家，專治中國哲學史、思想史與宗教史，曾任北京大學教授、中國文化書院院長，亦曾為中國國際教育交流協會常務理事、國際儒學聯合會副秘書長，著有《十力語要》（點校）、《中國的智慧》、《北京大學百年國學文粹》哲學卷、《人間關懷——近代佛教文化論著輯要》，及眾多其他論著。

中国文化书院

趙老師：

您好！非常感謝您托何老師轉告的這件我訪問香港大學一事。我計劃四月十日至廿日訪問港大，其間可以為港大同仁報告目前大陸文化研究現狀。如需要再報告其它內容，請您專函告之，以便早作準備。[illegible]

地址：北京和平门外安平里3号　　电话：33,3104

（此信共兩頁）

中国文化书院

为费时，请您早日寄来题诗惠，我将申请装池。我的日本学生坂久纪子送来两种明信笺上，一种请您转给陈人鹤博士。申请李氏基金事，让您费心了，书院同仁向您致谢！

顺颂

新安

后学高常辉

五月廿日

地址：北京和平门外安平里3号　　电话：33.3104

王戎笙

王戎笙（1929—2022），男，史學家，專治秦漢史、明清史、史學理論、中國近現代史學史、中國考試史、郭沫若及台灣地區史學研究，曾任中國社會科學院歷史研究所研究員、清史研究室主任、《清史論叢》編委會主編，著有《太平天國運動史》、《中國考試史文獻集成》清代卷、《李自成結局研究》、《馬克思主義歷史觀與中華文明》（主編），及眾多其他論著。

中国社会科学院历史研究所

令揚兄：

去歲聞閣下來京開會，即與慶遠兄相约，同去看您。不料慶遠兄至寒舍時，我却因事外出，深夜方归。閣下次日即搭機返港，失之交臂，深以為憾。

何冠彪先生信中提及閣下意欲購買中華書局出版的《清實錄》。如吾兄決心購買，弟願效勞。版本及書價，何先生知之甚詳。包裹付郵，自有犬子奔走，他樂於此事，意在集郵。吾兄不必多慮。

恭祝

新禧

弟 戎笙

1987年元月

王叔岷

王叔岷（1914—2008），男，中國歷史語言學家，專治先秦諸子、校讎學，斠讎整理先秦兩漢魏晉群籍，曾任「中研院」歷史語言研究所研究員，後任台灣大學、馬來亞大學、新加坡南洋大學、新加坡國立大學等校教授，著有《斠讎學》、《史記斠證》、《莊子校詮》等，並有《王叔岷著作集》傳世。

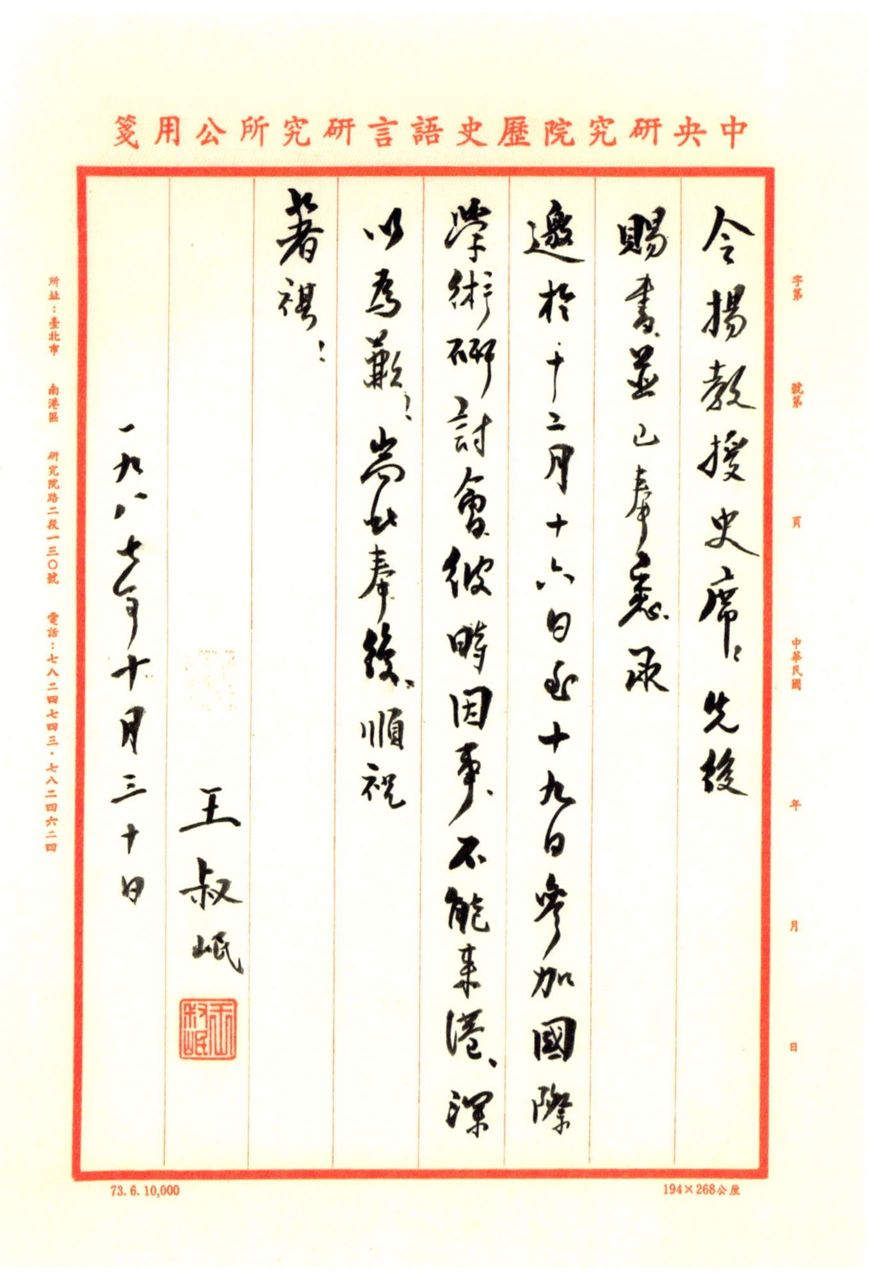

中央研究院歷史語言研究所公用箋

字第　號第　頁　中華民國　年　月　日

令揚教授史席：先後
賜書並已奉悉，承
邀於十二月十六日至十九日參加國際
學術研討會，彼時因事不能來港，深
以為歉！耑此奉復，順祝
著祺！

王叔岷

一九八七年十月三十日

所址：臺北市南港區研究院路二段一三〇號　電話：七八二四七四三・七八二四六二四

73. 6. 10,000　　194×268公厘

王春瑜

王春瑜，男，史學家，專治明清史、政治史及文化史，曾任中國社會科學院歷史研究所研究員及明史研究室副主任、《古今掌故》及《明史論叢》主編，著有《明清史散論》、《明朝酒文化》、《中國人的情誼》、《明朝宦官》（合著）、《中國反貪史》（主編），及眾多其他論著。

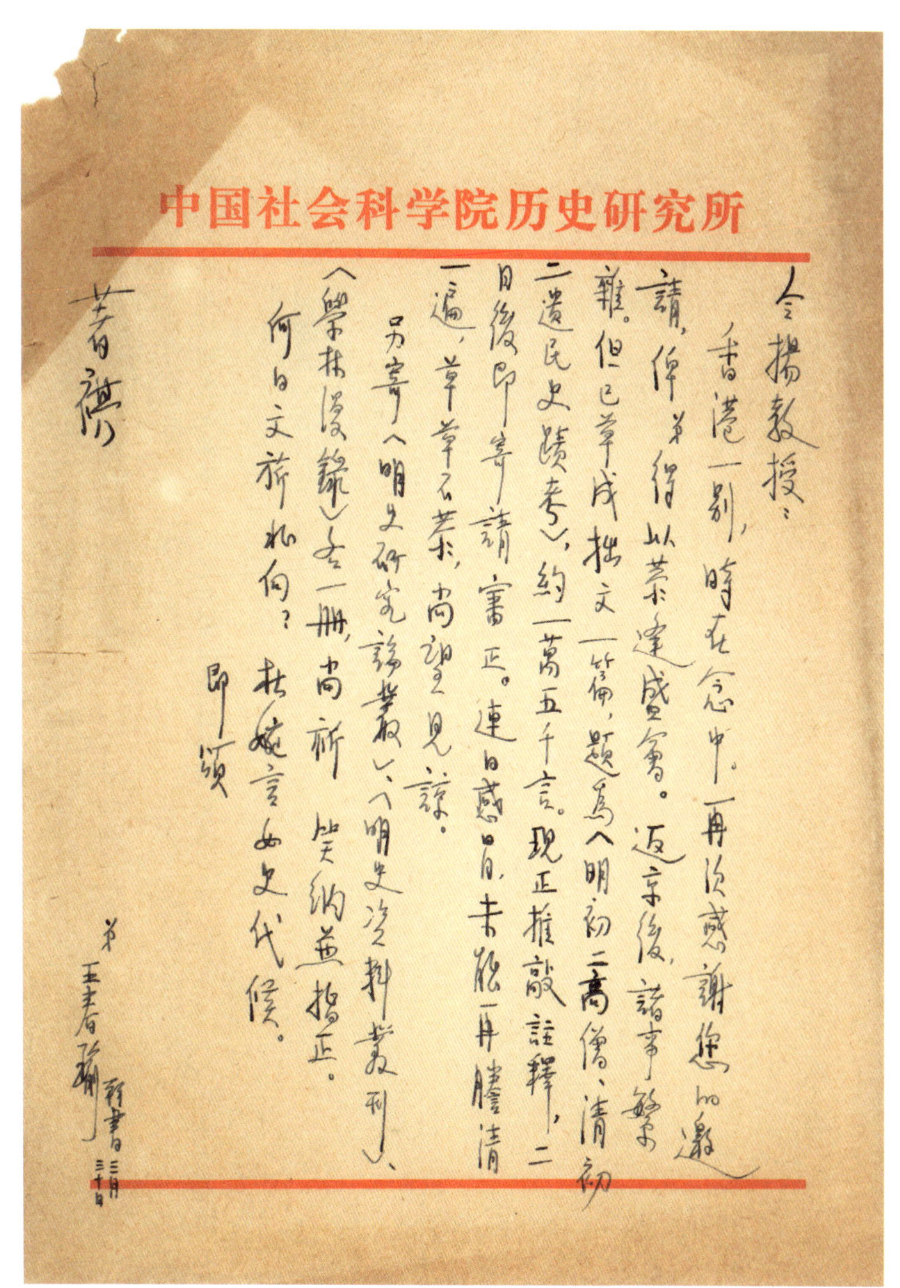
中国社会科学院历史研究所

全揚教授：

香港一别，時在念中。再次感謝您的邀請，俾弟得以恭逢盛會。返京後，諸事繁雜。但已草成拙文一篇，題爲《明初二高僧、清初二遺民史蹟考》，約一萬五千言。現正推敲註釋，二日後即寄請審正。連日感冒，未能一再謄清一遍，草草不恭，尚望見諒。

另寄《明史研究論叢》、《明史資料叢刊》、《學林漫錄》各一册，尚祈笑納並指正。

何日文旆北向？拙婉言女史代候。

即頌

著祺

弟 王春瑜 拜書 三月二十日

王曾才

王曾才（1935—2020），男，史學家，專治中國近代史、外交史、世界近現代史，曾任台灣大學教授及文學院院長、淡江大學文學院院長，亦曾為台灣考試院秘書長、中國歷史學會常務理事，著有《中國近代史》、《清季外交史論》、《中英外交史論集》、《西洋近代史》、《世界通史》、回憶錄《平凡說從頭》，及眾多其他論著。

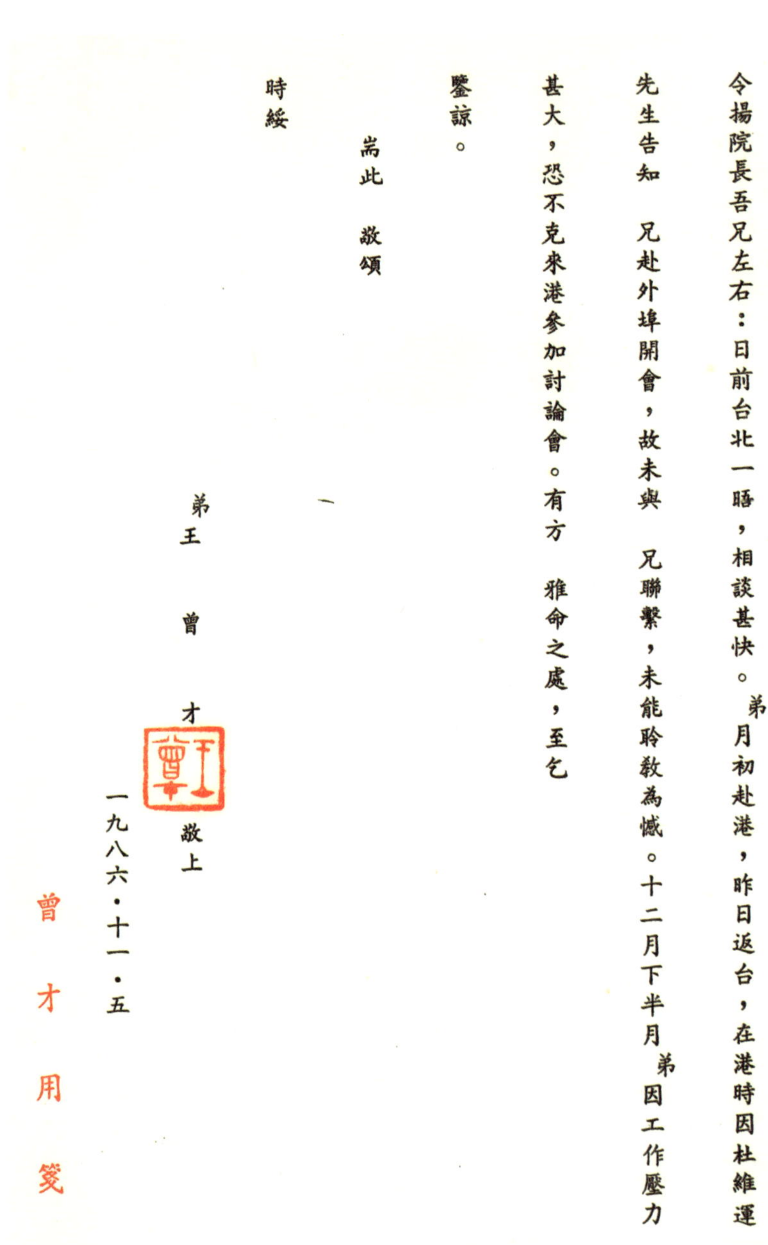

令揚院長吾兄左右：日前台北一晤，相談甚快。弟月初赴港，昨日返台，在港時因杜維運先生告知　兄赴外埠開會，故未與　兄聯繫，未能聆教為憾。十二月下半月弟因工作壓力甚大，恐不克來港參加討論會。有方　雅命之處，至乞鑒諒。

耑此　敬頌

時綏

弟王曾才敬上

一九八六・十一・五

曾才用箋

令揚吾兄左右：久未通候，時在念中。六月廿四日　大函今日始拜悉，蓋最近出於吾台大故也。多承　雅意，至為感荷。本月底有台北之行，屆時盼能一晤，藉請　教益。

耑此　敬頌

時綏

弟王曾才敬上

八八、七、十七

曾才用箋

王毓銓

王毓銓（1910—2002），男，史學家，專治中國古代貨幣史、秦漢史、明史，曾任中國社會科學院歷史研究所研究員、中國古代經濟史學會會長，倡議成立中國明史學會並為首任會長，負責主編《中國大百科全書》中國歷史明史、《中國歷史大辭典》明史卷、《中國通史》明史卷、《中國經濟史》明史卷，著有 *Early Chinese Coinage*（中國古代貨幣）、《西漢中央官制》、《明代的軍屯》、《萊蕪集》，並有《王毓銓集》、《王毓銓史論集》傳世。

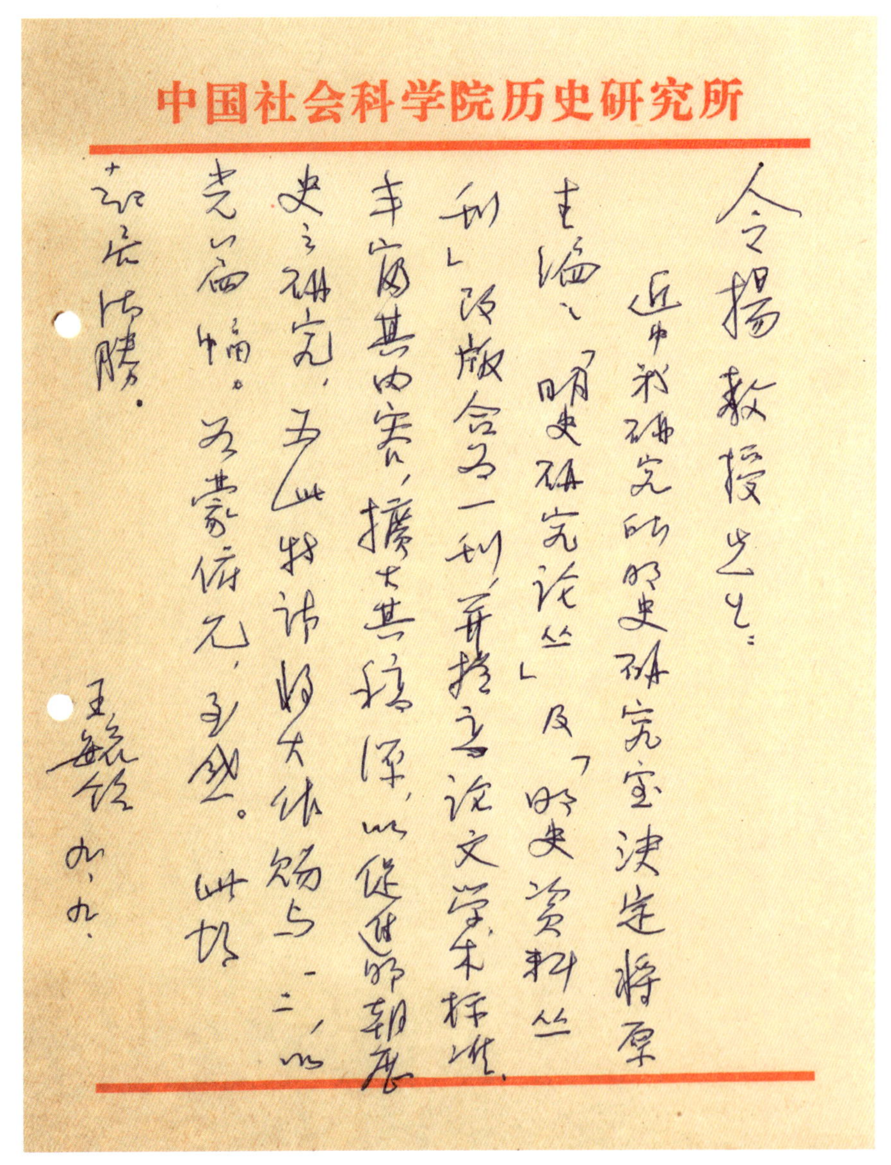

中国社会科学院历史研究所

令揚教授先生：

近由我研究所明史研究室決定將原主編之「明史研究論叢」及「明史資料叢刊」改版合為一刊，并擴充論文學術標准，豐富其內容，擴大其稿源，以促進明朝歷史之研究。為此特請閣下大作賜與一二，以光篇幅。如蒙俯允，至感。此頌

研安佳勝。

王毓銓 九、九、

1984年

中国社会科学院历史研究所

令揚先生：

日前自成都中國法律史討論會還，適見二位付所長，謂學派專人以弟之意見報告上級主管機關，請其重新考慮邀請先生赴明代江南地區研究討論會事。主辦者覆其轉告弟，謂此次會議僅為中國籍學者所舉行，不便邀請外籍學者參加。悵甚，歉甚。無以奉聞，敬請書俟諸集台。

毓銓

九月十八日

中国社会科学院历史研究所

令扬教授：

闻先生拟来大陆出席十一月十六日在无锡召开之明代江南地区研究讨论会，不胜欢欣。我所明史研究室主任刘重日教授实主其事，谓预出席此会者先生之外尚有台湾学者五六人。彼已向所长请求批准，所长及院部皆指示不准。但港澳同胞非外人，首当欢迎。刘教授告我此情况，嘱我言于所长。今日往访所长，备言先生学术造诣深厚，在港大中文系多年，且专明史研究，在港影响甚大，理当欢迎。先生之出席不仅可使讨论会生色不少，且我于藉以示对

1984年

（此信共兩頁）

中国社会科学院历史研究所

選堂學長：手教。所長即將談話記下，謂將再向上級申請。惜因日（十月二日）我即赴成都出席中國經濟史研究討論會，十二日方能返京。十一月十三日無錫之會，所長派我所經史部，但願他們能採納我的建議。結果如何，到時當函告。敬頌

著祺

統銓拜上

九月廿日

中国社会科学院历史研究所

令揚教授：

前蒙邀来贵大学建校庆祝大会来港参加，甚感荣幸。近因感冒，不宜远行，故香港之行，只得作罢。务乞格外原谅为幸。

张彬村博士，我极想给他会议我们论，暂且弃不必拖延。

匆匆

王毓铨

1985，12，7

中国社会科学院历史研究所

令揚教授：

一切手續都以妥當了，不幸為風感所累，針劑、藥物都以溫度未見，而體力尚不能支持。故盛會難赴，辜負盛情，慚愧之情，難以言表。前已轉函致歉，紹杜婉言同事轉呈，今再申陳說如上，敬請見諒為幸。

並致包德彬博士一函，請轉告俟請是荷。

毓銓

1985.12.7.

中国社会科学院历史研究所

INSTITUTE OF HISTORY, THE CHINESE ACADEMY OF SOCIAL SCIENCES

令揚教授吾兄：

客歲偶因事未克來赴盛典，至今仍以為憾。幸蒙我兄寬諒，於心稍安。

頃會晤，台灣中央研究院院士[illegible]博士及台灣大學歷史學系主任徐泓教授均來函慰問，並以台灣出版之其著作見贈，除一一函謝，尤將以拙作為贈。徐教授明太祖太宗兩朝徙民實邊一文，甚為細緻，頗有見地。已請本所明史研究室林金樹同志為文評介，將發表於中國史研究動態，便中請轉告為盼，因此地不能與台灣直接通郵也。

今後大駕如來北京，祈告知，以便晤候。

電話　　　　　即頌

教祺。

毓銓拜上

86.7.9.

Princeton University EAST ASIAN STUDIES
211 JONES HALL
PRINCETON, NEW JERSEY 08544

令揚教授，

奉讀二月二十二日手書，敬悉。謬蒙不棄，自當努力為之。惟藉此機會，得瞻仰大學研究院規模及與各位專家晤面請教，實所盼願。談話兩次三次均可，請酌情安排。六月中以何日到港較善，亦請便中示知，因離此日期可俾備也。

專此謹奉復，並請教安。

毓銓

三月六日下午

令揚教授：

此次經香港回國，得蒙款待，榮幸之至，感激之至！惜在港為時太短暫，只待期來港之際，再行請教，甚以為憾。八月中將返北京，不知找得單位為何。望事前示知，俟時將新地址奉達。

如不遇，可到京，請按（科學研究處常委辦事），告以如何可以與我聯絡。

炎暑天氣，幸以保重健康為要！

[illegible]
6/22

王潤華

王潤華，男，新加坡學者、詩人、散文家，專治中西比較文學、中國詩學、中國及東南亞現代文學等，曾任教新加坡國立大學、台灣元智大學等校，亦曾為新加坡作家協會會長，曾翻譯卡繆《異鄉人》，著有詩歌集《患病的太陽》、《王潤華詩精選集》、散文集《把黑夜帶回家》，文學論著《中西文學關係研究》、《從新華文學到世界文學》、《王潤華自選集》及其他著作。

新加坡作家协会
Singapore Association of Writers
P.O. Box No. 4, Geylang Road,
Singapore 9138.

日期
Date.

金揚兄：

歌德学院与作协决定出版東南亞華文文学論文集，中英文的論文合印成一本。您和周策縱教授的总结辞很精彩，能否麻烦您写下来寄给我们，最好有中英文兩篇，我们要收進論文集中。那天总结时，您好像有綱要，因此現在写出来，应该不会麻烦。能在十月底寄来吗？

祝

好

潤華上
1988.10.1.

王賡武

王賡武，男，新加坡教育家、史學家，專治中國史、華人移民史，「中研院」院士、澳大利亞人文科學院院士、唐獎漢學獎得主、美國藝術與科學院外籍名譽院士，獲香港大學等世界多所大學頒授名譽博士，曾任香港大學校長、澳大利亞國立大學遠東歷史系教授兼系主任、太平洋研究院院長、榮休教授，新加坡國立大學東亞研究所所長兼特級教授，中英文著作等身，在眾多研究領域均有重要建樹，並對學術界深具影響。

THE AUSTRALIAN NATIONAL UNIVERSITY
BOX 4, P.O., CANBERRA, A.C.T., AUSTRALIA, 2600

TELEPHONE: 49-5111
TELEGRAMS AND CABLES:
"NATUNIV" CANBERRA

Department of Far Eastern History

28 July 1972

Dr L.Y. Chiu,
Department of Chinese,
University of Hong Kong,
HONG KONG.

Dear Ling-yeong,

Many thanks for your letter and apologies for not writing sooner. I have been receiving copies of K'ao-ku and Wen-wu but still have not received a bill for them. I hope you have not paid for them without letting me know. Also I look forward to receiving the copy of Kuo Mo-jo's latest book which I still have not received yet.

I have examined Chan Cheong's thesis and look forward to reading the thesis on Ku Yen-wu by Mr Ling. I expect to be away from Canberra from the end of August to the end of September but will certainly attend to Ling's thesis as soon as possible after I return. I do hope the delay will not be serious.

You certainly have been having a lot of visitors in Hong Kong lately. We envy you. I did hear that Hock Lam will be going to the University of Washington, Seattle. If he is still in Hong Kong, please give him my regards when you next see him. We have also heard that Professor Hsueh will be going to Singapore as the new Vice-Chancellor of Nanyang University. Can you confirm that he has definitely accepted the job? As for your own case of promotion I do hope you will be successful when the new Vice-Chancellor attends to this matter after his arrival. I look forward very much to reading your latest study of Li Cho-wu's historiography. We also had news from Adrian from all over China and he seems terribly excited by the trip.

Two old friends of mine, Mr Brian Stewart and his new wife Sally are now in Hong Kong. Mr Stewart works for the British Foreign Office and is I believe a special advisor to the governor. Mrs Stewart is an economist and was a former meetings secretary of the Royal Institute of International Affairs. They are both keenly interested in China, Mr Stewart having been once Consul General in Shanghai and before that Chinese Affairs officer in various parts of Malaya. He speaks both Cantonese and Mandarin and has even written a book about Chinese proverbs. If you ever have the chance to meet them, you will find them very friendly.

I hope you and your family are well. With best wishes,

Yours ever,

賡武

Wang Gungwu.

Ambassador Hotel
Port Louis
Mauritius
September 10, 1972

令揚兄、

这几星期不停地走动、未能答覆您八月五日的信、对不起。

匆匆地經过星島、沒有見到黃麗松、恐怕現在已經到任了吧！薛寿生也沒有見到，那星期他还沒有到星加坡。

前幾天在留尼旺島上開会（印度洋历史学会）、昨天到模里求斯、来見見幾个华僑領袖们、也看本地 Archives 裏一些有关华侨的資料。这裏华侨人数两万七八千，大約五千是南海順德人、其餘是梅县客家。多半都很富裕、老的都是老 KMT，少的比較親中国，但是也不敢太親近此地新到的中国参赞等。

月底將回 Canberra.

敬請

學安

弟賡武上

Personal and Confidential

The Australian National University

The Research School of Pacific Studies

reference

GPO Box 4, Canberra, ACT 2601
Telegrams & cables NATUNIV Canberra
Telex AA 62694 SOPAC Telephone 062-49 5111

令揚兄：

上月所談貴校內部資料尚未收到。今附上已出版履歷（以学术身份為主）：

1. Contemporary Authors, New Revision Series
2. Who's Who in Australia 1983

作參考。另寄上新出版數篇也可當參考用。

至於馬大、澳大各方面的行政職位——从学生会主席起到系主任、院长、校董会等九十種，不必贅述。又校外以及国际学术上活动，也似乎过份瑣碎。不知您意見如何。弟仍以為貴校人材林立，故决不申請。但如果此「外客」為所邀請，則必定認真考慮。順此問

全家春節快樂

弟賡武上
一九八五年正月廿一日

The Australian National University

The Research School of Pacific Studies

reference

GPO Box 4, Canberra, ACT 2601
Telegrams & cables NATUNIV Canberra
Telex AA 62694 SOPAC Telephone 062-49 5111

令揚兄：

多謝您來信、上海之行、必有收穫、不知見到唐振常否。

一月之UPGC、不預備到港去、因為主要工作是訪問兩間大學、弟實在不方便參加。其實照理應該辭去UPGC、免得發生誤会。

祝敏申有才气、很有前途。

可能七月底八月初離ANU、还没有作最后决定。祝

学安

弟賡武上
十一月六日

1985年

The Australian National University

The Research School of Pacific Studies

Post Office Box 4 Canberra ACT 2600
Telegrams & cables NATUNIV Canberra
Telex AA62694 SOPAC Telephone 062-49 5111

令揚兄：

原来答应写的那一篇没有写好，真是对不起。这一篇并不是学术论文，不知道適当否。如不适用，請别客氣寄回给我。

如果您覺得还能用，請加小注 "Paper presented at IPSA Round Table 1982, Tokyo" — as a footnote. 多謝。新加坡回来之后，忙得转不过身来。希望您全家都好，并问

学安

弟賡武上　三月二十二日

令揚兄：

此次沒有停港，多多數小時忙於事務，得見叔父而已，對不起。閩粵滇之遊，極為有趣，望來日聯絡。「苦笑錄」已收到。受讀一番，謝謝！另附上照片兩張。祝

THE

AUSTRALIAN NATIONAL UNIVERSITY

CANBERRA

學安

弟賡武上

WITH THE COMPLIMENTS 十月七日

OF THE

DIRECTOR

RESEARCH SCHOOL OF PACIFIC STUDIES

王鍾翰

王鍾翰（1913—2007），男，史學家，專治清史、滿族史，曾任中央民族學院（今中央民族大學）教授、滿學研究所所長、中國社會科學院民族研究所兼任研究員等，著有《滿族簡史》、《清史新考》、《中國民族史》（主編）、《四庫禁燬書叢刊》（主編），獨力點校《清史列傳》及參與點校《清史稿》，並有眾多其他論著。

令揚教授惠鑒：逕奉賜教，承相邀參加
貴校建校七十五周年校慶暨國際明清史學術討論會，頃草成《試析康熙之農本思想》一文，提供評審，以表慶賀，拙文卑之無甚高論，固不暇計及也。餘俟面呈。住宿請訂單間房，發言不過十分鐘。來時擬与韋慶遠、王戎笙兩兄同行，希能于十二月十一日以前抵港。敬復，即頌
撰安！

王鍾翰上 一九八五、十一、十四

令揚教授史席：此次港大盛會，承邀參加，
榮幸不勝！雖四五日之聚首，而海內外史界之舊
雨新朋，能懽聚一堂，各抒己見，交流切磋，尤以兩
岸學者，互通音訊，相見恨晚！深佩
領袖史壇，同推首功，定日載入史冊，自當傳為佳話
也！弟返京以來，課忙，會忙，事亦忙，迄今尚未修函
致謝，務祈
鑒恕。代乞 冰心先生作書，已蒙 面許，惟吳曉

（此信共兩頁）

鈴同志現在美國講學一年，尚未返來，俟返京之日，再代一求，何如？拙文〈試析康熙之農本思想〉，本未寫好，頃又略加增刪，仍不見佳。是則弟因才學譾陋，自難強求其工。茲依所定格式，重抄一份，掛号航呈，如蒙

斧政，尤所企盼！臨穎神馳，諸希

詧亮。敬叩

著祺

王鍾翰再拜 一九八六、六、二〇

附致黃彰健教授一函，務乞代轉，至謝！

何冠彪博士亦祈代致意

冉雲華

冉雲華（1923—2018），男，加拿大華人學者，專治中國佛教史，兼及中國思想史、敦煌學，曾任加拿大麥克馬斯特大學宗教系教授兼系主任、台灣法光佛教文化研究所教授，亦曾為中國宗教學研究會會長，著有《宗密》、《永明延壽》、《從印度佛教到中國佛教》、*Chronicle of Buddhism in China: 561-960 A.D.*（編著），及眾多其他論著。

McMASTER UNIVERSITY
Department of Religious Studies
1280 Main Street West, Hamilton, Ontario, Canada L8S 4K1
Telephone: (416) 525-9140

令揚吾教授我公：

去夏訪港之日，幸會先生及貴校諸同仁，半日相聚，得益良多。又承偏宴，盛情可感。其後即赴台灣、日本，又應任繼愈教授之邀，在華數週，直至去秋，始滿返校。歸來之後，積事頗夥，教研交集，未能早日修信，尚祈見諒。在港之日，曾囑將个拙著"The Change of Images: Yellow Emperor in Pre-Han Texts"一文寄奉，以便在JOS發表。本當即刻奉命，然以上述種種，直至年假期間，方得空將修補處交秘書打字，一俟完畢，即可奉上。又有拙著論文數篇，待抽印本到齊，自當郵奉請正。尚此奉達，即頌

新年快樂

冉雲華謹上

貴系及亞研諸公，並請代候。拙著抽印，亦祈轉閱。又及

McMaster in Hamilton — Working together for 50 years — 1930 - 1980

Jan. 22, 1986.

Prof. Chiu Ling-yeong,
Department of Chinese,
University of Hong Kong,
Hong Kong.

Dear Prof. Chiu,

It has been some years since we met in Hong Kong, and although we have not corresponded regularly, I still learn about your scholarly activities in Hong Kong with a degree of admiration.

I am pleased to say that 1987/88 is my next sabbatical. I want to devote the time to completing my Commentary on Hyo Cho's Diary.* I have already written 12 articles, mostly in English, but only 1 in Chinese, and want to complete them in book form.

I am looking forward to the possibility of staying in Hong Kong for 4-6 months in the Spring of 1988. I wonder what facilities and accommodation and expenses may be involved in such a plan. I have written to Prof. E. Chen for official information, and would be grateful if you could advise me on the particular possibilities as to whether such a plan is feasible.

I sent an English article to the Journal of Oriental Studies last year, but have not heard from the assessors so far. In the event that you are aware of the assessment, please let me know the consequences at your convenience.

With best regards .

Sincerely,

冉雲華

JAN Yun-hua
Professor.

*《慧超往五天竺國傳新箋記》

田昌五

田昌五（1925—2001），男，史學家，專治古代社會史，曾任山東大學教授、歷史研究所所長、西北大學兼任教授，並在北京大學和中國社會科學院歷史研究所從事教研工作，曾為中國殷商文化學會會長、中國農民戰爭史研究會會長，著有《王充及其論衡》、《論衡導讀》、《古代社會形態研究》、《歷史學概論》、《秦漢史》（合編）、《中國封建社會經濟史》（合編），及眾多其他論著。

赵令扬先生：

久闻令名，日前始得一见，引为快事。惟为时甚短，未及详谈，不免遗憾。故此书上，略陈鄙意。

我们这次赴港的目的，是想同港埠有关大学相应科系建立双向交流关系。如交流教师、研究生、合作项目，等等。为此，就必须增进相互之间的了解。前已送上山东大学历史系情况介绍和我本人的情况，但较为宽泛，没有把我们的特点突出出来。

我们这里的特点，是正在进行一场历史学的变革，建立当代历史学。其要点是：1、强调历史学的主体认识，即认识论和方法论。2、强调对历史进行整体研究，即从多角度多层次进行全方位研究，而不再以阶级和阶级斗争作为基本线索。3、强调以历史学为主体进行多学科的交叉研究，即运用多相应学科的方法和

山东大学历史系　　15×20=300　　第　页

（此信共三頁）

观点进行史学研究。并、强调历史学对中国现代化的基础功能，而不再限于什么"借鉴"。可以这样说，我们目前正走形成一个新学派。这个新学派既不同于中国过去的马克思主义史学，也不同于以往的实证主义史学。如果说它和西方那个史学流派比较接近，应当说它接近于年鉴学派。这也不奇怪，因为年鉴学派和马克思主义史学是最接近的，我们也只能和年鉴学派接轨。

我本人近年来的一些著作都是据此立论的，例如我们，不再强调阶级观点，也不再按五段论式模拟中国历史，等等。希望我们能携手共进，为中国史学的变革做出努力。

另外，我们这里有考古专业，近年来颇有成就，特别是美术考古，是山大历史系独有的。希望您也能帮忙，能和贵校、政府和艺术家建立相应的关系。

专此布达

并文祺

田昌五 1995.4.20日

山东大学历史系　　15×20＝300　　第　页

任繼愈

任繼愈（1916—2009），男，中國哲學、宗教學、傳統文化研究名家，歷任北京大學教授、中國社會科學院世界宗教研究所所長、北京圖書館（今國家圖書館）館長，亦曾為中國宗教學會會長、中國西藏佛教研究會會長、中國哲學史學會會長，曾領導出版或主編《中華大藏經》、《中國佛教史》、《中國道教史》、《宗教大辭典》、新修《二十四史》等書，著有《漢唐佛教思想論集》、《中國哲學史論》、《任繼愈學術論著自選集》、《任繼愈哲學文化隨筆》等，並有《任繼愈文集》10 冊傳世。

中国社会科学院世界宗教研究所

令揚教授大鑒：

惠函早已寄到，因當時正在印度參加國際佛教學術會議，回國後，又去山東烟台參加《中國大百科》（哲學卷）編委會。稽覆為歉。

香港大學歷史悠久，學人薈萃，素為海內外學者所欽重，承蒙邀請講學，深以為幸。

現有兩事，祈先生代為籌劃：

(1)為期三個月，時間似過長。外出後現在社會科學院研究生院及北京大學均課程，無人代替。如能減為一個月，在港大每週講兩次（一次講中國佛教

（此信共兩頁）

中国社会科学院世界宗教研究所

史，一次講中國思想史），一個月共講八次，雖不能詳盡，亦可概括介紹大陸學術界近況，增進學術界相互了解。

（2）十餘年來，因眼病，遠行需有助手或家人隨同照料。

以上兩事，均為先生上次來函所未想到者。如礙於規章，講學一個月，時間不好安排，亦不必勉強。待以後出國之便，過港時，稍多停留，與港大同仁作數日之盤桓，亦可。

專此奉達，順頌

撰祺！

任繼愈

一九八四年十一

中国社会科学院世界宗教研究所

赵令扬教授雅鉴：

承蒙贵校盛情邀请、精心安排、热情接待，我们应邀前往贵校讲学，进行学术交流。对此，我和冯仲芸教授特向阁下以及黄丽松校长表示感谢和最良好的祝愿！

欢迎阁下再次前来北京访问。

顺颂

时绥

世界宗教研究所
名誉所长
教授 任继愈 任繼愈印
1986年3月24日

中国社会科学院世界宗教研究所
Institute for Research on World Religions
The Chinese Academy of Social Sciences
Beijing, China

今揚教授台鑒：

港大别後，想撰述順適。

前託購台灣藝文影印《道藏》，知香港已無存書。現北京文物出版社也影印《道藏》，如尊處尚未購到，請函示，我可在北京購買。為此小事，一再煩瀆清神，至為不安。容日後面謝！

敬頌

時綏！

任繼愈

一九八六年九月十一日

成中英

成中英（1935—2024），男，美國華人學者、思想家，獲譽為當代新儒家代表人物，「C 理論」創立人，專治儒家哲學、本體詮釋學、中西比較哲學，夏威夷大學終身教授，曾任台灣大學哲學系主任兼研究所所長、國際中國哲學會創會會長、國際易經學會會長，創辦 *Journal of Chinese Philosophy*（《中國哲學季刊》）並任主編，著有 *Peirce's and Lewis's Theories of Induction*、*New Dimensions of Confucian and Neo-Confucian Philosophy*、《合內外之道 —— 儒家哲學論》、《從中西互釋中挺立：中國哲學與中國文化的新定位》、《論中西哲學精神》、《成中英自選集》，及眾多其他論著。

University of Hawaii at Manoa

Department of Philosophy
2530 Dole Street
Honolulu, Hawaii 96822-2383 • Cable Address: UNIHAW

令揚信兄：

弟也是最近開會回來才看到兄廿九日之函。知兄願作部分修改邀弟與會，十分心感。弟目前正就考試期間，甫從香港回來又得立即趕回，將極勞頓，體力總有不支。故不克前來，務乞見諒！並希另有機會再誠相訪。專此 敬頌

會議成功

即祝快樂

弟 中英 頓 十二月十五日

AN EQUAL OPPORTUNITY EMPLOYER

朱杰勤

朱杰勤（1913—1990），男，史學家，專治中外關係史、華僑華人史，先後在廣州美術學校、中山大學、華南師範大學、暨南大學任教，曾任暨南大學歷史系主任、華僑研究所創所所長，亦曾為聯合國教科文組織《人類科學文化發展史》中國編審委員會委員、中國海外交通史研究會會長、中國南亞學會副會長、中國東南亞研究會理事長、中外關係史學會名譽理事，著有《東南亞華僑史》、《中西文化交通史譯粹》、《中國古代史學史》、《中外關係史論文集》（主編），並有《朱杰勤文集》5 卷傳世。

暨南大學
JINAN UNIVERSITY
地址：中国 广州 GUANGZHOU CHINA

推荐書

香港大學文學院院長趙令揚教授：

我榮幸地向您介紹我系七八級畢業生周月齡前来報考貴院研究生。

周生於暨南大學歷史系就讀期間，曾修讀我為該系開出的東南亞華僑史等課程。她勤奋好學，成績优良。周生對考古學有濃厚興趣，尤潛志於古陶瓷藝术的探研，她選修過本系及中山大學歷史系開設的有関課程，曾先後到北京、长沙、景德镇等地参观學習。她具有一定的研究能力，曾撰寫論文《略論香港大埔碗窯村的青花窯址》，對窯址位置，古窑类别以及產品性質諸問題提出了頗具價值的見解，被我推荐参加一九八一年"中國古外銷瓷學术討論會"。素聞貴校師資雄厚，培养有方，為使該生早日成器，特为介紹應試，倘蒙俯納，不勝感激。謹候

敬安！

暨南大學歷史系教授
朱杰勤
一九八六年十月八日

朱德熙

朱德熙（1920—1992），男，教育家、語言學家，專治漢語語法、古文字及語文教學，曾任北京大學教授、中文系副主任兼現代漢語教研室主任、副校長兼研究生院院長、計算語言學研究所所長，亦曾為中國語言學會會長、世界漢語教學學會會長兼《世界漢語教學》雜誌主編、中國古文字研究會理事，著有《語法講義》、《作文指導》、《現代漢語語法研究》、《語法修辭講話》（合著）、《現代漢語》（合編），及眾多其他論著。

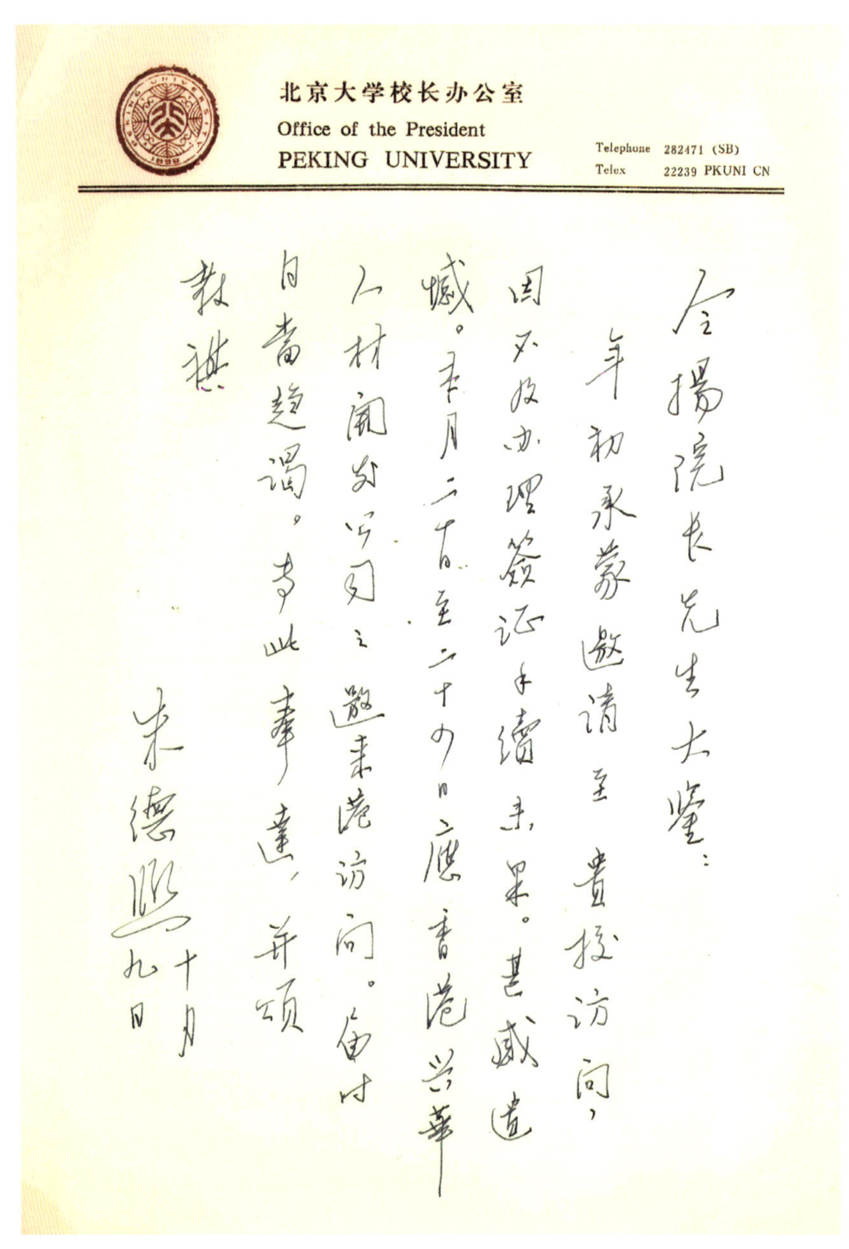

北京大学校长办公室
Office of the President
PEKING UNIVERSITY
Telephone 282471 (SB)
Telex 22239 PKUNI CN

令揚院長先生大鑒：

年初承蒙邀請至 貴校訪問，因不及辦理簽証手續未果。甚感遺憾。本月二十日至二十四日應香港兴華人材開發學會之邀來港訪問。屆時自當趨謁。專此奉達，并頌

教祺

朱德熙
十月九日

朱摩訶

朱摩訶（生卒年不詳），男，微電子學者，曾任中山大學副教授兼外事處主任。

Zhongshan (Sun Yatsen) University　　Tel. 51710
Guangzhou, People's Republic of China

赵令扬教授：

受黄校长的委托邀请　您及李锷先生于本月底之前，您们认为方便的时间来我校访问三天，商谈华侨史合作项目的进展情况，以及有关学术交流问题。访问期间食、宿和市内交通由我校负责。行期及车次确定后，请电告我校外事处，以便迎迓。即颂

教安

外事处负责人
朱摩诃
一九八三年一月十八日

抄送：校长高级助理秘书伍孙雅娜女士

中山大学
Zhongshan (Sun Yatsen) University
Guangzhou, People's Republic of China
Tel. 51710

赵令扬教授：

兹附上种项合作项目及讲学题目资料一式三分，供你们参考；亦希望你们提出另一些项目及题目，以供讨论时参考之用。希望通过这次讨论能找到并确定双方共同感兴趣的项目及题目。谢谢您为发展两校的合作不辞辛劳多次往返奔跑，作了许多有益的工作。

肃此即颂

夏安

朱[illegible]河 谨上
1983.5.30

中山大学
Zhongshan (Sun Yatsen) University
Guangzhou, People's Republic of China
Tel. ~~51710~~ 46300

令扬兄：

一月廿二日大函敬悉。经与东南亚历史所联系后，得悉华侨史会议定於今年十二月十六日至十九日进行，正好与"明清史"会议错开。若兄嫌时间太紧，可将华侨史会议推后一两天，如何？

谢谢您赠送的特大号日历。我因下学期有课，所以较前更忙一些，不过一切尚好。

即候

文祺！

弟 [signature] 谨上
一九八五年二月四日

朱鴻林

朱鴻林，男，史學家，專治中國近世史與文化研究，為教育部長江學者講座教授（中國古代史）、香港人文學院創院院士，曾任「中研院」歷史語言研究所研究員、香港中文大學及理工大學教授，現為中國社會科學院中國歷史研究院「朱鴻林工作室」首席專家，著有《明儒學案點校釋誤》、《中國近世儒學實質的思辨與習學》、*Calligraphy and the East Asian Book*（合著）、《明太祖的治國理念及其實踐》（主編），及眾多其他論著。

Princeton University EAST ASIAN STUDIES
211 JONES HALL
PRINCETON, NEW JERSEY 08544

令揚教授：

香港拜別後，不覺又過四年。由於畢業前忙於寫論文，畢業後忙於工作，沒有經常給您寫信，這不是忘了您，只是時常想給您報告具体的現狀，不想作泛泛的應酬語。可是工作忙，結果總寫不出，只好請您原諒。

何冠彪博士上月來信，已經復了。昨天又收到您的邀請信，真的感謝盛意。能夠被邀參加為慶祝港大創校七十五週年而舉辦的國際明清史研討會，對我來說無疑是榮幸和有益的事，可惜得很，這次我沒有可能回港參加，主要是居留和旅行問題所致。辜負了您的好意，實在是不得已的事，希望您能諒解。

我85年底通過論文後，便留校當研究員，用的是NEH的基金，做的是為Gest Library所藏Hishi copy明人文集作提要（critical bibliography），工作量相當大。今學期又要主持一個禮記閱讀班，更覺忙碌。我現在的研究計劃，是和F. W. Mote教授同事的，他是project director，我是[illegible]和唯一的research staff。第一期計劃明年春天結束，大概將會繼續。

本來我是希望回港找教席的，我也覺得很[illegible]，又相信香港的學術環境是可以發展的。但一月劉子健教授從香港開完宋史會回來，告訴我說港大中文系沒有擴充的計劃，我想我只好繼續留在美國。如果您到美東來，盼望告知，很想和您再見。（我家電話：　　　辦公室電話：　　　）。

我為Journal of Oriental Studies所寫Joanna Handlin Action in Late Ming Thought的書評，前日已寄C. M. Turnbull女士，請您給我指正。《[illegible]……》拙文，請何博士寄來校對。

又：我所作的明人文集提要（未定稿），如果抽數個樣本，加上一個前言，投到Journal of Oriental Studies，您會接受嗎？（我的目的，主要是作明史研究動態性的介紹）。便中請您示復。書不盡意，謹祝明清史研討會成功，並請

教安

晚 朱鴻林 敬上

一九八六年四月十五日

牟小東

牟小東（1921—2011），男，牟潤孫之弟，史學家，專治明清史、中國近代史及佛學研究，曾任九三學社中央宣傳部副部長、海外聯絡部副部長、北京市佛教協會副會長，著有《師道師說：牟小東卷》，眾多論文、隨筆及雜文。

九三学社中央委员会

今揚先生大鑒：四月十八日大札敬悉。啟功、小东等目前正在辦理出訪手續，日內可望解決，俟期確定後，即行電告。前次先生寄魯軍副院長之「演講、報告詳目」中未列鄒風女士講題（集體定講「民族服裝和現代服裝」，前已奉告），尚祈安排主講一次為感。抵港之期在望，餘容面陳。敬請

教安

牟小东上
九八八、四、廿八。

九三学社中央委员会

令揚教授大鑒：此次小東隨啟功等先生來港，承蒙我　公及　貴校熱情接待，感謝曷既。我等於五月三十日安返北京後，即開始接待新加坡書法家潘受、陳聲桂，畫家黃葆芳三先生，至昨日方告一段落，以致遲遲未能報告，歉甚歉甚。我　公何時來京賜教，尚望行前示知，以便前往迎接。湯一介先生已於八日飛港，諒已晤見矣。餘再詳

順頌

教安

弟　小東　上　一九八八年

六月十日

牟潤孫

牟潤孫（1908—1988），男，牟小東兄長，史學家，專治宗教史、中國經史學術、清代學術思想史，曾於同濟大學、上海暨南大學任教，後任台灣大學教授、香港新亞書院文史系主任及歷史系主任，1964年出任香港中文大學歷史系首任講座教授，著有《注史齋叢稿》、《海遺雜著》等。

[illegible]
[illegible]
正[illegible]弟自春節前即患頭暈，益無法出門，
原期參加柳公授名譽學位典禮，亦成虛願，務
祈代致歉忱為幸。撰稿殊不足觀，叨在
愛末，厚顏敢送請　指教也。耑此不一，順頌
撰祺

弟潤孫拜啟　三月十二日　一九八八

令揚吾兄：

柳公來信說來港參加敦煌學會也為港大作校外考試委員，我不知他住在何處？有一封信請兄費神轉交，拜託！拜託！近來因衰老杜門不出，久矣，乎不知外事。尊況想甚佳勝耶？即頌

康健

弟潤孫謹啟　六月十二日

何芳川

何芳川（1939—2006），男，史學家，專治非洲史、華僑華人史、亞太區域史，歷任北京大學教授、歷史系主任、海外教育學院院長、副校長，著有《中外文明的交匯》、《崛起的太平洋》、《澳門與葡萄牙大商帆》、《何芳川教授史學論文集》，及眾多其他論著。

北京大学校长办公室
Office of the President
PEKING UNIVERSITY

Tel: 86 - 10 - 62751201
Fax: 86 - 10 - 62751207

赵教授令扬吾兄大鉴：

大札收到，承蒙宠邀，幸何如之！弟因有关"五四"学术活动，竟不能前往出席吾兄主持之国际学术研讨会，真是抱歉！再次深表谢意，并予祝会议圆满成功！

即颂

文安！

何芳川

2001.1.12.

余均灼

余均灼，男，日語專家，為香港中文大學創辦日本研究學系並任創系主任，著有《現代日語語法詳解》、《現代日語語法》、《新世紀日語語法》，及眾多日語教學論著。

趙教授：

七月一日安抵东京。上次来東京是三年前，現在改变了不少。地下鉄路多了三條路線，新宿区、池袋区多了很多摩天大楼，物價也騰貴了。東京現在日間雖熱，但湿度低，早晚清涼，比香港的夏天舒服得多。

現在有了固定的居所，今將英文地址和电話列後。来東京的時候，或有甚麼事在東京可以代勞的，適請示知。

即候

教安

中文大学日文系　余均灼謹上

一九七九年七月八日

余英時

余英時（1930—2021），男，美國華人史學家，普林斯頓大學榮休教授、「中研院」院士、美國哲學學會院士，榮獲克魯格人文與社會科學終身成就獎及首屆唐獎漢學獎，曾任香港中文大學副校長兼新亞書院院長、耶魯大學及哈佛大學教授，著有《士與中國文化》、《中國近世宗教倫理與商人精神》、《朱熹的歷史世界：宋代士大夫政治文化的研究》、《方以智晚節考》、《論戴震與章學誠》，及眾多其他論著。

Yale University

DEPARTMENT OF HISTORY
237 Hall of Graduate Studies
P.O. Box 1504A Yale Station
New Haven, Connecticut 06520
(203) 436–1282

今揚吾兄如晤：前奉 來示，承告馮平山圖書館紀念講演已延期至秋後九、十月間，至感再度寵召，本擬出之於命，但弟未與耶魯方面商洽時間問題，始發現明年開學在九月初，且有兩三位博士口試亦大致定於九月尾至十月初舉行，實難逃避責任，又其時本亦早訂於九月中旬及十月中旬先後去匹茲堡大學及密西根中部大學兩處講演，均無法更動，以是又不得前來，中心抱歉，無以復加，方 命之處至乞 原宥為幸。所言 兄不棄，屢以此等學相加，而弟竟不能有以報故老友厚愛之意，愧甚，歉甚。以後若有餘力為港大效力之處，但凡能力所及，定期有以答 雅意也。至 兄若有來美訪問之事，亦請早告，俾能稍盡地主之誼。請不一一

專此敬問

弟余英時上

八三、五、九、

安好

紀念論文集及年刊本均已收到，印刷編輯甚為精美，又謝

此函遲答，實因考慮有何辦法抽空前來所致也 恕罪 又及

Yale University

DEPARTMENT OF HISTORY
237 Hall of Graduate Studies
P.O. Box 1504A Yale Station
New Haven, Connecticut 06520
(203) 436–1282

令揚吾兄：

一月廿八日尊示已到，承邀來港參加馮平山金禧講演，甚感榮寵。惜四月底至五月上旬，耶魯為本學期中途，且有考試及閱讀博士論文之事，無法離開，幾經盤算，實難遠行，無可奈何，只得違命，中心實感歉然也。以後倘兄有需弟為力之處，而在弟能力範圍之內者，必當有以報命，以酬相知之意。餘不一一，專此

敬問

撰安

弟余英時上

二、十、

吳泰昌

吳泰昌，男，散文家、文學評論家，曾任《文藝報》副總編，中國散文學會、中國報告文學學會、中國大眾文學學會副會長，著有《藝文軼話》、《心如朗月》、《歲月如雲》、《我親歷的巴金往事》、《我認識的朱光潛》、《我知道的冰心》、《我了解的葉聖陶》、《我認識的錢鍾書》等散文及評論30餘種。

文藝報

令楊先生：

您好。

手書拜悉。獲悉您學術將來京，甚喜。

我原定五月赴杭，現改為八九月，請先到京后即电话告住处，以便看您。

我下午以後 　　　 开会，可打这个电话

或 　　　，都是文艺报，若能打到，

可打 　　　；下午時以後在家，

東直門外 　　　，在首都

机場快速東直門的地方，附近有华都飯店，离长城飯店也較近。

（此信共兩頁）

文藝報

近白天不一定我电话联系不上（我常有外面的活动），请给我太太钱晓云打电话，她在故宫工作，8小时都在，也是下班（下午5时10分）回家。她的电话：

第一档案馆就在故宫内。

我会设法找到你们空的时间以下榻处。匆此奉覆，

余面叙。

祝

好

弟 吴泰昌

18/9

文藝報

令揚先生：

您好。

我一到由京抵沪，即通过辛笛兄与您联系，知道您住在瑞金宾馆，多次电话没人接，唐先生家也无人接电话。辛笛本来设法请我们在政协俱乐部小聚，也未安排上。

下次来京务请候告。

我刚返京。

遥祝

安好

吴泰昌

16/11

吳澤

吳澤（1913—2005），男，史學家，專治中國通史、思想史、史學理論與史學史、華僑史和客家學，曾任大夏大學校務委員會委員、教務長、文學院院長，後曾任華東師範大學歷史系主任，並主編《華僑史研究論集》及《客家史與客家人研究》，著有《中國原始社會史》、《中國歷史簡編》、《中國通史基本理論問題論文集》、《中國近代史學史》（主編），《吳澤全集》10 冊收錄其著作、論文、隨筆、時論、序跋、詩詞和自述等。

華東師範大學

令扬先生：

我近数月来，在外地从事《中国近代史学史》定稿工作，不在上海。港大召开的明清史学术讨论会，很及时，很多学术问题，需要大家一起讨论讨论，交换交换意见，以促进明清史学术研究水平，确是十分必要。我已和校部商定，决定按邀请书的日程，准时前来港大参加盛会。论文，这里打印好就即寄前来请指正。我于十五日去河南大学、郑州大学讲学，并进行先秦考古遗址的考察，大约十月十日左右回沪。十月二十日左右，去北京，筹备史学理论研究会，月底回沪……不知这几月里，你在不在香港？有件事，想和你商量一下。我这次来港，会议日程共三天，时间较短促；我想能在港多留几天，可否请你向港大当局和你的名义邀请讲学几天，这样能多留几天，一则可以购买些港台图书文物，二则可以看看香港风貌、社会经济情况，和能与中文大学联系一下，更好。如有困难，就作罢论。请来信，以便安排。祝好！

吴泽 1958.9.1.

李锷先生前代问好，饒宗颐先生前代问好。

李小林

李小林，女，史學家，專治明清史，曾任南開大學教授，著有《萬曆官修本朝正史研究》、《明王朝興亡史》（合著）、《清代文化》（合著）、《明清史資料》（合著），及眾多其他論著。

南开大学历史学院

趙先生：

您好！

久疏问候，非常失礼。

承蒙先生的关照，我来到了我向往已久的香港，并在此与许多前辈、先生相识，真的很高兴。这一切都应该感谢您。

实际上我在大学毕业不久，留在郑老先生创立的明清史研究室工作之时，早已久仰先生，那时，郑老先生常常提及您。因此，从那时起我就仰慕先生，希望有一天能聆听您的教诲。这一愿望终于在新世纪实现，真的太幸福了，谢谢您。

香港期间与先生的合影，今天才冲洗出来，顺便寄给您，请作留念。

好，先生若有时间，欢迎来南开大学、来我家做客。同时，真诚地希望今后仍能得到先生的指教。

祝

先生健康！

李小林

9.5

2002年

李民

李民，男，史學家，專治殷商史，曾任鄭州大學教授，並曾為中國殷商文化學會副會長，著有《尚書與古史研究》、《夏商史探索》、《古本竹書紀年譯註》（合注）、《殷商社會生活史》（合編），及眾多其他論著。

郑州大学学报

趙教授：

您好！

我這次去港，承蒙您多方关照，至為感激，在此，遙致謝意。離港前，曾打電話向您辭行，值您不在辦公室，未能如願。

離港前曾拜託您審閱並代為推薦拙作二文，不知是否還需修改，盼抽暇來信示知。

您何時能到中原地區訪問，份盼能到敝校來講學。

匆此 即頌

著安！并預祝

春節康樂！

李民

85.1.26

00145.833 第 頁

李田意

李田意（1915—2000），男，美國華人學者，中國文學、美國外交史專家，曾任耶魯大學、俄亥俄州立大學、夏威夷大學、香港中文大學、台灣東海大學等校教授，著有 *Woodrow Wilson's China Policy: 1913-1917*、*Readings in Contemporary Chinese Literature*、*Chinese Fiction: a Bibliography of Books and Articles in Chinese and English*、《哈代研究》、《二刻拍案驚奇》（校閱），及眾多其他論著。

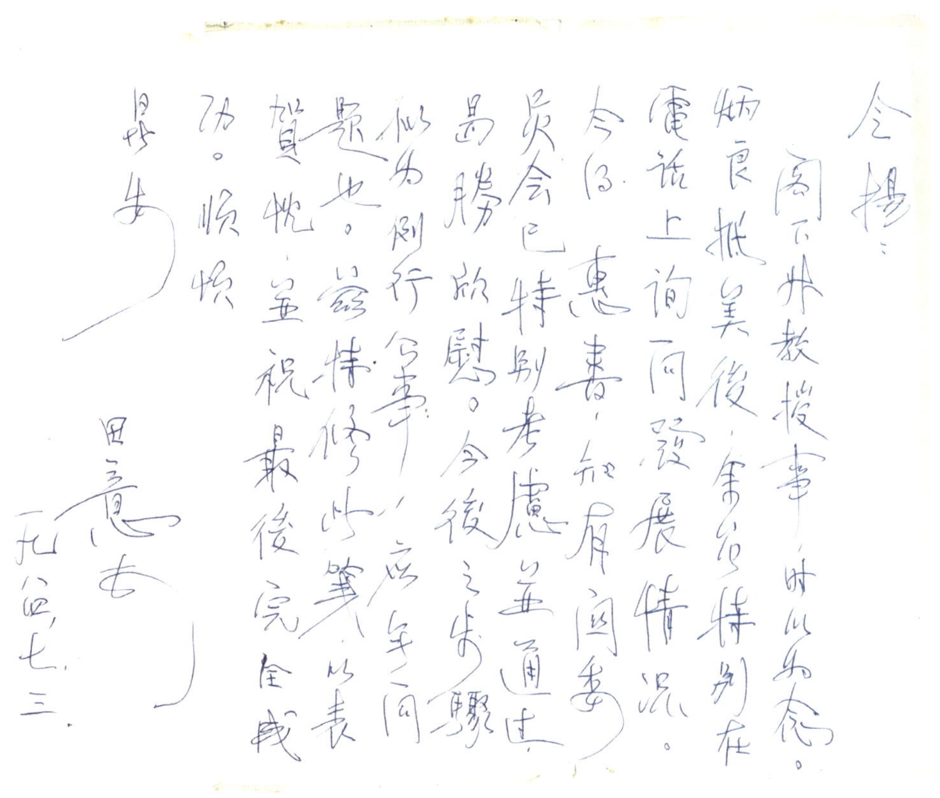

令揚：

閣下升教授事，時以為念。姊良抵美後，余即特別在電話上詢問發展情況。今得惠書，知有關委員會已特別考慮並通過，為勝欣慰。今後之步驟似為例行公事，應無問題也。茲特修此箋，以表賀忱，並祝最後完全成功。順頌

暑安

田意 上
一九八四，七，三。

李侃

李侃（1922—2010），男，出版人、史學家，曾任中華書局總編輯、香港中華書局董事長，並曾為《文史知識》主編、中國現代史料學會會長，著有《中國近代史散論》、《近代傳統與思想文化》、《李侃史論選集》、《朝夕集》，於其主持下，出版了大量中國近代史專著及人物文集。

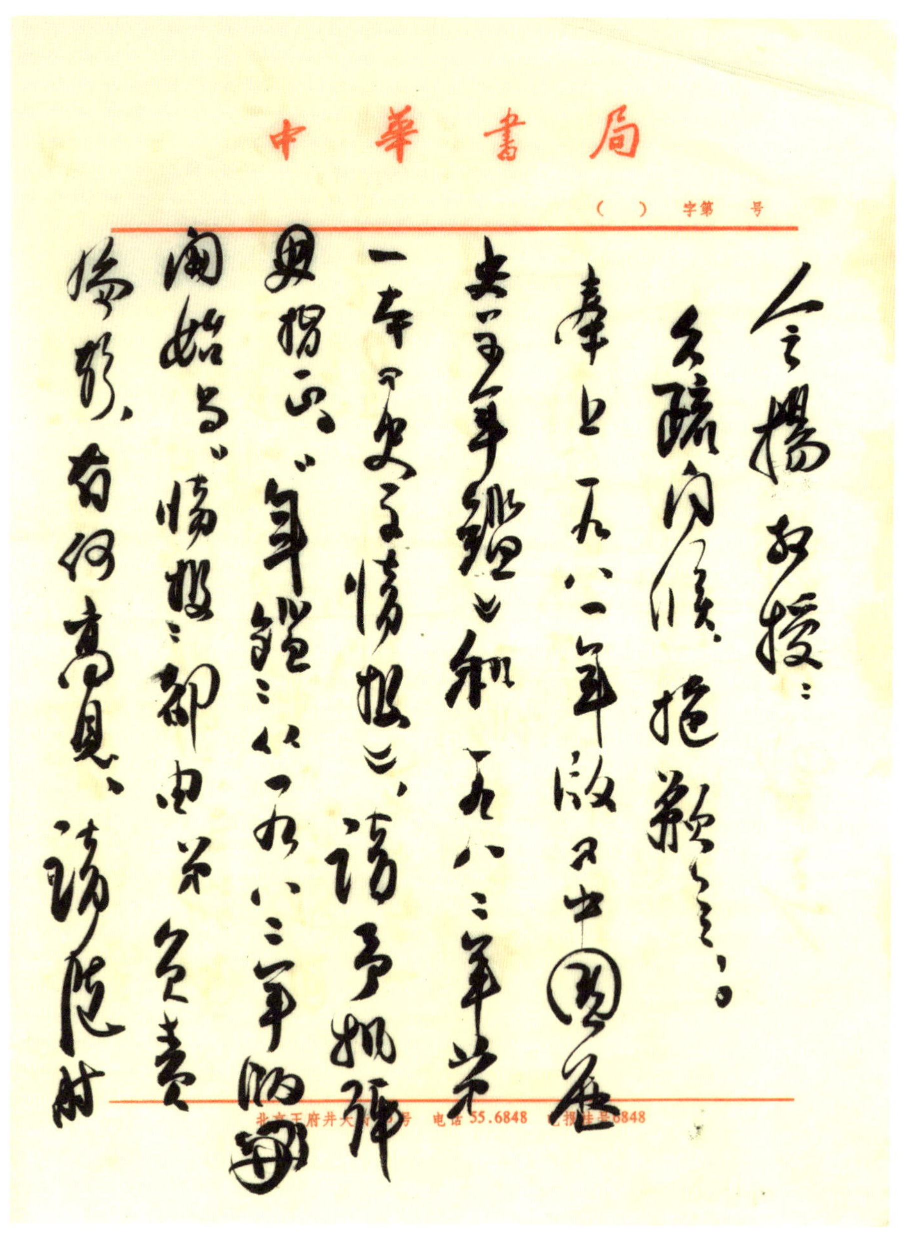
中華書局

（　）字第　号

令揚教授：

久疏問候，抱歉之至。

北京王府井大　　号　电话 55.6848　电报挂号6848

（此信共兩頁）

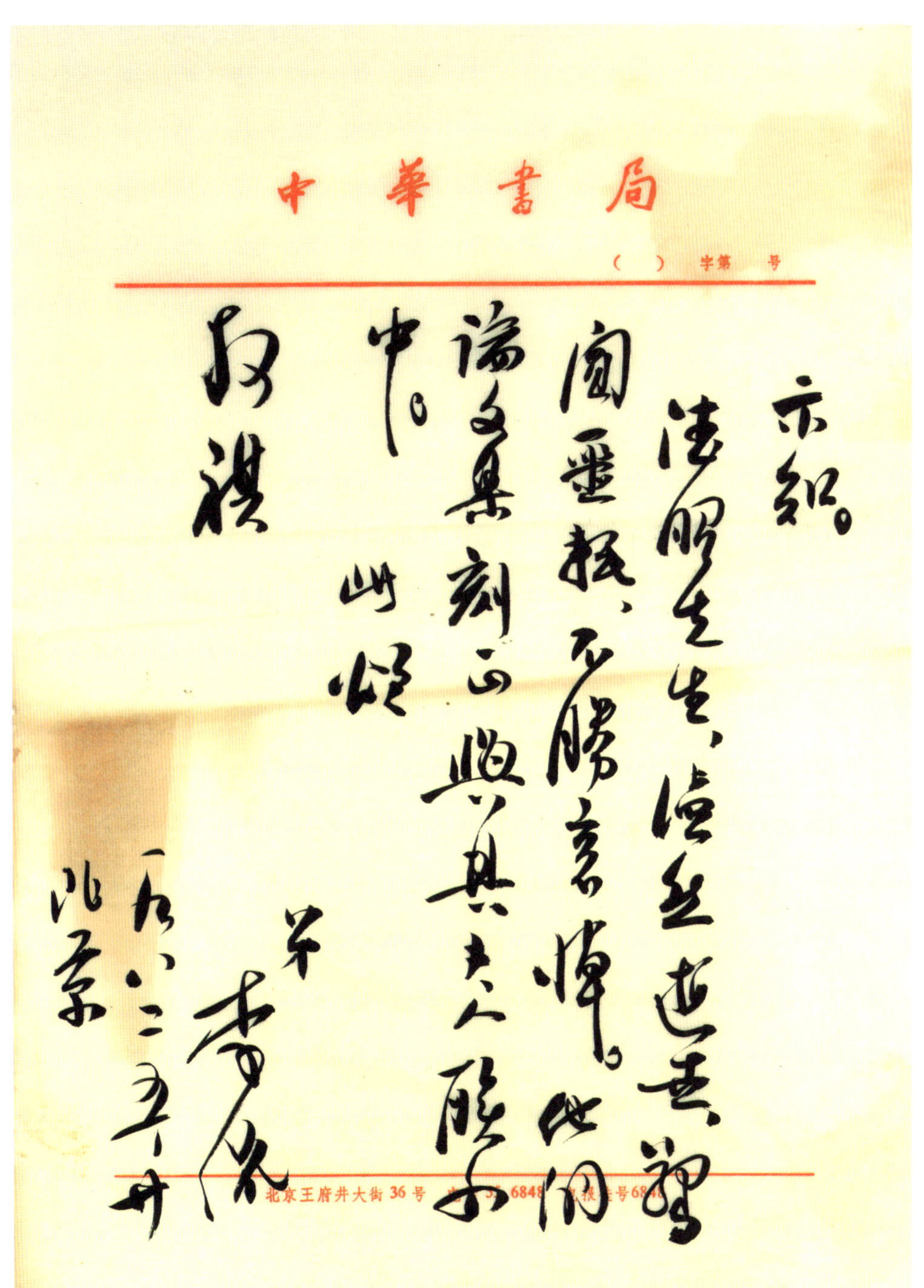

中華書局

（　　）字第　　号

示知。
法明先生，遠赴美講學
閩西報，不勝喜慰。他們
論文集刻正與其夫人聯系
中。此頌
教祺

弟 李侃
一九八二年一月卅
北京

北京王府井大街36号　电话55.6848　电报挂号6848

中華書局

Zhong Hua Book Company

36 Wangfujing Street, Beijing, China

令揚教授：

香江把晤，受益良深。復蒙盛情款待，感銘靡已！何时来北京，尚请告知。三月十六日开始，弟将在京西宾馆参加古籍整理规划会议。

有一事奉闻：弟在香大讲稿，若《明报月刊》可以发表，務請不要寫上弟之头衔，特别是北师大虽有聘弟兼职顾问之意，但并未正式来聘書，此事并未最后决定，所以万不能加北师大任何头衔，以免招摇之嫌。

（此信共兩頁）

中華書局

Zhong Hua Book Company

36 Wangfujing Street, Beijing, China

當先、告之謝先生，則一切問題都不存在了。

《大千年譜》1981年版、最近又出版，收到后當奉上請教。（從1982年開始，由弟負責，又要請教您一些香港史學界的情況，以免寡陋。

來去匆匆，未暇多多請教，殊悵悵。

此請

教安

弟 李侃

三月二日

1985年

古籍整理出版規劃小組

令揚兄：

京華握别，旋即奉赴福州，參加林則徐誕生二百年學術討論會，會開完又匆匆北返，適逢書局謝方先生赴港，托其奉上《明史紀事本末》一部，乞哂笑納。蒙錯愛，弟為兄寫稿，早已牢記未忘，惟因時間倉促，未得喘息。遇出稿必呈上補璧，絕不食言也。

北京王府井大街三十六号

（此信共兩頁）

古籍整理出版規劃小組

《國史舊聞》已無書，當再將寄覽。老兄還需其他書籍資料，可告訴方兄，或直接寫信給我，當盡力而爲。北京深秋，又見紅葉，遙想廣州天氣，不勝翹望，謹祝起居安泰，事業猛進。恭祝

秋安

弟 李侃

九五、十一、二十日

北京王府井大街三十六号

古籍整理出版規劃小組

令揚兄：

遵囑呈上灑金紙，醜人醜字，不堪大雅。敢報命，請審諸紙麗，僅博一笑足矣。

日前謝方兄趨過，此間情狀諒已言之，何日聚首，當再暢叙。

此頌

大安

弟 李侃

一九八五，十，廿四日

北京王府井大街三十六号

李焯然

李焯然，男，史學家，專治中國思想史、明清史、東亞儒學、華人宗教與民俗等，曾任新加坡國立大學文學暨社會科學院助理院長、漢學研究中心主任、中文系主任、雲茂潮中華文化研究中心創辦主任，目前為汶萊大學亞洲研究所資深教授，同時受聘為復旦大學文史研究院海外學術委員、北京國際儒學聯合會副理事長，著有《明史散論》、《儒學傳統與思想變遷》、《丘濬評傳》、《中心與邊緣：東亞文明的傳播與互動》、《明成祖史論》（合著）等，並主編《海外中國學叢書》、*Emotion and State of Mind in East Asia*。

令揚師尊鑒：

寄上朱權"天運紹統"部分影頁，澳大所藏微捲係永樂間刻本，該版殘缺不堪，全書不分卷，共百餘頁，大部分之文字脫落，有一頁中只得數字者，又加以澳大較好之微捲複影機近生故障，結果更差，先影上數頁參考，如認為尚可，則全部影上，或待他日學生在外訪得更佳版本再為影上，如何？至於該書之內容大概，見附紙。

某人入學之事，已轉托蓮達女士，想日內當有佳音，又轉黃齡之匯件，因其休致在家，只好托他人轉交，未能面呈，去信已逾兩週，尚未見下文。

然儒師之事，正積極進行，其興趣甚濃，據知存仁師亦大表贊同，並全力支持，惟嫌太則頗有微詞，謂取假外出，對他日澳大升級，頗有影響云云。餘不一一，並頌

教安

學生 李焯然 即上 四月十五日

李治亭

李治亭，男，史學家，專治清史，曾任吉林省社會科學院歷史研究所所長、吉林史學會副會長，著有《吳三桂大傳》、《中國漕運史》、《清康乾：盛世的餘暉》、《關東文化》（合著），及眾多其他論著。

令揚先生：您好！

惠賜《第三十四屆亞洲及北非研究國際學術大會》邀請書已收到。遵囑，已將表中內容填好，现寄給先生，請查收。

我能夠應邀參加此次盛會，深感榮幸！此事由先生玉成，谨向先生致由衷感謝！我提出一課題："康乾盛世与西方文明之比較研究"，作為專題小組討論，未悉妥否？还請先生指教。这一專題，在大陆已进行某些研究，已发表有限的論文，但尚未深入。这一專題的學術價值是显而易見的。當中國处於晚期封建社會的"盛世"之際，同一时期，西方資本主義正在蓬勃發展。東西方不能同步，却向着不同的走向發展。因此，探討这個問題是很有意義的。目前，我正着手此项研究，期望明年盛会前得到初步成果。

匆匆，書不盡意。謝謝！順頌

夏祺

吉林省社会科学院　（15×20=300）　91·69360　第　页

李治亭敬上
1992.6.2.

李炳漢

李炳漢，韓國漢學家，專長中國古典文學研究，首爾大學榮休教授，曾為韓國中國學會會長、中國文學理論研究會會長，著有《中國笑話書》、《中國古典文學理論批評史》、《中國古典詩學의理解》，及眾多其他論著與譯著。

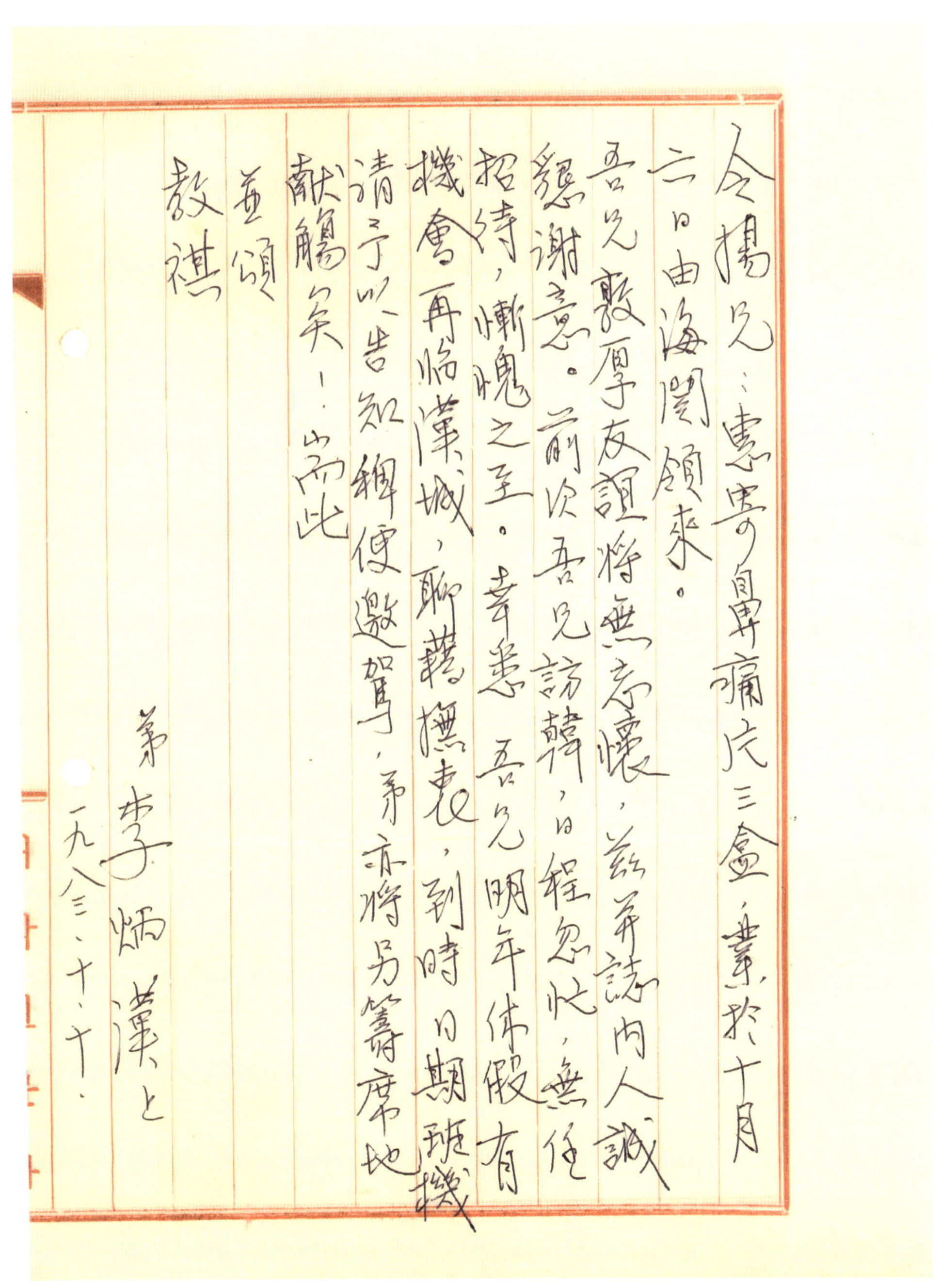

令揚兄：惠寄鼻痛片三盒，業於十月二日由海關領來。吾兄敦厚友誼將無忘懷，茲并誌內人誠懇謝意。前次吾兄訪韓，日程忽忙，無任招待，慚愧之至。幸悉吾兄明年休假，有機會再臨漢城，聊藉攄衷，到時日期班機請予以告知，俾便邀迓，弟亦將另籌席地獻觴矣！耑此

並頌

教祺

弟李炳漢上

一九八三、十、十。

李時岳

李時岳（1928—1996），男，史學家，專治中國近代史，曾任吉林大學教授、汕頭大學副校長兼歷史系主任、廣東省社會科學院孫中山研究所研究員、《汕頭大學學報》及《史學集刊》主編，著有《近代中國反洋教運動》、《辛亥革命時期兩湖地區的革命運動》、《張謇和立憲派》、《孫中山與中國民主革命》（合著），及眾多其他論著。

汕頭大學

令扬教授：

惠书敬悉。

关于赴港事，2.25—3.6 实为最佳日期，因正值我校寒假，但我处出境手续是否能顺利办成。如果来不及，便只好推到四月上旬（4月5日—15日），较为方便。邀请函希望在日期上宽活点，最迟4月上旬必可成行。

待邀请函收到后，当即抓紧办理手续，争取春节后赴港晤叙。即颂

铎安

时岳 1.26.

1985年

汕頭大學

令杨先生：

前函早经获悉，随即据邀请信申报省府，近日省府才将批文寄下，表示同意。下一步还需办理政审、签证等手续。据经办人称：至少还要一个月才能办妥。因此，原计划四月间去港自然已无可能。

上月在深圳开会，得见霍启昌先生，曾谈及去港时间问题。据说，五月份也许还可安排。如果手续办得顺利，争取在五月份的最后一週到港，不知是否方便？如果不行，恐怕就得推到下学期，即九、十月份了。请根据你处情况，告知意向。

即颂

教安

李时岳
四月廿二日

1985年

李琼

李琼，女，曾在東北婦聯福利部、全國婦聯、陝西省外事辦、中央教育部外事局工作。

中华人民共和国教育部
MINISTRY OF EDUCATION
THE PEOPLE'S REPUBLIC OF CHINA
No. 37 Da Mu Cang Hu Tong
Xi Dan Beijing China
Tele: 666758 Cable: 2514

趙教授：

来信敬悉。

目前香港同胞在京观光，诸多照顾不周，请谅。欢迎你们常来，以加强内地和香港之间的教育交流。

你为北京建筑工程学院与香港大学建筑系搭桥的热情，值得赞扬，对此，向你表示感谢。

我已将你的来信转给北京建筑工程学院，请他们直接和黎锦超教授联系。

祝好！

李琼 16/5

1984年

李慎之

李慎之（1923—2003），男，哲學家、社會學家、國際問題專家，曾任周恩來外交秘書、中國社會科學院副院長及該院美國研究所創所所長，20 世紀下半葉中國自由主義思想代表人物，著有《李慎之文集》、《廿一世紀的憂思》、《中國的道路》（合著）等。

中国社会科学院

CHINESE ACADEMY OF SOCIAL SCIENCES

Jianguomennei Dajie 5 Hao, Beijing, China　TEL 55.4631

令揚先生大鑒：

本月一日惠书頌来，适 愚南行，昨始获捧读，致稽延裁覆，殊以为歉。

先生所提拟于本月中旬来京就召开研讨会事商谈一节，今日已到九月中旬，复三先生正在欧洲，下旬始能返京，不过届时 愚又将赴日本半月，故殊难定一时间。唯先生于任何时间来京，均所欢迎。

至於开會事，聯絡消息，尚無定見。此事亦非社科院一家可定，似以缓图为宜。或者逕由贵校决定，然后向个人发出邀请，由被邀者自定行止，亦无不可。專此奉覆，

即頌

教祺

李慎之 上

一九八六、九、十五

李學勤

李學勤（1933—2019），男，史學家及考古學家、古文字及古文獻學家，戰國文字學奠基人，主持和參加馬王堆漢墓帛書、銀雀山漢簡、定縣漢簡、雲夢秦簡、張家山漢簡整理工作，曾任清華大學教授及思想文化研究所所長、中國社會科學院歷史研究所所長、夏商周斷代工程專家組組長及首席科學家，並為國際歐亞科學院院士，有《殷代地理簡論》、《東周與秦代文明》、《新出青銅器研究》、《比較考古學隨筆》、《周易經傳溯源》、《簡帛佚籍與學術史》、《古文獻叢論》、《四海尋珍》、《古文字學初階》等數十種專著，及過千篇論文，生前親自完成30卷《李學勤文集》的選編與定稿工作。

中国社会科学院历史研究所

(852) 2858-1334

香港大學 中文系

趙令揚教授道鑒：

大函及fax先後拜領。您與廖日榮博士何時到京，請即賜告。弟將於六月三十日前往英國，七月十日返京。倘如在此期間蒞臨，中國社會科學院歷史研究所方面，業已委托科研處齊克琛女士，清華大學方面，請逕與中文系主任徐葆耕教授聯絡，一切需安排處，均望指示。

歡迎近日光臨。 敬頌

道安

弟 李學勤 謹上

一九九五年六月廿八日

李樺

李樺（1907—1994），男，藝術家、美術教育家，擅長版畫，曾任北平藝術專科學校教授、中央美術學院版畫系主任，中國版畫家協會主席，1996 年獲中國版畫家協會授予「魯迅版畫獎」，代表作有《怒吼吧，中國！》、組畫《怒潮》、《團結就是力量》等，另有《西屋閒話》、《美術創作規律二十講》、《李樺木刻選集》、《美術新論》等著作及畫冊。

中国版画家協會

敬啟者

不久前曾由本人及中国版画家協會致函貴院請發出正式邀請函件，表示邀請中國版協派出由四人組成的版画家代表团参加由 貴院舉办的"中国現代版画展览"并進行訪問和講学。因此間办理出境护照需歷时三个月以上，故希望在八月底以前收到 貴院的来函，以便及时办理來港手續。至于代表团訪港的有关細节，可在给我个人的信中進一步磋商。不胜盼望复示和指導！

此致

香港大學文學院

趙令揚先生

中国版画家協會主席 李樺

一九八六年八月十二日

李龍潛

李龍潛（1931—2015），男，史學家，專治中國古代史及明清經濟史，曾任暨南大學教授及明清經濟史教研室主任，著有《明清經濟史》、《明清經濟探微初編》、《明清廣東社會經濟研究》、《清代廣東土地契約文書彙編》（合編），及眾多其他論著。

暨南大學
JINAN UNIVERSITY
地址：中国 广州 GUANGZHOU CHINA

趙令揚博士尊鑒：

許久未見，時在思仰中。

九月间，托全漢昇教授的研究生帶上拙作《明清經濟史》乙册，希望不吝指教，聆取教益。未知收入否？時在念中。

前幾年，我开始招收國内碩士研究生，今年尚有一位跟我学习。明年我準备在香港招收明清經濟史碩士研究生，要求招收到英文基礎較好、专业思想较强的学生，希望你为我推荐一、二人（学生或親友均宜）。如果你願意，和你合作招收，那更好（你作導師，出主意和策划），我可以多做些具体指导工作，也可以从中向你学习。又今年我主办了一个两年制的当代港澳台經濟史大专班，如果香港需要这方面人材，我们亦可以和你们合作，在貴校共同举办。总之，你是我校文学院的客座教授，又是著名的明清史专家，我才敢向你诚恳地提出，希望得到你的支持

（此信共兩頁）

暨南大學
JINAN UNIVERSITY
地址：中国 广州 GUANGZHOU CHINA

和帮助，共同为祖國的科学文化事业作出有益的貢獻！

諸件絮煩，容后續陳。希望撥冗复信指导，以匡不逮也。

专此布達，敬候

撰安！

後学李龍潛頓首拜啟
十月十二日

賜教处：

廣州市石牌暨南大学历史系办公室转。

又1985年的明史研討會論文集，何時能出版？國内許多学者都询问我，亦请示知。

杜正勝

杜正勝，男，史學家，專治中國上古史、古代社會史、文化史、醫療史，「中研院」院士，曾任清華大學歷史研究所所長、「中研院」歷史語言研究所所長、台北故宮博物院院長，著有《周代城邦》、《編戶齊民：傳統政治社會結構之形成》、《古代社會與國家》、《新史學之路》，及眾多其他論著。

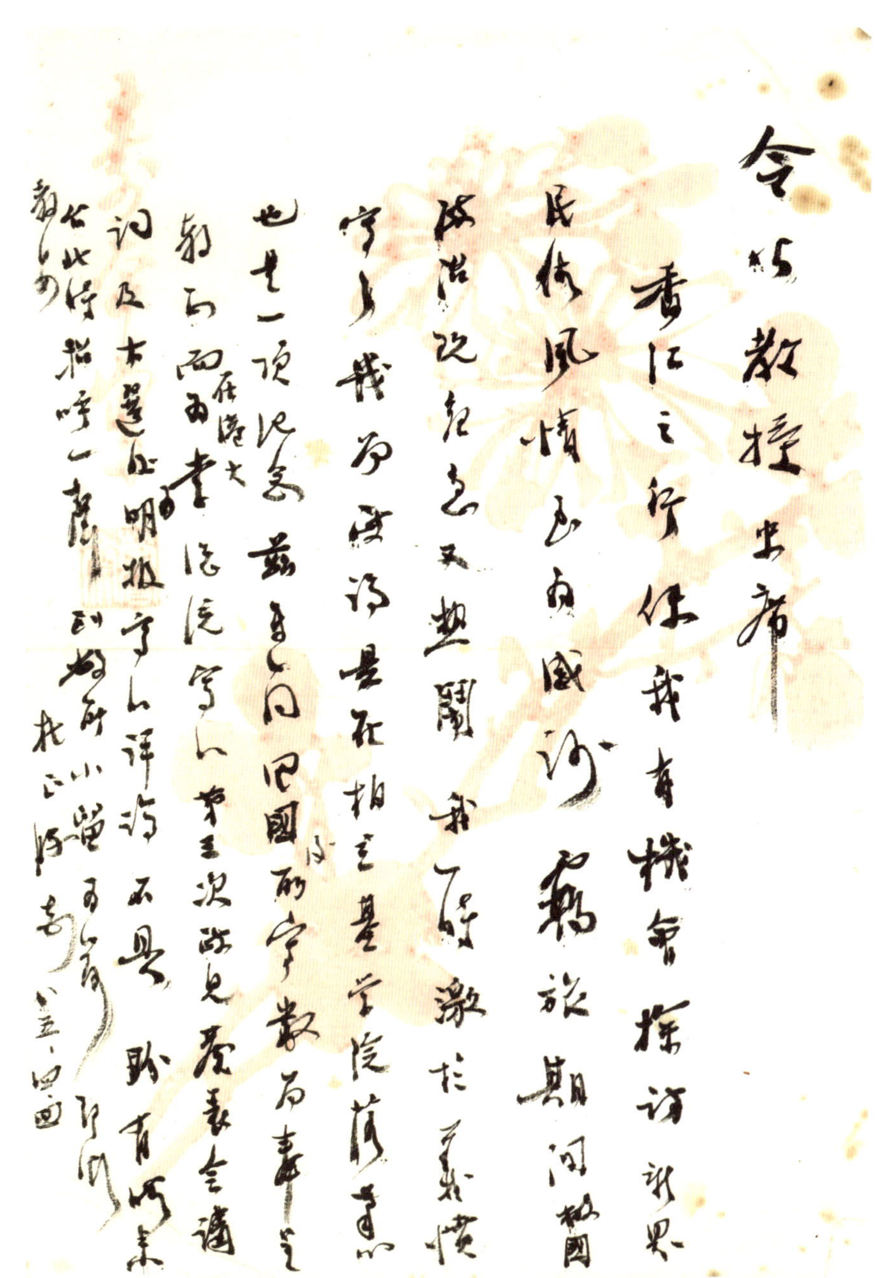

杜維明

杜維明，男，思想家，當代新儒家代表人物，「中研院」院士、美國人文社會科學院院士，曾任教美國普林斯頓大學、加州柏克萊大學、北京大學、台灣大學、東海大學等校，並為美國哈佛大學講座教授、東亞語言和文明系主任、哈佛燕京學社社長，著有 *China in Transformation*、*Confucian Traditions in East Asian Modernity*、《現代精神與儒家傳統》、《二十一世紀的儒學》、《青年王陽明（1472—1509）：行動中的儒家思想》、《道、學、政：論儒家知識分子》，及眾多其他論著。

HARVARD UNIVERSITY
Committee on THE STUDY OF RELIGION
Phillips Brooks House, 3rd floor
Cambridge, Massachusetts, 02138 U.S.A.
(617) 495-5781, 495-2099, 495-7884

VE RI TAS

令揚教授吾兄：不能參與盛會，遺憾之至。近來日韓儒學研究似有一陽來復的景象，精神為之一振。曲阜之會吾兄未克參加，但為大會專增色不少，特在此表示感激之情。謹在此恭賀吾兄成立六十週年紀念。並請得暇抽閒會一敘情況告之。耑此 順頌

教安

弟維明上 八七年 十一月十日

Profesor TU Wei-ming

HARVARD UNIVERSITY
Committee on THE STUDY OF RELIGION
PHILLIPS BROOKS HOUSE, 3RD FLOOR
CAMBRIDGE, MASSACHUSETTS, 02138 U.S.A.
(617) 495-5781, 495-2099, 495-7884

November 11, '87

Dear Professor Chiu,

With deep regret and personal disappointment, I must decline your kind invitation to attend the important conference on Confucianism and Chinese Culture marking the 60th anniversary of your distinguished Department.

I have tried hard to have my lectures rescheduled so that I can arrive by December 15 at the lastest. Unfortunately, the last lecture on "China in Perspective" which I have to give in person falls on the sixteenth of December. However, I would be honored to learn more about the Conference; please keep me informed. With warm personal regards, I remain,

Sincerely,

Weiming

杜維運

杜維運（1928—2012），男，史學家，專治史學方法、比較史學、中國史學史及清代史學與學術，曾任台灣大學、香港大學及政治大學教授，著有《史學方法論》、《與西方史家論中國史學》、《中國史學史》、《中國史學與世界史學》、《中國通史》，及眾多其他論著。

令揚吾兄：

先後拜讀

大札，敬聞港大委我以榮譽講師之位，喜出望外。皆

吾兄之力。見面時共飲美酒三瓶如何？

邵建寅、榮兄收為弟子，邵生之幸也。感同身受矣。

黃氏父子論文口試時間確定後，望相告。定於六、七月之交，尤為理想。吾兄何時來台？企首望之。香江人心惶惶，此間因台人之排外氣氛，亦令人心緒不安。我們炎黃子孫，恐終身異域矣！

匆此，敬

祝

道安

弟 維運 再拜

九〇、四、二四

看山樓信箋

步近智

步近智、張安奇伉儷

步近智，男，史學家，專治中國思想史、明清思想史、中韓學術，曾任中國社會科學院歷史研究所研究員、中國文化研究室主任，與張安奇合著《顧憲成高攀龍評傳》、《中國學術思想史稿》、《好學集：中國思想史學術論文選》、又著有《中國思想發展史》（合著），及眾多其他論著。

張安奇，女，史學家，專治中國思想史、明清思想史，曾任人民出版社高級編輯，與步近智合著《顧憲成高攀龍評傳》、《中國學術思想史稿》、《好學集：中國思想史學術論文選》，並有眾多其他論文。

中国社会科学院历史研究所

令揚教授台鑒：

前歲聚首，得聆高論，且蒙熱誠招待，愚夫婦常以為念。惜諸事紛沓，疏于音問，望教授諒之。

去歲忙于《中华文明史》（十卷本）学术思想部份之撰著，同時愚夫婦總纂明代卷百餘万言，兼為作《序》，清代前期卷亦于年前殺青。該河北教育出版社已出前五卷，后五卷约于今年十二月至明年三月之前出齐。闻台湾地球出版社亦已出繁体字本。俟明卷出版，當奉贈以請指正。（十卷本中共21学科，学术思想係由近智任主編，愚夫婦合作撰写，总计56万言。）

据安奇所知，国際儒聯事，正在緩慢進展之中，北京市長已同意划出土地，谷牧先生已筹了部分款，计划于1994年纪念孔子诞辰2545周年之際正式成立組織，然后逐步健全，以期海外各界大力援助，方可积蓄建方面得以按计划完成。 教授热心此事，盼

步近智

（此信共兩頁）

中国社会科学院历史研究所

時必然要請鼎力相助，成此大业。

近智于歲夏之時，赴韓国作退溪学与宋明理学之学术研究三月。十月中旬又將赴山东大学出席有关明清实学之国际学术会议。安奇亦受邀同去，因对明清时期自然科学中近代因素之出现略有涉足研究，赴会必將更好地交流与深入。

近年内，北京會议涉及史学者人口略少于往年。教授如有机会来京，需要交流或查历史资料，近智當為之紹介历史研究所，本所資料室藏书丰富，善本亦不少。現任所長李学勤教授，与近智同為侯外庐先生门下，稍长于近智，且与近智正合作编《中国文化史研究叢书》，拟从文化史与文化学相结合之角度研究中国历史上的文化现象。諸多項目，如可得与教授及有關学者多作交流，則幸甚！

餘容後敘

即頌

秋安

步近智
張安奇 草
92.9.19.

中国社会科学院历史研究所

令揚教授台鑒：

手示奉悉，不勝歡欣。得知 教授主持第三十四屆亞洲及北非学術大會，並承向 愚夫婦發出邀請，衷心感謝！惜因歷史研究所難以解決赴會經費，人民出版社則因 安奇女士已經退休而更不予考慮，為此恐有負 教授厚愛，失去此一良好之学習機會，憾甚、、！

《中華文明史》明代卷，係由 愚夫婦負責總其成，并作《序》，僅学術思想部份乃二人合作撰寫。俟出版后，定當寄贈恭請指教。

（此信共兩頁）

中国社会科学院历史研究所

书不尽言，容后叙。

专此 即颂

冬安

愚 近智
安奇 顿首
一九九二年十二月五日于北京

周一良

周一良（1913—2001），男，史學家，專治魏晉南北朝史、日本史及亞非史，曾任清華大學教授及歷史系主任、北京大學教授及歷史系主任，著有《魏晉南北朝史論集》、《明代援朝抗倭戰爭》、《亞洲各國古代史》、《周一良集》、自傳《畢竟是書生》，及眾多其他論著。

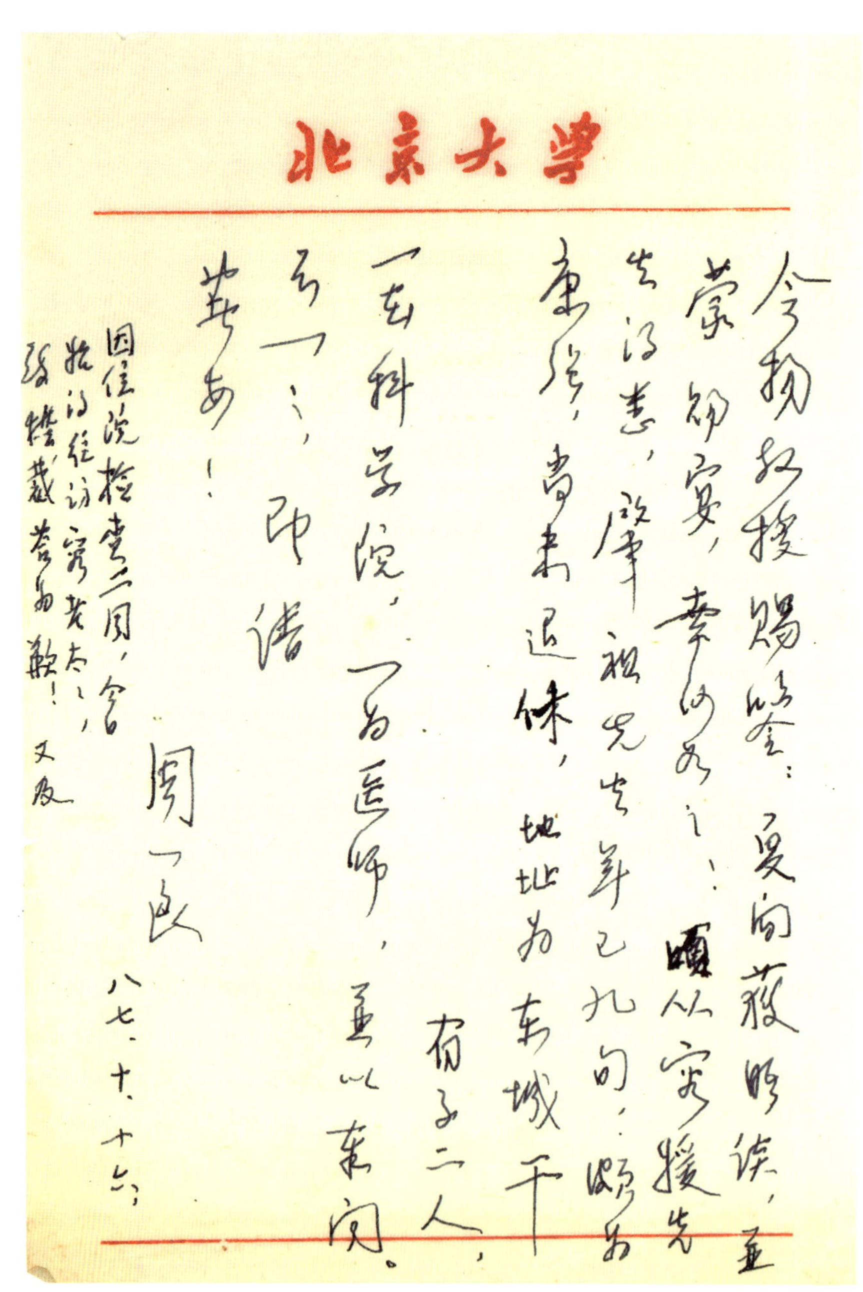

北京大學

令揚教授賜鑒：夏間獲晤談，並蒙錫宴，幸何如之！頃從宋援先生得悉，[illegible]祖光先生年已九旬，頗為康健，尚未退休，地址為東城干面科學院，有子二人，一為醫師，並以奉聞云一一，即請

著安！

周一良

八七、十、十六；

因住院檢查二周，今始得往訪鄧老太太，致稽遲荅為歉！又及

周千秋

周千秋（1910—2006）梁粲纓（1921—2005）伉儷，俱為嶺南派畫家，善於描繪自然景色、花卉雀鳥及昆蟲走獸，於香港成立國際中國美術學院、於美國邁阿密成立周氏畫院，教授生徒，並曾於世界多地舉行聯展，合著 *Easy Ways to do Chinese Painting*（中國畫簡易畫法），創立教授外國人畫中國畫的實際方法。

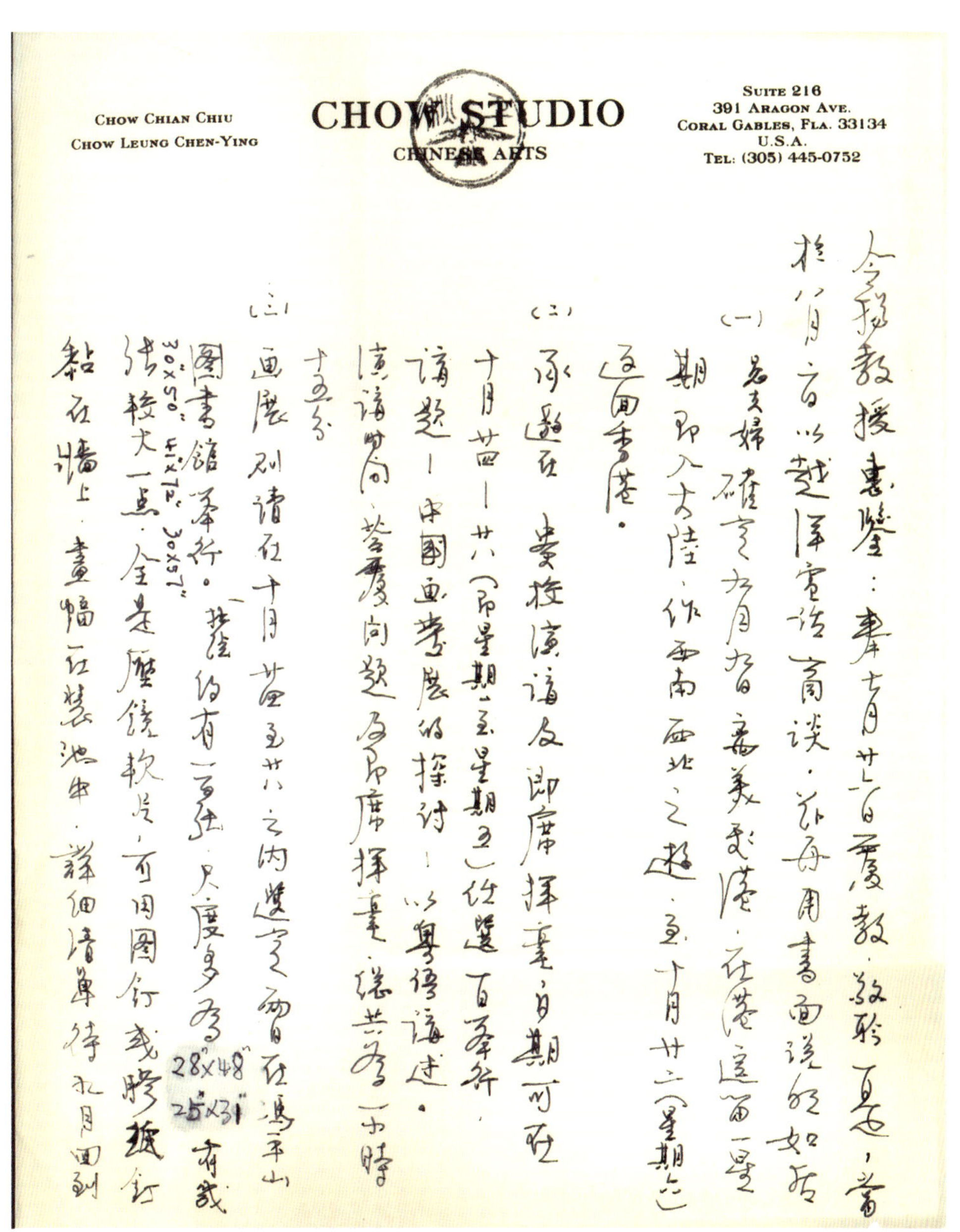

CHOW CHIAN CHIU
CHOW LEUNG CHEN-YING

CHOW STUDIO
CHINESE ARTS

SUITE 216
391 ARAGON AVE.
CORAL GABLES, FLA. 33134
U.S.A.
TEL: (305) 445-0752

令羲教授惠鑒：奉七月廿七日覆教，敬聆一是，當於八月方以越洋電話商談，茲再用書面說明如后

（一）愚夫婦確定九月杪啟程赴港，在港逗留一星期即入大陸，作西南西北之遊，至十月廿二（星期六）返回香港。

（二）承邀在 貴校演講及即席揮毫，日期可在十月廿四—廿八（即星期一至星期五）任選一天，請題「中國畫藝展的探討」，以粵語講述。演講時間、答覆問題及即席揮毫，總共為一小時十五分。

（三）畫展則請在十月廿四至廿八之內選定，曾在馮平山圖書館舉行。掛在約有一百張，尺度多為28"x48" 25"x31"者，或30"x50" 45"x70" 30"x57"較大一點。全是壓鏡軟片，可用圖釘或膠紙釘黏在牆上。畫幅一在裝池中。詳細清單待九月回到

（此信共兩頁）

CHOW CHIAN CHIU
CHOW LEUNG CHEN-YING

SUITE 216
391 ARAGON AVE.
CORAL GABLES, FLA. 33134
U.S.A.
TEL: (305) 445-0752

香港時面交。

（四）貴校馮平山圖書館時有畫展舉行，關於場地保險等問題已有成案，一切悉照慣例辦理可也。

（五）吾夫婦今次每度歸國觀光，承祖國駐美大使館協助函洽全國美術家協會暨各地分會予以文化交流叙會，藉表歡迎，並將該館一等秘書書函影印附上一閱。

（六）小兒周滙武去年榮獲選爲全美博士會計學論文1982年度獎得獎人後，上月美國會計學季刊已將其全文發表。茲據全美會計學會公佈，該會本年度(1983)是項論文獎，再度爲小兒獲得，兩度掄元，爲我華人學術界爭得些少光榮，備將該件影印附呈一閱，專此敬候

近安

周千秋
梁振英

一九八三年一月十日

周谷城

周谷城（1898—1996），男，史學家、社會學家、教育家，治學範圍橫跨史學、教育學、哲學、美學、社會學和政治學，曾任中山大學教授兼社會學系主任、暨南大學教授兼歷史社會系主任、復旦大學教授兼教務長，亦曾為中國史學會常務理事兼首任執行主席、中國太平洋歷史學會會長、上海市歷史學會會長，著有《中國政治史》、《中國通史》、《世界通史》、《中國社會史論》、《生活系統：史學與美學》、《形式邏輯與辯證法：黑格爾邏輯大綱》、《教育文集：中國教育小史》，並有《周谷城全集》16 冊傳世。

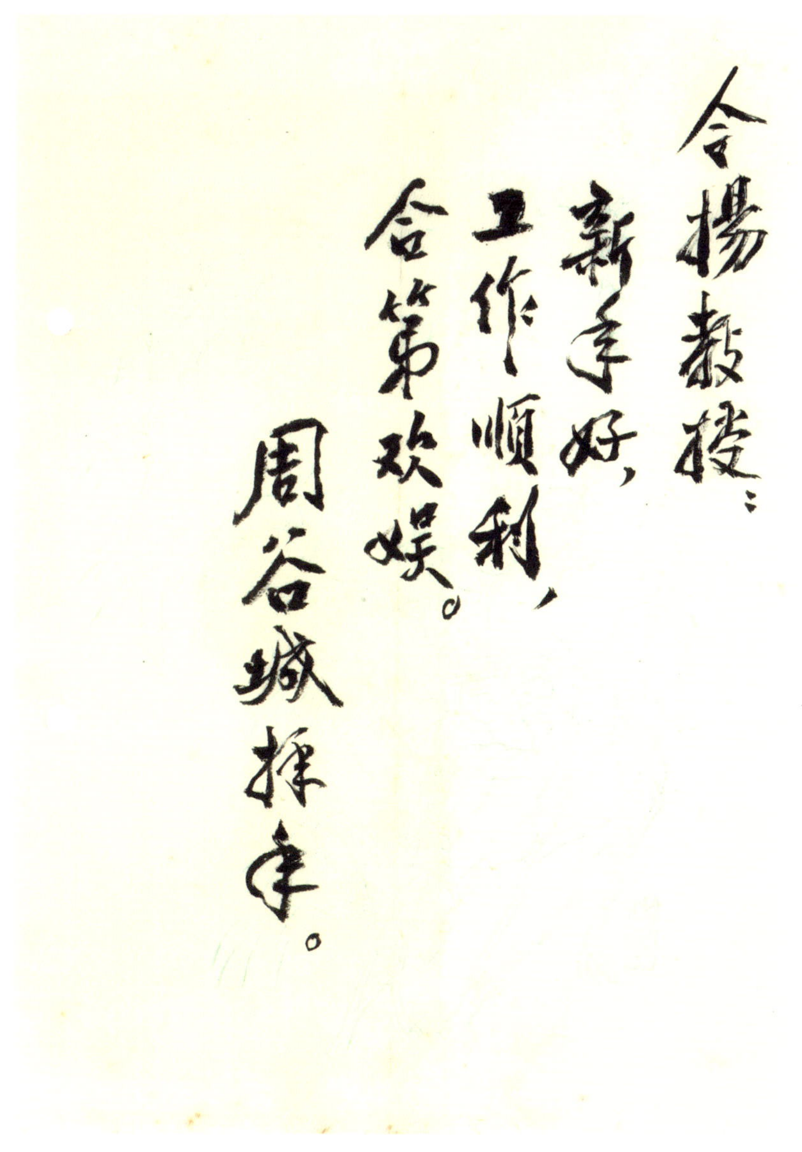
令揚教授：

新年好，工作順利，合第欢娱。

周谷城拜年。

1981 年

周南

周南，男，曾任外交部西亞非洲司科長，駐聯合國代表團一等秘書、參贊、副代表（大使銜），外交部副部長，新華社香港分社社長。

新華通訊社香港分社
XIN HUA NEWS AGENCY (HONG KONG BRANCH)

致
To　趙令揚教授：

特奉上為"紅樓夢文化藝術展"特製之清曹雪芹《脂硯齋重評石頭記》壹部，請惠存。

順頌

秋安

一九九三年十月

周　南社長
ZHOU NAN

周昭京

周昭京，男，傳記作家，著有《潮汕名人採訪錄》、《潮州會館史話》、《潮人八大使外交風采》、《潮人十院士》等。

尊敬的老校长杨院长先生：

来信收悉，十分感谢。

全家人都喜读您的来信，盼您在有机会来上海时光临寒舍一叙，使○自当蓬荜增辉。

如果您方便可寄点潮汕研究华侨动态材料，以作参考。我已写信给德国和日本有关单位的材料。谢谢您的帮助和指点。

我的妻子张雪凤也大学毕业的。她杭州人，也是中文的，现是讲师，搞古文字。大儿子今年考上大学。小儿子读六年级，他很喜画国画，曾得上海画院院长王个簃、又谢稚柳院长、陈大羽、黄胄院长、张桑等著名画家签款鼓励。他将画一张送给校长的孩子（我的小儿子也13岁和你的小儿子同年龄）不知您贵公子要否？这是小孩友谊之情。可来信告知，并告知贵公子大名。随附上我与谢稚柳院长合影的照片两张及全家照片一张。如有便可送我照片一张。我妻和小孩代问好！问贵夫人、小孩好。此致

安康

盼复

同乡后学 周昭京上 86.5.13

季羨林

季羨林（1911—2009），男，有國學大師之稱，精通梵文、巴利文、吐火羅文，曾習法語、俄語，治學東西並舉，兼及東方學、印度學、梵語語言學、文學翻譯、佛學、中國文學、比較文學、文藝理論等，曾任北京大學教授、副校長，為該校創建東方語言文學系並任系主任，又曾擔任多個學術團體會長，有《季羨林文集》24 卷傳世。

中国社会科学院
北京大学
南亚研究所

令揚博士左右：

接到上海徐文堪先生來信。他很希望參加明年在港舉行的第34屆國際亞洲和北非研究大會。他的信是四月二十八日發出的。我昨天纔看到。他並沒有超過初次報名截止日期。如果有問題的話，羨林不敢辭其咎。懇祈您批准他的請求。徐先生恐怕你也是知道的，是當今中國大陸很難得的學者之一。

他的通信處是

上海新華路200號 漢語大詞典出版社

郵碼 200052

不周之處，容後當面謝罪。

王賡武博士前請代我致意。

即祝

近安

季羨林

1992.5.19

林徐典

林徐典（1930—2019），男，新加坡漢學家，曾任新加坡國立大學教授、中文系主任，亦曾為《學術論文集刊》主編，研究範圍廣及先秦文學、唐宋文學、明清文學、中國古代思想文化、新馬華文文學和華文教學等，著有《先秦哲理散文》、《詩經研究》、《中國上古文學》、中學教材《華文》、《郁達夫抗戰論文集》（主編）、《漢學研究之回顧與前瞻》文學語言卷及歷史哲學卷（主編），及眾多其他論著。

汉学研究之回顾与前瞻国际会议

INTERNATIONAL CONFERENCE ON CHINESE STUDIES: RETROSPECT AND PROSPECT

密件

令扬教授吾兄：

会议通告第一号已迳寄名单所列之贵系同仁，倘有遗漏，请代复印分发。

发出邀请函者，除吾兄外，尚有饶宗颐教授、罗慷烈教授、何沛雄兄、陈炳良兄。除吾兄与饶教授由敝系负担机票之外，其余三位（均曾担任敝系高级学位考委）将由敝系招待住宿，免注册费。由于经费有限，无法负担三人机票，顺此奉闻。即颂

教安

弟

林徐典 拜启

1990年10月12日

林維盛

林維盛（1925—2014），男，自由撰稿人，對中國歷史文化研究興趣濃厚，常出席社會各界舉辦之學術研討會，於香港大學中文系舉辦之眾多學術會議熱烈發表意見，筆名有「香九五、孔乙見、林好問、韓溪水、寒士……」等，著作散見於報刊雜誌。

趙教授：

春節來臨，謹祝 闔府安康。

附上三國演义的主題及水滸討論續稿，主要徵求意見，請指導！我現在還沒時間專研文學，先學好中國古文字和法文、日文再說。況且，沒有現代科學知識，像陳湛銓一樣，雖能熟背古書，說來說去還是不出以經解經的古人窠臼。中大校外部的易經講師就是那一套。所以我要通過外文來學習最新的人類研究成果。如果港大校外部需要講古文字和易經的人，我便可應徵，也未可知。此頌

文安

林維盛敬上

84.1.27

北京友谊宾馆
FRIENDSHIP HOTEL PEKING

另附：侨学名单

赵教授：

您到内地考察发育情况，有便可和各位同乡接洽。都是曾经和我同吃同宿共患难的老同学。

计在北京的有

吴佑寿——清华大学无线电系

陈大柔——科学院心理研究所。

此两人都在五十年代就任负责工作，一为系主任，一为所长副手（潘、陈院长）。

在广州的有

陈大燿 广州文艺编辑部（编辑）

俞焕钦 地址问大燿便知。（教授）（其父曾在广西大学工作，黄教授或可认识）

另有汇成

钱荒子 暨南大学文学系付主任。（戴平万的妇女）

戴明浚 也在暨大（我的表弟）本在中大。

路经武汉

武汉大学生物系汪向明（桂同乡），出国留苏多次，学历最高。张兆同乡，则是我来港后最先主动来信的老同学。

蒙你关心我，来信已收到。儿女读书的事，回来后再谈，容后告。此祝

旅安

继光 上

附一份侨信。广州方面，找黄教授可找到大燿等人了。 84.3.23

邱樹森

邱樹森（1937—2019），男，史學家，專治元史，曾任南京大學教授兼歷史系主任、西北第二民族學院（現稱北方民族大學）教授兼歷史系主任、暨南大學教授兼歷史系主任，並曾為中國蒙古史學會理事、中國元史研究會副會長，著有《回族文化志》、《元代文化史探微》、《元朝史話》、《中國文化小通史：遼西夏金元》、《中國回族史》（主編），並主編《元史辭典》、《遼金史辭典》，及有眾多其他論著。

元史研究会用笺

令扬先生：

此次，李庆余教授赴港参加学术会议，蒙先生热情接待，指导，感激万分！

元史国际会议签证用之邀请书，近日将由国家教委盖章后发出。先生赴宁，是我省史学界一件大事，我受江苏省史学会之托，正式请先生在宁期间为我省史学工作者作一次学术讲演，内容自定，时间另商。

P. 罗伯兹博士1986年12月15日—12月30日来南大讲学，我们十分欢迎，九月份将正式发函邀请。我们有意以罗博士来南大讲学为机，开展双方交换学者活动。其办法是：①国际旅费各方自己负责，到达目的地后由对方负责；②住宿费由邀请方负担；③报酬按邀请方负责（如香港大学来南大讲学为期半月，我方负责一个月工资，按照我国教授工资付给，短途旅游费由我方负责；中方去港，由港方负责住宿费、一个月教授工资、短途旅游费）。以上意见请酌，如可行，请即来函。如可行，我们意见，每年交换1—2人，双方各提供名单，专业，供对方选择。

尚此，即颂

暑安

弟邱树森

8.9.

南京大学

令扬先生：

国际元史学术会议已于上月二十七日结束，先生忙于校中事务，又赴暨南大学参加校庆，自然不可分身。先生贺电已向大会转达，并记入会议简报之中。

先生能于今年十二月下旬或明年一月来宁访问，实我南京大学之万幸。一俟先生日期确定后请早日来电或来信，以便作好住宿、迎接准备。来后自然要为我校及江苏史学会作一、二次学术讲演。先生在北京的讲演，我们是很感兴趣的。

国际元史会议有关专著、论文俟先生抵宁后转交。

即颂

大安

邱树森

10.9.

金啟華

金啟華（1919—2011），男，中國古代文學研究專家，曾任中央大學、國立戲劇專科學校、山東師範大學、南京師範大學教授，並曾為中國唐代文學學會、中國杜甫研究會顧問，著有《詩經全譯》、《中國古典文學論叢》、《杜甫詩論叢》、《全宋詞典故考釋詞典》、《中國詞史論綱》、《新編中國文學簡史》，及眾多其他論著。

南京师范大學中文系

令揚学长吾兄：

八三年春得聆 清教，快慰平生。忱别学长时相通讯，然每憶 丰采，不能解雨劳结也。

近闻兄台长浸大文院，宏猷施展，嘉惠士林，无任钦佩。又闻将主持章太炎、黄季刚学术研讨会，想益兄劳神操心矣。敬祝成功。

广武学长为弟中央大学同学，渠为历史系，弟为中文系，不知其兄尚憶及不才否？便中乞代致候。

小儿小康移居香港，已在中文大学获数学硕士，并有论文在国际数学杂志发表，近申请读香港大学数学系博士学位，乞欧阳示海教授为导师。（已将南师大成绩单及港中大成绩单及申请表转寄研究院）不知 兄台能为小儿说项否？敬以为干。南风有便，希惠好音。特此，敬祝

教祺！

雨郁兄统此不另　　　　弟金启华敬上

12.8.1988

金應熙

金應熙（1919—1991），男，史學家，研究範圍包括中國古代史、近現代史、東南亞史、思想史和香港史，曾任廣州嶺南大學講師、中山大學教授、暨南大學教授、廣東省社會科學院副院長，亦曾為廣東省歷史學會會長、廣東省中山研究會第一任會長，著有《國外關於中國古代史研究述評》、《菲律賓史》（主編）、《香港史話》（主編），論文匯集為《金應熙史學論文集》古代史卷、近現代史卷及世界史卷。

令扬学长：

接一月十九日来示，欣悉年底召开明清史会，极望能有参加机会。广州方面可能就明清经济史提出一些论文。我将就明代中叶后北边边防问题试写一篇。会期确定后望来信示知，俾便安排。

省社科院同浸会学院联合主办一次研讨会，题目是一国两制、广东经济和港粤关系。日期可能在三月下旬。但我和张磊俱未能参加此会，三月下旬在北京将另有一个关于孙中山的会议，我们将前去参加。

宇为在中大讲课，听说将於春节前返穗。

此祝

安好

应熙

二月一日

1985年

南炳文

南炳文，男，史學家，專治明清史，先後於中國科學院中國近代史研究所、南開大學歷史系及歷史研究所任教或作研究工作，曾任中國明史學會會長，著有《南明史》、《二十世紀中國明史研究回顧》、《明清考史錄》、《明史》（合著）、《佛道秘密宗教與明代社會》（主編）、《清史》（合編），及眾多其他論著。

南开大学

令揚先生大鉴：

久未问候，即时在念中。

兹有南开大学青年教师姜德成，已于1994年终读完南开大学历史研究所明清史研究室的硕士课程，并通过了论文答辩，获得硕士学位。該生久仰先生的道德文章，跟隨先生攻读博士学位，是其多年来的理想，特求晚生向您推荐。該生为人诚恳、朴实，学习刻苦，倘能得您的当面指导，必能在治学上取得很大成绩。我很高兴地答应了他的要求，郑重作此推荐。敬乞审核。

南开大学明清史研究室诸位师生，皆企盼先生有机会光临南开。

此致

敬礼

晚 南炳文

1995.6.20

121,707

查良鏞

查良鏞（1924—2018），筆名金庸，男，武俠小說作家、《明報》創辦人，獲授大紫荊勳章，曾任香港特別行政區基本法起草委員會委員，獲香港大學、劍橋大學、牛津大學等多所大學頒授榮譽博士或院士，其武俠小說於華人世界膾炙人口，並已有多種語言譯本。

648381

明報有限公司·MING PAO DAILY NEWS LTD.
香港英皇道六五一號　電話：五-六一四一一五　651, KING'S RD., HONG KONG　TEL. 5-614115

全揚兄：

奉上弟之簡歷，請查收。五月三日（星期五）下午三時，弟在敝報恭候，兩次屈駕，甚以為歉。

此請

大安

弟 查良鏞 上

五、一

1985年

Louis Cha
Ming Pao Daily News
651 King's Road, Hong Kong

Sept. 21 '85

令揚兄：

弟所譯之作品，書名如下：

1. China Shakes the World, by Jack Belden
中國震撼了世界 （香港文宗出版社出版）

2. Cry Korea, by B. Thomson
朝鮮血戰 （香港文宗出版社出版）

3. Happiness of the Home, by André Maurois
家庭的幸福 （刊大公報）

4. Short Stories of Damon Runyon, by Damon Runyon
吃飯比賽 （香港三育文具圖書公司出版）

5. Selected Essays of Bertrand Russell
羅素文選 （刊明報）

6. The Dhammapada ~~Damapada~~ from Sanskrit ~~Sanskrit~~ and English
法句花雨 （排印中） （詩体佛經及釋解）

①②為報告文學，③為法國作家之散文，④為美國短篇小說。內容蕪雜，不值一笑。

又，弟為"香港翻譯學會"之發起人。

諸多費神，此請 大安

弟查良鏞上

明報 有限公司· MING PAO DAILY NEWS LTD.
香港英皇道六五一號明報大廈 電話：五－六一四一一五
651, KING'S RD., HONG KONG MING PAO BUILDING TEL. 5-614115

令揚兄：

奉上致董校長函，請費神轉交為感。

第一複印本，供兄參考。

此書請多費神，將來合作之事正多，尚

祈多加指教。

此請

大安

弟 查良鏞 上

86.2.5.

嫂夫人想已安健，謹問候。

明報有限公司
MING PAO DAILY NEWS LIMITED

LOUIS CHA
Chairman & Publisher

令揚吾兄：

茲奉上支票乙紙，計港幣貳佰万元，係弟對貴校之捐款，請黃紳轉交王校長為感。此祝

新年快樂

弟 查良鏞 上

八六．十二．三十．

香港英皇道651號明報大廈 電話：5-648381 電訊：80788 MANGO HX
651 KING'S ROAD, MING PAO BUILDING, HONG KONG TEL.: 5-648381 TELEX: 80788 MANGO HX

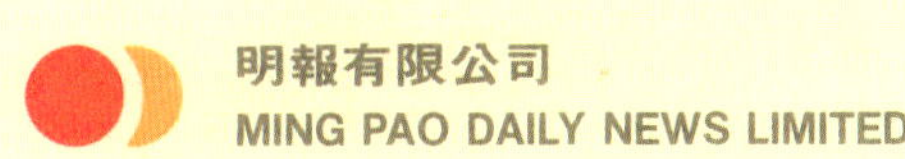

LOUIS CHA
Chairman & Publisher

令揚吾兄：

得奉手書，敬悉種種。蒙 吾兄厚愛，推薦予出任 貴校學生就業輔導委員會委員，深感榮幸，謹致謝忱。至於入校董會一事，自當由 吾兄及有關方面定奪，予實不便發表意見。手此布覆，

敬請

著安

弟 良鏞 上

一九八七年三月三十一日

香港英皇道651號明報大廈 電話：5-648381 電訊：80788 MANGO HX
651 KING'S ROAD, MING PAO BUILDING, HONG KONG TEL.: 5-648381 TELEX: 80788 MANGO HX

明報集團有限公司
MING PAO HOLDINGS LIMITED

LOUIS CHA
Chairman & President

令揚兄：

1. 奉上致 Mr. Gribbin 函的副本。
2. 奉上支票乙紙，計港幣弍百萬元，此為弟捐贈的最後一期付款，請費神轉致王校長。
3. 一切請多費神，不勝感懷。弟每年二次的演講，当用心準備，主要内容係關於「中國歷史、中國文化、中國民族性、以及中國與世界的大融合」。將來的演講擬出版集子，以不負 吾兄厚愛。

此請
大安

弟 查良鏞 上
八八、十、十三。

香港英皇道651號明報大廈 電話：5-653111 電訊：80788 MANGO HX 圖文傳眞：5-657545
651 KING'S ROAD, MING PAO BUILDING, HONG KONG TEL:5-653111 TELEX:80788 MANGO HX FAX NO.:5-657545

19 AUG 1994

今揚吾兄：七月廿七日由伊本寄悉，先此番留臺較久，弟一再計劃，以報來兄前來臺院探訪，幸已否分集，尚祈請多珍攝是幸。

數月前赴慕尼參加 Writer's Festival，過程甚為滿意。承兄介紹著名菜館，弟與內人曾去海鮮餐所，果然名不虛傳，甚感。

最近杜德橋教授來港演講，弟十分贊成。Prof. Dudbridge 夫婦和弟均熟識，弟不久即去牛津，參加幾個 Functions，包括

（此信共兩頁）

Honorary Fellow of St. Antony's College, Wynflete Fellow of Magdalen College, Member of Chancellor's Court。見到杜教授時當再面邀，如他夫人有意來港，弟可額外津貼旅費。

下一位邀請人，上次兄提及邀劍橋之David McMullen教授，他是唐史名家，弟亦非常贊成。他曾邀弟去劍橋演講，不久也可見到。

此請

安康

弟 良鏞 上

日前中文系四位高足前來訪問，談吐有禮，具有深度，又造之材也，為兄慶賀。

令揚吾兄大鑒：等你從澳洲回港後，請賜一電，以便邀約，品嘗紅酒，並暢談過去未來。奉上照片兩張，請代託秘書小姐代理借書許閱覽證為宜，謝謝。

此候

教安

弟　良鏞　上

七．八

1995年

Louis Cha
Ming Pao Daily News
651 King's Road, Hong Kong

令揚兄：

附函及支票，請費神轉致，以表本人對吾兄領導下之中文學系支持之意。

一、九。

令揚兄：大文已刊，弟不揣冒昧，稍加按語，以增加讀者對兄的支持，諒不見怪。子學君之文，頗多人身攻擊之處，報社未經查核，即行刊出，弟不能卸失察之責，謹此致歉，尚祈鑒原是幸。

此請

大安

弟 良鏞 上

六、廿一

香港英皇道651號明報大廈 電話：5-653111 電訊：80788 MANGO HX 圖文傳真：5-657545
651 KING'S ROAD, MING PAO BUILDING, HONG KONG TEL:5-653111 TELEX:80788 MANGO HX FAX NO.:5-657545

明報有限公司・MING PAO DAILY NEWS LTD.
香港英皇道六五一號九樓 電話：五-六一一六九二二 651, KING'S RD., 8th FL., HONG KONG TEL. 5-616922

令揚先生：

黃維樑、李中成兩先生談及，先生於「明報月刊」諸多賜助，寅深銘感。「明報月刊」過去於港大諸君子惠稿，處理殊有失禮失敬之處，弟聞之深自汗顏，謹此奉上鄭重致歉，盼祈諒疏漏失察之責，並請費神轉告諸位先生，今後於月刊及明報多所指導匡正，多賜鴻文。「明報」「柴花漫筆」一欄，尤盼港大諸位先生不吝賜稿，弟已通知負責編輯，時寄各位來教。此請

大安

查良鏞 上

八一、

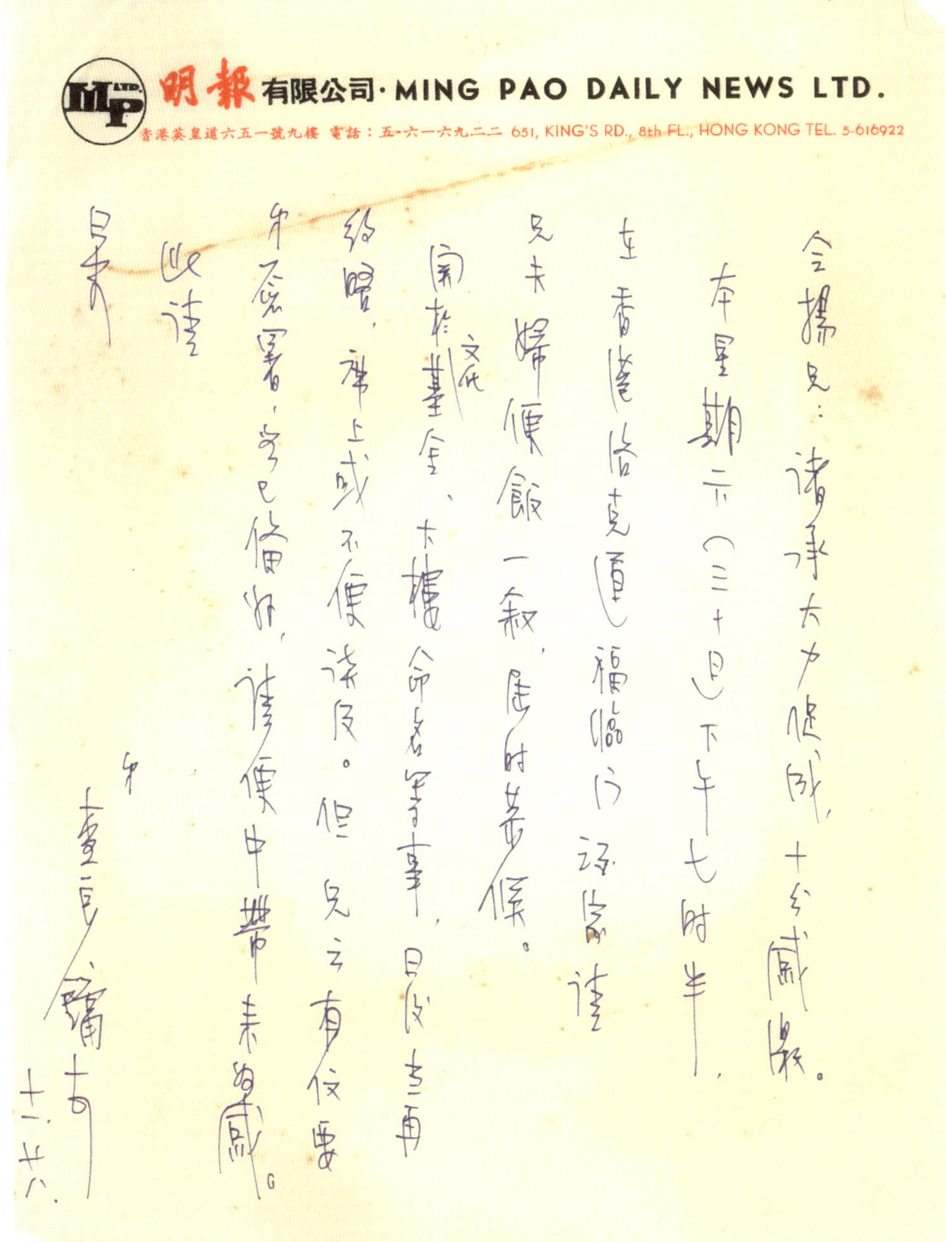

明報有限公司 · MING PAO DAILY NEWS LTD.

香港英皇道六五一號九樓　電話：五-六一六九二二　651, KING'S RD., 8th FL., HONG KONG TEL. 5-616922

念揚兄：諸承大力促成，十分感激。

本星期六（三十日）下午七時半，

在香港駱克道福臨門酒家請

兄夫婦便飯一敘，屆時恭候。

關於文化基金、大樓命名等事，日後當再

細晤，席上或不便談及。但兄之有份要

弟簽署，如已備好，請便中帶來為感。

此請

日安

弟　查良鏞　上

十一.廿八.

姚楠

姚楠（1912—1996），男，東南亞史地學家兼翻譯家，年青時曾僑居新加坡 7 年，與郁達夫等人成立中國南洋學會，並任常務理事，1941 年日軍侵佔新加坡時攜妻女回國，曾任復旦大學、北京大學、廈門大學、華東師範大學教授或研究員，亦曾為上海華僑歷史學會會長，中外關係史學會、海外交通史學會等顧問，著有《中南半島華僑史綱要》、《星雲椰雨集》、《七海揚帆》（合著）、《南海貿易與南洋華人》（編譯）、《東印度航海記》（編譯），遺稿《南天餘墨》等，及眾多其他論著及翻譯作品。

復旦大學

令扬院长道席：

接诵三月二十一日大函，敬悉一是。承与坤耀教授商量，并允联函邀至贵校访问，无任感幸。看来技术上的困难，主要在于费用问题。爰不揣冒昧，谨再缕述鄙见如下，以供参考，并请费神再与坤耀教授磋商：

一、予于去年九月下旬访问贵校，今年打算在十一月间到港，时隔年余。此行主要目的为联系解决拙作出版问题，因愚夫妇均已年老，出门机会不多，拟在港多留几天，顺便再度访问贵校，藉聆教益。因此，沪港间往返旅费自当由予负责解决。

二、去岁访问贵校时，承王校长特别照顾，每天除生活费港币贰佰贰拾伍元之外，另给特别补助港币壹佰伍拾元。此次予如来港，拟不住在柏立基学院，仅在进行交流活动时到校，所以无须贵校支付上述补贴。惟因予等在港人地生疏，拟恳在到校时提供交通工具，并酌给讲课费。此费本亦可不收，但以限于大陆规定，如无报酬，即难获得上级批准，故只能恳请酌付。予初步打算在贵院和亚洲中心各进行一次演讲或座谈，如需事先指定讲题，更为理想。至于一切酬酢活动，概请免去，以节开支。

（此信共兩頁）

復旦大學

三、上述意见，如蒙考虑接受，并与坤耀教授联名发函，其中最主要的内容是请写明三点：1、邀请日期（希望安排在今年十一月间）；2、老伴同行；3、承担讲课费用。此间申请手续较多，报批时间较长，故请提早发函。

以上各点，是否可行，请迅予示复，以便遵行，不胜企祷！

专此，敬颂

教安！

弟 姚楠谨上

1988年3月28日

抄致：亚洲研究中心

陈坤耀教授

姜德成

姜德成，男，學者，從事明史及中國電影史研究，曾於澳大利亞樂卓博大學、皇家墨爾本理工大學任教，著有《徐階與嘉隆政治》、《百年影蹤：中國故事電影史新撰》、《南回歸線漫筆》、《從帝制到共和：明末至民初中國思想的變遷》（合著），並有其他隨筆雜文。

南开大学　FILE

趙令揚 先生：

您好。

学生姜德成，南开大学东方艺术系讲师，曾从师南炳文教授学习明清史，获历史学硕士学位。

学生久慕先生盛名，先生的名著《明史论集》多年来一直为学生案头书卷，用以指导明史之学习研究。直至近年，学生于研习明代科道之时，还时时重温先生名著，不断加以摹习。

自九二年，就读南炳文教授门下，学生始对明代科道产生浓厚兴趣，并广泛搜罗史料，欲就此课题做一深入专门研究。并于科道范围之中选"明代言官互纠"一题作为硕士论文。虽获评为优秀，然学生自知功力浅薄，非进一步深造，则难以胜任更为深入系统之学术研究。

装　订　线

第　页

（此信共兩頁）

南开大学

学生之有投奔先生名下攻习明史之~~得到~~愿望，曾与南开南炳文、郑克晟、冯尔康诸先生谈过，得到他们的热情鼓励。

此请谭瑜将学生拙文呈报先生指教，并转达对先生的仰慕崇敬之情和忝拜先生门下之真诚请求。

敬颂

夏安，

学生：

姜德成 敬上

一九九五、六、二十

施蟄存

施蟄存（1905—2003），男，作家、翻譯家、學者，在文學創作、古典文學研究、碑帖研究、外國文學翻譯多個範疇都有成績，為中國現代小說奠基人之一，以撰寫心理分析小說著稱，主編《現代》雜誌時引進現代主義思潮，推崇現代意識的文學創作，曾於雲南大學、厦門大學、暨南大學、光華大學、上海華東師範大學任教，著有《水經注碑錄》、《唐詩百話》、《宋元詞話》、《北山樓詩》、《北山散文集》等，並有《施蟄存全集》、《施蟄存譯文全集》傳世。

詞學 编辑部

令揚先生：

我從小沒有臨池作書，字跡拙劣，不知足下何以嗜痂至此。中玉兄再三叮囑，不敢不勉強寫了一紙，以報雅命，但此是足下逼我獻醜，務請勿出示人，免使我聲名狼藉也。

此請 大安

施蟄存 白

5/18.

1985年

柳存仁

柳存仁（1917—2009），男，澳大利亞華人漢學家，對道教史、明清小說史及中國古籍的研究成績卓著，曾任澳大利亞國立大學中文系主任、亞洲研究學院院長，並為澳大利亞國立大學榮休教授、澳大利亞人文科學院首屆院士、香港大學等多所大學名譽博士，著有《中國文學史發凡》、*Buddhist and Taoist Influences on Chinese Novels*、*Chinese Popular Fiction in Two London Libraries*、*Selected Papers from the Hall of Harmonious Wind*（《和風堂文集》），及眾多其他論著。

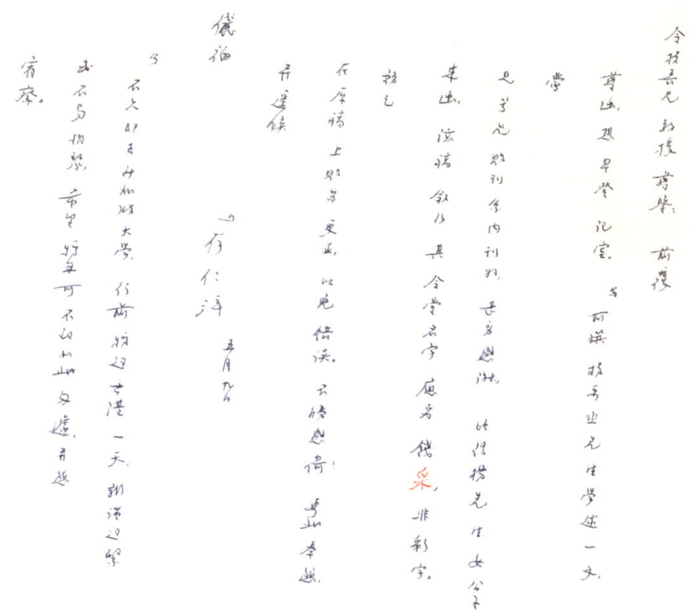

1984 年

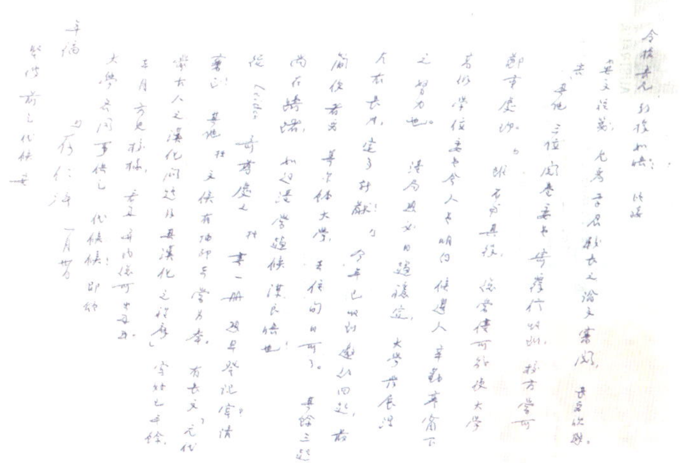

1985 年

令揚吾兄院長尊鑒：

（二）前數日我請將去 Gillanders 先生，叫他（港大）本港代訂我一個人的機票事。因叫伯年知，然你大家忙，怕事情不獲詳，乃長女又要電報 Gillanders 說明用稱意思。不料下午我接到 Betty Chan 小姐的信，云我應否此酬自己訂票，出後照規定由大學付款。所以，我明天（二十三）早晨，當再電 Gillanders 先生決定仍否此間罷，他可不用勞神。

（三）Gillanders 來信，只說請我一個人來，並云住五夜，廿七日開始。我本打算教我內人也來，她自己可付費。路費，她因身体關係怕感冒，決定仍不來。可以上次我給您的信已說過她不來了。今天 Betty Chan 的信才說明要在大學請我們兩個人。這學生很好，但是我告訴內人之後，她仍決定不來，所以只好辜負您們的盛意了。（四月廿六日時，五、六月去伊曲蘭，需請兩人，她也不打算去。一笑）

（三）Betty Chan 小姐：

1988 年

（此信共三頁）

……此房间请两人，她也不打算

(三) Betty Chan 的想法：大学已定了好文华酒店房间廿七日到四月一日。我想还表示廿七到卅一日共住五夜，住到四月一日回。下午清账，我把行李寄存在酒店，仍在港混到夜间才上飞机返澳洲。这又何惜钱呢？如是四月一日也包在内，可以住到二号才走，那更好。（千万不要打破大学一向的规矩。此次内人不同来，我也不一定多住了，孤身无谓。）大学定的双人房间，可不用改，因为究竟舒适一些，朋友来也可坐坐，不致太逼窄。非为他故也。

(四) Betty Chan 的想法有[illegible]好像 E. I. R. Davies 将演讲词，并云他会与我联络。我想请与其他联系一下，由您撰讲词，如需我帮助（assist）请把草稿见示，也就算了。我说请先撰，要不不是假客气，还想知道一下您们的看法。我们不是老主雇，当可自便，略关大方。如果有要上宗安的，修改什么，则下一顿已足。

(五) 印此书评什么的，也许是撰写时可供参考？但是，您用後仍是掷还，为荷。

(六) 来学校后有何事，廿八日上午十时可暂定，如无问题。来了，二十七日夜间再和您通电话。

(七) Betty Chan 要我的 Address 稿子，我研究之後，决定自撰中、英各一篇，就不必麻烦人翻译了，

我打算三月八日左右寄給他，又寄您及廖武校長各一份，乞

審正，但乞不必早示他人，有些修改法既先知道就不希奇了。廖武兄日前已讀過，曾向我詢問

些什麼，我當時已略略告訴他一點意見。此則不流俗說法不很容易，我當盡力不使您們太失

望——也真想說一點我自己的話。

（八）我們要知道別的獲學位的人的高尚修養，至少，他們是那方面的人才。我說的話或由也不是妄

指一二句。

（九）禮物的事情已明白，由大學見贈，不用帶了。

以上各節，但乞 垂察！

（九）有學位的常識，我需要一冊。除頒位的通俗胡經表徵，我不 您中文系開的公宴已足。

運祺

弟 存仁 拜 二月廿六

您給候生的那書作的序文，很可讀。他曾在此間告訴我受您栽培及影響的情形，這一點很可敬佩。

學術人才很缺乏，目前中、西皆然。培養青年的風氣，也不大容易，吾人早有此歎。此何足為異耶？

1988年

冷枋先生教授尊鑒：七月十一日接

先生電信，甚感。即日發尊處一電報，想早收到？茲分奉陳三點：

（一）章、黃兩先生之學術研討會　先生言在明年三月，鄙意列席者擬寫有關

黃季剛先生學問之論文，供評悉。論文事，當試撰一篇。派行事要看

尊處大學是否肯派當或撥款。此刻猶有一事，須早為奉陳。明年三月底澳洲之

Murdoch Univ. 將頒贈弟一榮譽學位，看情形不免要自往數日（三月廿九－四月初）。不知章、黃之

會日期已定否？如時間不湊巧，弟只好禮到人不到，奉陳博一笑，仍乞

斟酌。

（二）此間遠東歷史系有孫萬國君，英文博士論文研究太炎先生事。論文（英文）大約年已寫就，尚須修潤。英中文俱佳。北京中國社會科學出版社去年底出版謝櫻寧（當作攖寧，用莊子典故，印刷時誤刻櫻）著章太炎年譜摭遺一書，即孫君用筆名之作，書甚翔實。此君甚盼仙槎惠寄其開會一請柬。

（三）潘石禪、高仲華兩先生皆黃季剛弟子，如果健存者，台港近在咫尺，知也必早在名單中。地址一單并附陳。

（四）已連的此一張像。

候

儷福

弟 存仁 十月方

1988年

令揚吾兄教授尊鑒：明史之會承

遠道來側席，甚為感欣！弟得訊稍遲，相約文比較匆遽，排印時幸

弟嘗打電話，萃先代為接收，梁先生抽休假，又為賜正。

得大參如萃兄及梁兆傑先生等為弟於原稿上補正，應不致遺笑大方，尤

欽幸甚！港大近藝衍中國史人才輩出，皆

大兄栽植之力，此誠最可慶幸事也。近作幸奇語排事已多，只好排日換作整理。

何時再光降南溪，之為先示，當謀良晤也！象山季湖，有違領

儷福不一！

弟有仁再拜 十二月廿日

子英公子均好

令揚吾兄教授尊鑒：七月在澳洲奉讀遠函，深為欣慰！

夫婦經港晤面，反以事阻未能捧讀

賢伉儷，尤覺歉疚！思之將有以移居在港、或在澳洲，更深

民懷念！

吾兄近況想一切安順？本月五日長途電話所談揚先生平日編輯

趣

左右於四月間與我們小游之事，想蒙

垂察。揚先生近年常去雲南，頗有興向。甚府上住址寄九張共享

夫人嘗錦（嘗電兄

與本人經常出門，

1997 年

（此信共兩頁）

素平人兄常出門

夫人嵩錦（嵩雲枝女）則常往港。

容如

尊處得雲南當局奉邀，有正式邀請細節，屆時當可倘為考慮，

有暇電話或函詢，一切以

尊處各項情況為考慮。去或不去，總須無問題也！

等候本月方有

即已返澳，此刻生活大致已恢復秩序。本年內有計劃赴林，大約暑假

或可出行。當另寄意於

郢正！ 手中無同意之固

宣傳，當奉陪兩次，使中心

為侯侯。 下次

來，當另設追尚

大衣無濟。

今年擇為何多，故有期或亦不遠矣。 即候

儷安

存仁 再拜 六月十六日

1997年

令揚吾兄教授尊鑒：

上月兄在雪梨，嘗與電話存問，甚為歡欣。惜兄事忙，未遑來此閒談，俾得多請教益，為憾，是可念耳！承吾公子子美需作一介紹函件，吾兄有此考查資料，此舉自無問題。但電話之後，雖因不見子美來函，殊為悵惘。恐鄙件不致有誤，不知是否渠已改變，不擬赴該校從作研究，抑有其他變化？併念併念！恐此則兄定已安返香港，故特函奉詢，並另盼以電話見復，以安鄙懷。如仍需作函，亦求將吾函寄何他人及地址，應便遵循耳。匆候

儷福！

弟 存仁拜 五月十八日

令閫電話號碼早悉，時間以港與兩地，夜間多數不出門也。弟又及

1997年

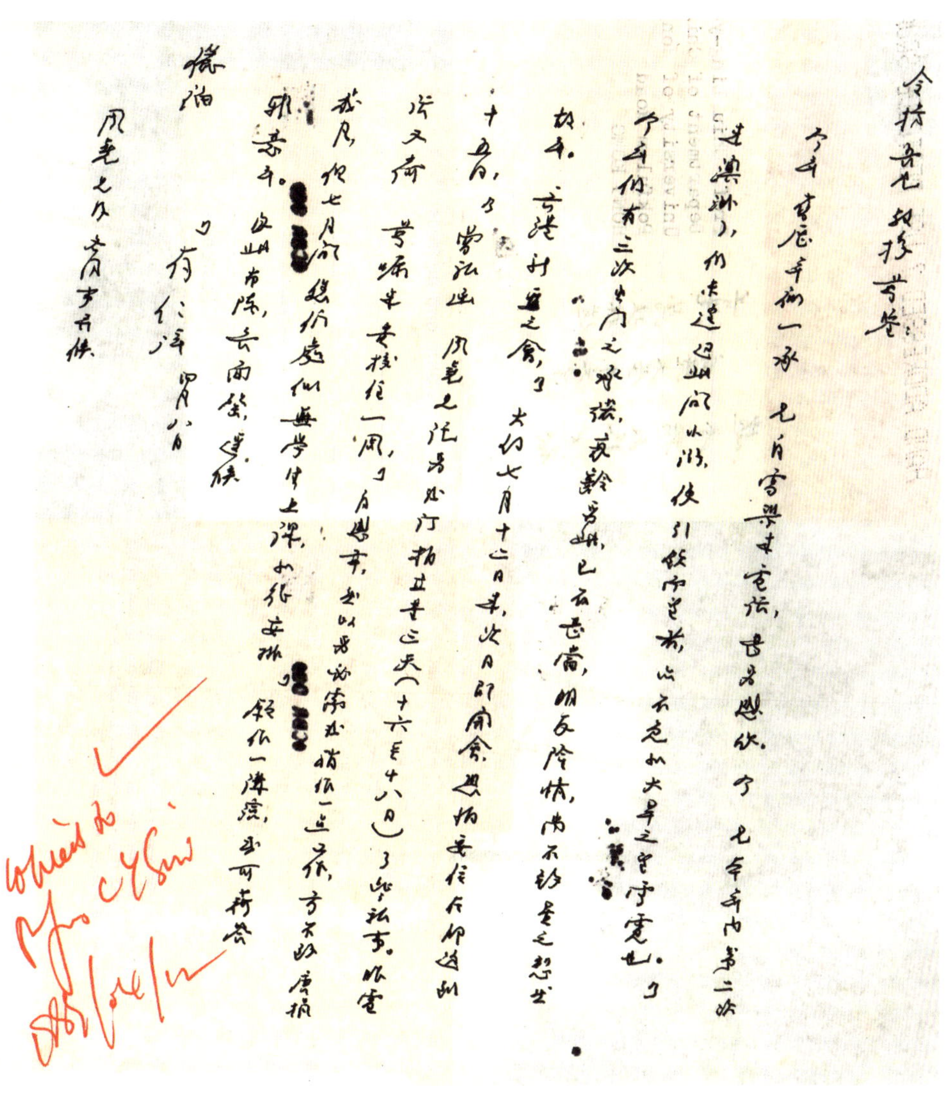

1999年

令揚吾兄教授尊鑒：

七月[illegible]惠箋，久未作覆，想近安康泰。[illegible]得江潤祥之來，言從

左右得悉[illegible]樓小遊，特遊問好。[illegible]

[illegible]有[illegible]校長[illegible]，兼有酒會。[illegible]

[illegible]一滴滴，一半仍有[illegible]無聊，[illegible]有匯聚人士常[illegible]，不過十分[illegible]

修正[illegible]，仍有[illegible]事[illegible]文共[illegible]小說以[illegible]其寫，此事[illegible]小女[illegible]

[illegible]仍以奉陪，亦附[illegible]。

有[illegible]文，前引[illegible]中東內亞史[illegible]，[illegible]

引[illegible]洪武[illegible] 2554/92 其他引承樂[illegible]，[illegible]卷 23、37 之[illegible]，[illegible]洪武月[illegible]

承樂前，何以[illegible]

1999年

（此信共兩頁）

[illegible]二十日之書[illegible]之教，今洪武月天

水學前，何以竟至卷乃爾？僕以為無求，在台北故宮書中另一查檢，此亦僕今不會有誤？

示時不疼。此係大州府《書目》(64)，已[此到處書者一時尚不得]在泥其文字內容，只是借用罷了。

指示！

本港之行，廿五書院五十年代成立之會相為七月十二日開會，十三日上午在機場離港。頃已從李冈

走之代們，特立書院府會，十六—十九之夜，十三日上午往入，二十日則將往書局乘飛之多

即返台灣。便中已在松年之一番，以示殷意，為感！前言所序當，七月間在上海或可送上，仍

心感。學界之事太多，僕則反據儀（嫽），主風線報也，但此次之舉仍以免，為至感。累

之者近多應？

君位風書信已收悉。近又讀馮偉榮之文章，傳想，文學一支特方，亦亦可在無錫於轉際四全

文安！ 候

儀鉑

今洋 六月十日

令揚吾兄道鑒：

在港數天，又蒙 接遇，相識三十餘年，自壯至老，每每過港豈止一次，其間不少不察識中行之。日前此間友人 de Crespigny 云同仁出集子事，亦承 慨許相贊助，諸如此類，更不知何以為報耳。廿日清晨已安抵悉尼，午間返家中，知關廑注，即以奉聞。與內共 饒公夫婦及小抱同機，亦可念也。府上喬遷何日定妥，再來澳洲小住，弟 早為亦歡，討地及電話能之。亦知如更來坎培拉，弟只電告，杭州菜外此間亦尚有粵菜以餞，非一及港地之珍饈，亦可聊供 大嚼耳。

即候合祺

儷祉

弟 存仁 上 七月廿二日

1999年

今猶存也。

前聞 先生見言，先父雖久當臨患危，且嘗電請 先生去患危相助，然因事不果行，言之甚悵。先如再來患危，此地亦未必吳楷外集，即從水海洋亦未嘗不尚有可賞，且陳府大廈豪宅懸掛已久，思念之深者亦不止一二人也。

小天聞 de Crespigny 言他們擬以祝賀之壽的 Festschrift 賀先祖力勸他們向施主作賄伯之時，大段的款已有著落，仍託中文大學出版社寄奇中云云。此乃 可聞 則其事又牽累及 左右，聞訊至為惶愧，自然亦渴望有何處一天南洲語。其費，兩年前，乞 于加坡，貴婿出其夫婦送行拉往一印度餐館吃 素兄常言及……

1999年

（此信共三頁）

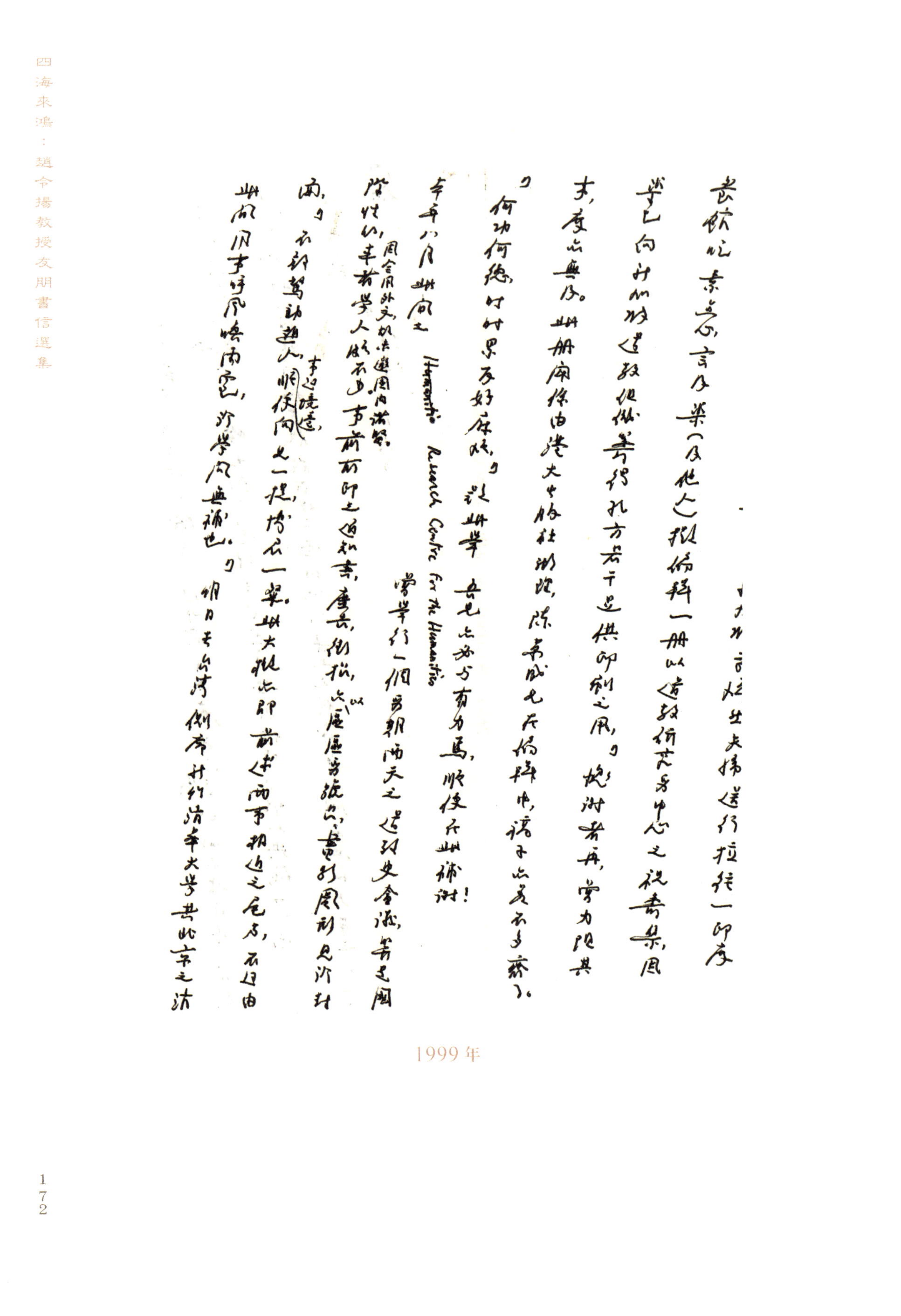

1999年

「華文學會舉行之『聞一多百歲誕辰國際學術研討會』，本周末即開幕矣。此間地震猶有餘波，友人頗有勸屈屈不可冒險者。」而弟前曾答應友人赴此，似不得不入人亦有災難此府港，故做論文之餘也似了應付。希望與您財神送以明以洪福，一切託旅平安！此次返程用係直航，故不過香港。如此，則去見之性命寄此間，更當如大旱之望甘

霖。祝

儷綸！

弟 有洋 十月十日

1999年

令揚吾兄 教授 著席：客歲承

邀列席 大學與中國明史學會等團體舉辦之明史國際研討會，得與

中外碩彥共聚一堂，甚為欣幸！貴系 術學史同事人才濟濟，令弟 獲益

良多，尤深感謝。返後，當上寸箋，想早登

記室？在翠亨邨延閣所攝照片，隨函奉上，請 兄分贈賀梓一笑。碩大無朋，

七叟不至於嚴見也！一笑。即候

年禧！

弟 存仁 再拜 一月十四

中文系早棄制度甚可喜，弟已兩嘗其利矣。又及

令指吾兄尊鑒：日昨承
惠電話傳詳，備詳如對
謦欬，甚慰甚念。所云港大之掛號信非 尊處當局所發，當仍作
此小箋者，一答
雅懷，並以此刻之情形見陳耳。弟加坡東亞哲學研究所杜維明
兄之提議，邀弟去白住一個月，為他們講講四書白文，此事有些前
年，個思四書集注内問題甚多，清儒已有批評，但一般士人自仍以朱熹
為尚，新加坡當道想出書很免俗。且四書之成立本自朱子開始，故一切照朱
原文，或出大標無害。弟曾答應三月初去，現在看來十二月內港大有消息，
當有之東亞哲學研所改為四月初去。因港事總在三月底，弟仍需若干
自己的時間以便構思及學問
兄等清教耳。另附并候
儷祉

弟 存澤 月廿

令揚吾兄院長道鑒：前荷
來電話惠告種切，甚感！此昔賢所謂「不虞之譽」，實感愧悚者也。昨
得二月一日
尊翰，敬悉。仁來港時為子學錢君舉行口試，並囑弟參加；自當勉承。此則
大學正式邀請之文件尚未來，抑仁除三月廿九日外尚不知需弟早到幾天。如日
內信來有較詳細規定，仁當在廿九前數日如期前來，參加口試日期亦可
確定。茲再奉商，何如？另函奉覆，即達候
近治！
弟　存仁拜啟　二月九日

書局年關已迫，乞更常惠之勞諸心緒，
甚感不安！達候
成長新春吉祥如意。弟又

令楷吾兄：

久未奉候，殊念。此間有同學鄧守平，撰有關清初幕府與淵源之碩士論文，請 審正，想已寄達。鄧君香港錦田(?)人，曾在新亞史學系從全漢昇先生治清代政治經濟史料，新亞書院刊之學報近期尚有其論康熙朝之官僚政治文章。此其治學背景，至論文內容，則在審查時期弟不敢略述梗概者 請聽也。

茲有請者：此間有同學Stephen Huang（黃君），父係華裔而母則澳洲或外地商人。其父親職業弟不詳。大約十年前曾全家返中國國內，近歲母親及黃君兄弟二人返澳洲，而父親則尚在中國。黃君在國內受教育，國語及粵語都能說，國語尤好，英文因在中國若干年關係，嘗上閱讀不會太不行，但自不及此間土生土長之純粹西人學生利便，讀西書或亦不及他們之多，寫英文可能亦稍差（但不一定比多數中國留學生更差）。

至於學識方面，以前在國內讀中學（可能在一九六五以前或左右），近年在此間習中國語文，別人都是從'開學'、'開學'學起的，他當然無大問題，但古典部分就會差一些，而背景知識亦很需要。即或是白話方面的，例如明清小說，背景亦不太簡單，而五四以來的文學作品，亦同不能與社會文化政治方面的關係分開也。

現在黃君還差一年就可獲B.A.(Hons)學位，其等第此刻難說，因要看個人努力及導師評定（第一年底可能不在校）。此君為人好問學，亦對學生活動有興趣，或因個人理由不願(?)在此間讀書，有意遠行，去年底曾申請Commonwealth Scholarship將來畢業以後派出貴校來。他打算習中國歷史，尤其是現代史，在貴校唸碩士。此刻學時或尚早，學生會方面還未開會，一時難有下文。

他曾想來向貴校查詢：似他的情形獲選的可能性，及第一入選學習及研究的大概情形。吾兄主持歷史方面課程，未審能否請兄衡量其讀書背景、能力及志願等，賜寄第一私信（用英文），開示貴校歷史詳情方面大概及其入學的可能性，以便弟等參考，不勝感激！ 弟近日開始請來用白話作些文字識者修潤，也看過一篇大作尚好，比弟可能期的要好些，但其文字習用簡體甚多，港地可見書籍以及近年讀過的，尚少用簡体者，補習的工夫也許要很費些時間，這我們當儘可能設法幫助他，同時亦靠他個人勤學努力。又研究歷史不是有觀點，此刻在該文系唸書要求比較簡單，而且歐美大學近例不論說什麼亦要說得有根據有道理，從證據出發及誠懇說行。如入貴校中文系或歷史系是想學些亦要老師指導。

以上瑣瀆 清神，不安之至。但是對一個向學有為的學生是有益的，仍盼 兄加斟酌為禱。可以要用英文，弟必要時亦可用拼同事商酌大約是比較正式也。

賢嫂及 闔府吉祥！祝

近福

王存詳

二月廿八日

令揚吾兄教授有鑒： 三月二十六日

大示拜悉，知明例 出並閱示港方法文機構背後情

形，吾弟懇欣。弟才輕力薄，且明歲已在此間退休，

（如去美國也是明年，今年七月去美國是學術討論會所邀，

明確無誤）自不便申請其空位。且謝謝行政工作之職位，

且弟要此職更宜由對香港教育有及行政方面熟悉之人

充之，方可駕輕就熟，此正理 也亦只出於自要也！

弟之前函所示第二段所提及之職位，弟並若可以勝任，

當然也要看當局需要（見拜及實際） 如果五月以後 吾兄可否

九十月間，黃友人有意建議邀請，已隨時告示，弟可寄

奉履歷或其他有關文件。弟個人亦常想念教育界，兩

次過港與其夫婦相識。但此係公家事，自當一切照手續，

弟不知何以人選慎也！ 匆此 即頌 安好，無任心銘。吾兄由謝，勿候

儷祉！

弟 存仁 三月卅日

令揚吾兄教授有鑒

大示特為關切，獲得趙挪實驗室 嘉 弟承大學邀請赴港為衛 大學典禮之事

又蒙

吾兄及中文系各位同事照顧濟濟一堂，亦止芳留盛情，諸君

盛意隆情，亦令弟永難忘懷。弟於一日夜間離港，機場熱鬧

殊甚，此入關即上機，與時匆忙酬贈一夜，次晨即抵悉尼，而諸

路已通抵舍間。弟將於本月八日去新加坡之東亞哲學研究所訪問

以一個月，其路亦新西蘭出信一月，仍以另函奉陳

吾兄及其他友人期教之

要可以此，六月中旬後，弟仍返此間，如無其他變化，本年或竟不再遠

行矣。匆此奉聞，即頌

近候

儷祉

弟 存仁 再拜 四月二日

令揚吾兄 教授 尊鑒：

不見面又幾個月了！令孫出生而成長，今年後能自行回去。一如吾兄之瀟灑，飄逸，非可羨也。

前有懇者：多年前，應先生於香港大學會撰拙文「中國思想天上和人間的構思」，因得有其他集」，出文集亦未收入。兩年前承先生，可否在他學報刊載」，先生想法，亦並未交他人。最近港學先生香港很穩，不得而奇異事，何不惠允將來發表於中大文化研究所之學報上，作為？恭候答覆？何時來澳，常在南洲示。

即此奉候，不勝依念。選候

儷祺

弟 何仁洋 四月廿

令揚吾兄教授、茀琴： 電話傾倘之後已多月，想
兄嫂已安返港？ 勤勞勞念！ 兄 信 倍如恆。 下月初我
即赴中南約赴 Los Angeles 參加 關於孔子及中國文化的
研討會；其後或順便到美國東部及加拿大小游，因可省川資，（校中秋去）
且 仁已數年未到北美矣。 七月初將去台灣文化大學開之
國際漢學會集，會後或過港數天，當可晤敘。 自兵
上電話傾倘後，大學近今尚未有關於 黃先生事擬詢件事來，
不知兄處已不需要？ 「公公」 因 仁六七月初如出門，信未及收到時
又將耽擱，故望以此問。 專
便中見示一二為感！ 敬此奉候，並祝
儷祺

弟 存仁 五月五日

令揚吾兄尊鑒：久未通候，想

諸事佳勝？見港大「文流」知令篇已指日殺，饒益學林，度必出

吾兄之匡贊，佩甚佩甚！弟日前甫由伊麗蘭返澳洲，大約一時

不出門。年來對撰小文，附呈之一篇「武則天出世來源之推測」

（刊一九八七中華文史論叢第二、三期，實為近始印出）稍有見

解，寄奉

大雅郢正。弟推測武氏有北魏時鮮卑血統，其事需綜合諸史

探索而詳觀之，又事忙，似仍所有以證知也。候

儷祉

弟 存仁拜 七月十九日

令揚吾兄院長尊鑒：

七月十五日大示洋悉，弟張約住所承代訂柏立基學院宿舍，至感。弟八月九日（星期六）上午九時十五分飛從台北坐CI 803機來港，十時四十五分抵達。最要緊者，要有人（弟識其面者，例如中文系友人）接機，可坐車到港大。否則，弟已成假洋鬼子，怕下機，萬頭洶湧，應付不暇。（住張信，弟則憑其接機人指牌，一笑！）兄如何轉告霍太，如何給中文系一友人屆時坐車來接機，全仗 卓裁。

（此信共兩頁）

弟此次来港三天半（九日到十二日），兄也不在校，前承代留之书自可遵循。今知左右唐什尚在海外，晤面无从，他人也不会陪你们，不免有耽搁。一切请兄斟酌。八月十二日即回港，通讯照此间，如果兄有什么吩咐，唐什再去洛杉，或来澳洲时面告俱可。此系一端。其次，以代为文学院聘人，因兄不在校，又涉及全学校，似乎有些不好意思。张会费用，此校安心。总仍代为安排，也好够周章的了。切不可顾虑过多。以上是师友之言，兄必首肯。务谢并候

俪祉

弟　存泽　七月廿日

兄来不及给我回信，则澳洲的了，如果有可能，可照覆信

令揚院長尊鑒：七月來訪，屢蒙
渥遇，不勝感荷！弟八月十日又將訪港，擬在樹立專學院住兩宵，如須自己
付費。其詳已托羅世昌先生面陳，乞
賜指示！又七月在港承
面允為一清寒學童轉學香港市內任何一間官立津貼中學事，蒙俯允，無任
心感！細節亦另告世昌先生，亦由渠轉陳，乞
示載叙述之！如弟面談時所云，此童之家長弟俱不識，邇近始漸達知其可憐，貴州同
情之心。即校長面談後尚未能確識，亦算了此一番有心無力之心願寬！
專此奉陳，即頌
暑祺
儷福！
弟 何仁清 七月廿日

令揚先生教授尊鑒：

八月一日夜在此間飲宴，云人說又請 先生賜稿，謂先生甚感激，仍然不知何以回報？ 前聞承 示知八月卅一日返港，此刻文旌應已安坐大學屋上，手揮目送矣，羨企無似！

月前承 寄我十二月開會論文，已請其表於台灣 陳先生處代之。其之譯述已擬為"西蒙·李（Simon Ley）翻譯的《論語》。"因見論文上翻譯及評論有很一節，Simon Ley 此書甫發行，似可以湊湊熱鬧，並可引一些劉殿爵先生及他人之譯文作比較，想可符 先生意。前云可言學術性質外，添一點趣味。了不懷疑此品也。

十二月大會事，大約執事已寄 函來，該得接到會議一般之素，尚未接到。承已好意為論 先生是代讀，卒以首肯。但弟係忙人，旅行甚繁，屆時弟需要細節為依開列之 香港，亦懷快送 陳公一讀。如弟太忙，一時未暇早讀，了選作者張出可，仍以不違 尊命為更好耳。

傾此匆匆 並頌好音，即頌

儷福

弟
存仁拜
九月一日

令揚吾兄教授尊鑒：
日昨在一酒會上晤及　黄先生，藉云　嫂
夫人電話聯絡。　頃晤此間周內將接來事，甚慰　高懷。據云今
天已辦妥手續，轉達念。十二月三日　當可啟行矣。據　文仍在
構思及試行開始動筆中，因所擬談之若干論述與英語詩歌，不免涉及
屬辭，故文字需經推敲，又需徵求公允，此可謂可 edge along a cliff 歟，
希望作得好一點，甚可不負　尊命而已。
匆此奉陳，俟面晤達，餘容個陳。即候
儷祉
弟　存仁拜　十月六

今樸吾兄惠鑒：在港常得遇，又蒙以華筵，感念無既。歌德學院所約講之題目仁已定為

中國思想裏天上和人間理想的構思

The Concepts of Ideal World in Heaven and on Earth in Chinese Thought

所以如此定題目，蓋為配合開會之某一組之主題而設。仍乞另函 Dr Barbara Kaulbach 轉告 同意也。拙稿或者十月底可就，當奉呈以審正，至遲十一月初總可交卷也。此間已入春，室內仍需火爐。通信翻譯亦多，只可逐一清理耳。

候

儷福

弟 存仁拜 十月二日

令揚吾兄教授賜鑒：今午電話甚快慰。弟去南京（轉揚州出席紀揚[illegible]國際會議）事，商閣下代定機票，因此間之航空公司亦已訂妥，故急電話奉告。弟之感激之忱，實有加無已也！十五日夜間坐國泰機CX100，於七時五十五分到達，能安排熟友晤機最好，諸之麻煩。弟只住兩夜，十七日即赴南京矣。專此奉陳，即遙頌

儷福！

弟 存仁再拜 十月宵

世晏先生前此致候

令楷吾兄：

黃兆漢寄來，亦左右也有 Xerox copy 可寄思照，

此劇尚未轉下，弟之感謝當可擬前奉陳矣。

貴用如干，仍待見告，俾可奉還。并頌候

儷福

弟

存仁

十、九夜

令揚先生 教授尊鑒：

信紙當然是借用的。

離開香港，相別匆已快一個月了。九月十五日我們離港，十六日上午電話系中同僕，告訴馮小姐說 say hello 罷了，不料我們到了，筆寫時一大堆，首席上座且是不常參加宴會的人，真是怎麼敢當？我們在港十天，仍使您破費了好幾次的筵席了！還得常告訴夫人，下次天水公來時千萬讓我們宴您一宴。白吃的次數太多了！且看我們什麼時候可以「撈」輪過一輪。

在中大茶宴，……

（此信共三頁）

⋯⋯年的忙亂次數太多了！且看我們能否作個「核」騙過一輪。

在中大演講，已當劉甘於去港教學語言問題這個不討好的題目。我也很詳細地說，但仍然不很明Challenge。思考了多天，想到了一個香港中學教育的題目。這個題目果然有點效果，今天報紙紛紛登出「成份」有些不合時階級上面的，可算雅俗大悅了。他也添了好些意外訪問，又多了不得不做的麻煩。看到馬幼垣也，使我們能替書中的學報拉稿。

記得若干前已當電話告應我把香港大學教育所討論的一篇英文會上給人發表。跟得了這的也許，我一直也讓仿後有真地給人。這一次只好答應給幼垣了。（多年未見的問題，很難峻拒他。只好等我們再開會，讓他去發一些我們的文章罷！但此事仍然不能不告訴你一聲。（P.T.O.）

我們這幾年近況大致如常，我過下月初，得又去台灣一次，出席一個金庸小說的研討會。我會在那邊講一小題目曰：

Tóbǎcáián
脫下赤膊。全真教與少林的兵械傳

已寫成，內容全是考證性質的，但許多地方都會涉及黃大俠的小說。原稿內容並不滿意，但涉及之處太多，看起來太煩，所以已請進步中心代為我打字，俟有機會即寄上，當隨此另寄上供一笑！現在何時再回香港，請給我們一個電話，除了十一月三—十六日期間之外，今年不會再去台灣。

祝

儷祉！

問候大學各位友人好！

存仁 拜

十月卅日

令揚吾兄：

承寄陳援菴先生文後本二函，當用仍不知道去念。

勵耘先生孫公子，校內又有選科，可藉之長，使中外代印去。華年傳之大衣傳稿，此書

與國家不容緩。然以限于明代者，又要中文，非另寄不可，與此刻正收拾六朝至唐

宋與史料中，急不能脫身，不勝慨悚。足能寬假之容緩，日閱銀命否？如不限時代，

不限文字，西文亦可，則與我有點辦法，然亦僅矣。臨函歡愉之至，敬候

儷福

弟 存仁拜

十、廿三

隋書刑法志、隋書
唐紀則制綜行然
諸文材撲，傳之不勝
然能也。

令揚吾兄尊鑒：前得

大函知已代訂十一月十九－廿一日柏立基學院房間，甚感幸！六月

廿七日夜間徐炳麟仁寶石宴會，鄧君已說出，囑奉寄一張博

一粲，亦雪泥鴻爪而已。運候

近祺

弟存仁拜 十月廿七日

令揚吾兄教授尊鑒：

頃接尊處電話洽日，弟即去航空公司諮詢。此刻機位皆滿，十二月一日到七日間之票，兩公司（Qantas及Cathay Pacific）俱滿。候到昨日，幸已得Cathay Pacific之票係四號啟行，非五號。弟以機不可失，已電告定下，免蹈前年十二月弟因無機位不能來之覆轍也。

因此弟之住行安排如下：

（一）此行係夫婦同來，內人之機票費用自付，但同住耳。如果尊處能另安排利園以外房間，乞另安排。弟未住過利園，該處蘇羅東西出較方便，對內人較合，乞另料理。

（此信共兩頁）

(二) 四號下午抵劍橋，八號開會完畢，我們仍擬住到十二日夜間抵新港。等之房間費用如何算法，并願酌為考量。華同志七電話中說港文學會願負擔開會後餘日之住宿費用，不知他們那一天開會，如他們願外分擔，亦使中共華之一的。

(三) 歐洲學會從未寄一信，亦未答覆上次致 Kaulbach 之函。所以，他們如何給回個人之機票費用，及如何付旅館費，尚不清楚。全盤另考慮，免得零亂。另此節結果也，甚感不安。

(四) 不論何單位擬助部分旅費，如有困難，亦見示，等當自負責。論文題目如前所陳，大約本月十號可寄奉。還候

潭福

存仁

十月四

令揚吾兄教授尊鑒：

上月您給我打電話，邀我十二月中旬去香港開會，吾感厚情。我想此會一定是明代歷史的研討會，不過有些人想講一點研究嚴分宜的成果罷了。假如如此，我可來講一些問題，暫定題目：「夏言·嚴嵩·徐階」

我現在急於想知道，請您用電話快些賜告：

一、會期是十二月十三——十六日麼？四天麼？

（此信共兩頁）

一、我出席會議後，延遲多住二天。這三天費用，要自己付費用。等我知道日期，在此間定了機票之後，我再打fax請系中代定招立吾學院的住房。

一、此次因兄見其時間已促，故估計論文會交得很遲。（我當然要設法交早一些，只怕來不及。）但當然不會誤了期。

候

近祺

弟 有仁拜 十一月吉

（因不知道兄在不在香港，故此信封面寄）

兄及華嫻嫂兄。

並候

令揚先生道鑒：渴

大函知，獨作此山長樂。

賢婿又筆一揮，正可共兩小山齋競爽，將每出可

伯偉。南懷瑾先生已奉達其

府上及馮公高齋年過，此正古人所謂德不孤矣。

專此奉候，並遙祝

潭祉

弟 存仁洋 十二月一日

令揚吾兄教授英鑒：十二月離港行前曾電話

英處辭行，亦未遇值，左右公出未值，至為悵悵。適弟公子係兼職先

生來港，行已託兩兄代達，諒悉。此次開會得未曾有，又值香港回歸之

歲，海外來者不少，係香港成果高深宏論頗費，其為港大爭光，在海外學者如學界盛會。

弟拔者（如吾兄鴻作榮先生）著述精采，受益甚多，其餘各篇多有所長。弟三月香港停一寄文集

賢兄月敘此類開會情況見之 Inaugural Lecture，恐將提前出版，仍乞

惠寄一冊，又弟非常感謝吾兄三月來得休息，匆匆草此奉謝，並頌

儷祉

弟 有仁 再拜 十二月十六日

令校院長吾兄 尊鑒：在港電話聆

教益，曾於十四日到大學趨候，值

公出。日在 明清史會議場所某地小坐，未見太多熟人，即在

尊處留帖及電話致意。下午自分返沙田，無法參加會大禮堂矣！

悵公無既。聞明清史會開得甚好，曾見二三論文，俱頗不俗；且國內乃

台灣及學者得此機會會聚一堂切磋學術，尤為新猷。

兄之習勞功不可沒矣！知兄事忙，故未再干擾。自己不適於做執行者學會上，又值有一天承乏主席；會務仍需在文化所內推演。應予奔命，莫如罷去！明哉，兄必以前事再回想，當深思矣。此刻，正躊躇行囊；今夕有此間假期從會外作一推演，此亦必不稍作準備。過年後，即返澳洲寓廬，再行。

候

儷福并祝

春禧！

弟 存仁謹啟

十二月廿二日

柳曾符

柳曾符（1932—2005），男，書法家、學者，為柳詒徵長孫，對訓詁、文史都有研究，曾任復旦大學教授，書法作品曾於世界各地展出，並為多所博物館收藏，著有《大學書法新編》、《柳曾符書學論文集》、《隸書基礎知識》（合著）、《柳詒徵書法選》（主編）等。

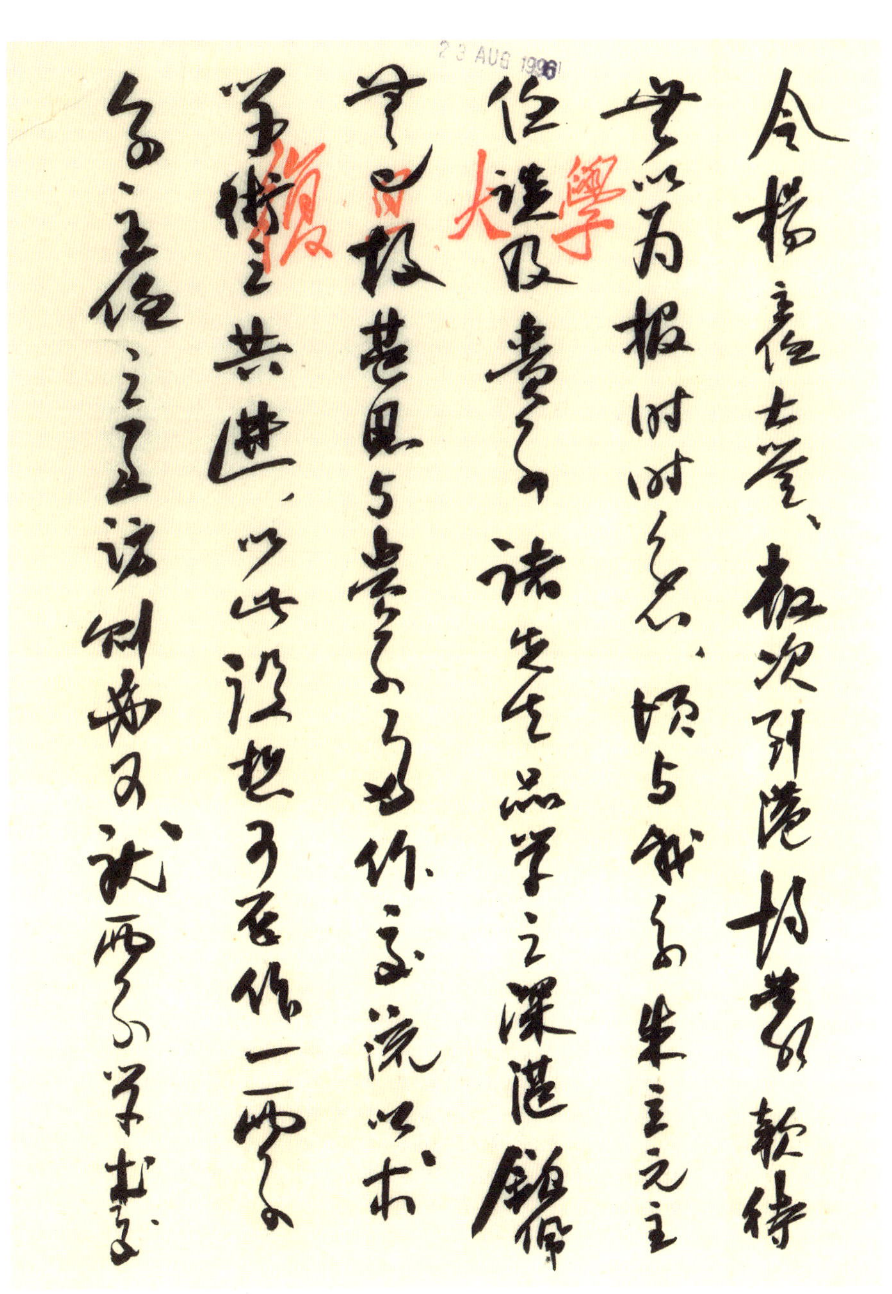

（此信共兩頁）

復旦大學

流事而已。擬訂計劃，願若先生與陳先生
左右所取意見，如先生以為事可行，時能
與[illegible]，面商，[illegible]安。惟[illegible]當于[illegible]上來
[illegible]其[illegible]甚緩，不可[illegible]，請先生前去候
即請
文綏

柳存仁 上
九六、八、十九

胡金銓

胡金銓（1932—1997），男，知名電影導演，曾獲金馬獎最佳編劇及最佳導演獎，並先後獲香港導演協會及金馬獎頒發終身榮譽大獎及終身成就獎，代表作品有《大醉俠》、《龍門客棧》、《俠女》、《忠烈圖》、《山中傳奇》、《空山靈雨》等。

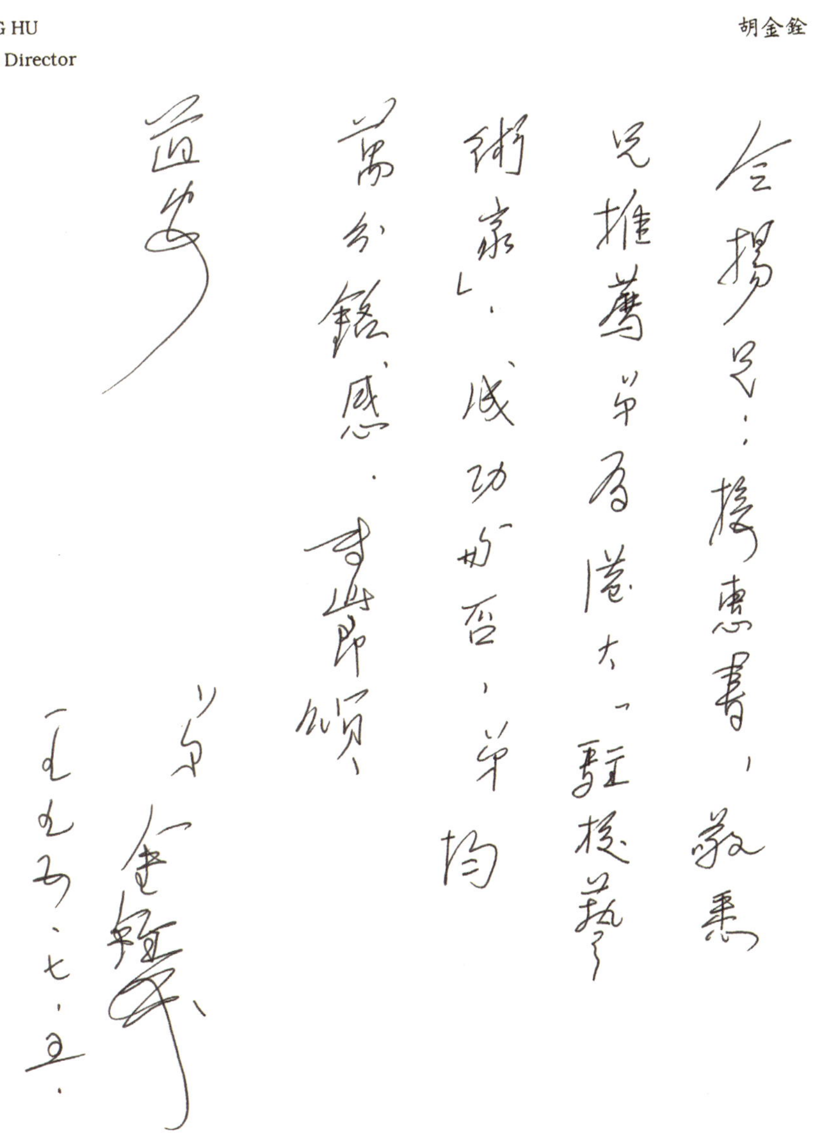

KING HU
Film Director

胡金銓

金揚兄：接惠書，敬悉
兄推薦弟為港大「駐校藝
術家」、成功與否，弟均
萬分銘感。專此即頌
道安

小弟 金銓
一九九五、七、五。

2386 E. DEL MAR BOULEVARD #212 • PASADENA, CA 91107 • U.S.A. • Tel & Fax (818) 792-6419

胡道靜

胡道靜（1913—2003），男，文獻學家、科技史專家，幼承家學（父親為胡懷琛，伯父為胡樸安），曾任中華書局、上海人民出版社編輯，在多個研究領域都有貢獻，特別是《夢溪筆談》的校注工作備受推崇，著有《上海圖書館史》、《夢溪筆談校證》、《上海新聞事業之史的發展》、《公孫龍子考》、《中國古代的類書》、《校讎學》（合著）等多種專著，並負責《中國叢書綜錄》、《藏外道書》等的編輯工作。

上海人民出版社

令揚教授吾兄

昨歲在港參與盛会，獲謁　尊儀，恭聆雅教，深受啟迪，至感榮幸。更荷慇懃隆重接待，心感無已。

頃者，上海出版界籌備在本年六月上旬在香港舉行"上海书展"，我社亦為參加單位之一，正選運有代表性和学术價值的图书參与展出。届时将由展览会送呈请柬，邀请　光降参观指教，謹先奉聞。"书展"举行之时，香港各主要报纸，将陆续發表上海版图书的评论。我社的歷史学出版物，希望得到港地及東南亚读书界的重视，素仰　閣下在学術文化界負有重望，謹希仰仗　大力，賜写书评，以資鼓舞。今由我社另

（此信共兩頁）

包郵呈《章太炎全集（一）》、《章太炎全集（二）》及《南社紀略（柳亞子全集之一）》各一部，懇　兄賜覽以後，擇其一種或各撰寫书評，每篇約千字左右，寫成可由兄直接寄送有关报紙，說明係為"上海书展"而作，請他们及时發表，当会受到他们的欢迎。或將大稿寄給三聯书店香港分店區鏡林先生，他會代為送致報紙發表。區先生是"書展"的負責人員。三聯书店香港分店地址是：多利皇后街九号。書評文章請在五月中旬以前寄交區先生為感。素仰吾兄關懷大陸上文化学術的進展，而在港負有重望，一言九鼎，故敢相煩。倘荷俯允，公私兩感。

專上敬候

文祺

弟胡道靜拜上

一九八四年五月十二日

上海人民出版社
SHANGHAI PEOPLE'S PUBLISHING HOUSE
54 SHAOXING ROAD SHANGHAI CHINA
社址 中国 上海绍兴路54号
电话 378250 转接各部
电报 2220

令揚
冠懿 教授賢兄

久別至念。遥頌安秉吉泰，著撰宏富，悉如所祝。

今介紹敝友上海同濟大學機械學院教授陸敬嚴兄以赴貴地進行學術交流之便特趋前奉謁兩兄，藉以建立學藝関係，幸得撥冗賜見，感同身受。

敬嚴兄為机械工程和物理工藝專家，而長于文史、文獻之學，傾力研究祖國古代工程机械專史多年，卓有成就。近歲完成中国古代攻城兵器模型構造及南方古代懸棺吊装技術的探索和實試兩大課題，獲得國内外科学技術史界和文化学術界的同聲共譽。兩兄与其談討，必良感興味也。 耑上恭候

研祺

小弟 胡道静頓上 一九八九年十二月

范曾

范曾，男，著名書畫家，南開大學終身教授，為中國畫法研究院名譽院長、中國國家博物館書畫院名譽院長，書畫作品曾於世界多地展出，並為多家博物館所收藏，著有《范曾書畫集》、《范曾詩稿》、《莊子顯靈記》、《范曾談藝錄》等。

趙令揚教授台鑒：
我東方藝術系講師、歷史學碩士姜德成先生，爲本年來本人創系之助手，亦本人捐獻東藝大樓工程之首席督辦。爲人剛毅木訥，篤勤匪懈，於明史學有專攻，吾友南炳文教授深愛其治學嚴謹取精

（此信共兩頁）

用宏的玄測微之態度，令美妾君更敬深造於 先生門墻，素聞 先生博學鴻儒，敬祈接納垂教，不勝感激之至 此頌

著祺

中國文化書院導師

南開大學東方藝術系教授

范曾頓首

一九九七年六月廿日

茅家琦

茅家琦，男，史學家，專治中國近代史、太平天國史，曾任南開大學教授、歷史系主任、歷史學研究所所長、台灣研究所所長，著有《太平天國對外關係史》、《太平天國通史》、《孫中山評傳》（合著）、《台灣 30 年（1949—1979）》（主編），及眾多其他論著。

南京大学历史研究所

令扬兄大鉴：

在港蒙热情招待，感谢之至。弟返宁后，与第二档案馆副馆长万仁元先生（该馆未设正馆长，万兄实第一把手）谈及整理档案事，他表示支持与欢迎。弟与敝所中华民国史研究室主任张宪文兄谈及此事，张兄对港大、南大及二档馆共同合作整理档案极感兴趣。

关于海关档案，共约300箱，现除①亚东关及②J. D. Campbell与Sir Robert Hart通信两部分已有人整理外，其他均未经整理，此乃一大财富，亟待利用。

至于汪精卫、陈希圣两人档案，据万兄说，均不完整。又兄曾谈及对中华民国时期各党派有兴趣，据万兄告知，此部分已有人整理。

尊意如何？弟意如阁下对合作整理有兴趣，可在方便时派人或大驾亲自来宁，三方会谈，作出具体安排。另有其他意见，盼示知。（陈公博、陈群、[illegible]及汪伪国府已整理）

另由二档馆寄给您《二档馆简明指南》一本，作为他们送给您的礼物，请查收。前信一封已收，谢谢。

顺颂

教安

弟家琦上 3.31

地址：汉口路11号　　第　页

郁風

郁風（1916—2007），女，郁達夫侄女、畫家黃苗子夫人，散文家、畫家，曾任《星島日報》、《華商報》編輯、《耕耘》雜誌主編、中國美術家協會常務理事，曾於世界多地舉行畫展，著有《我的故鄉》、《急轉的陀螺》、《時間的切片》、《陌上花》、《美比歷史更真實》等，並主編《郁達夫海外文集》、《郁曼陀陳碧岑詩抄》。

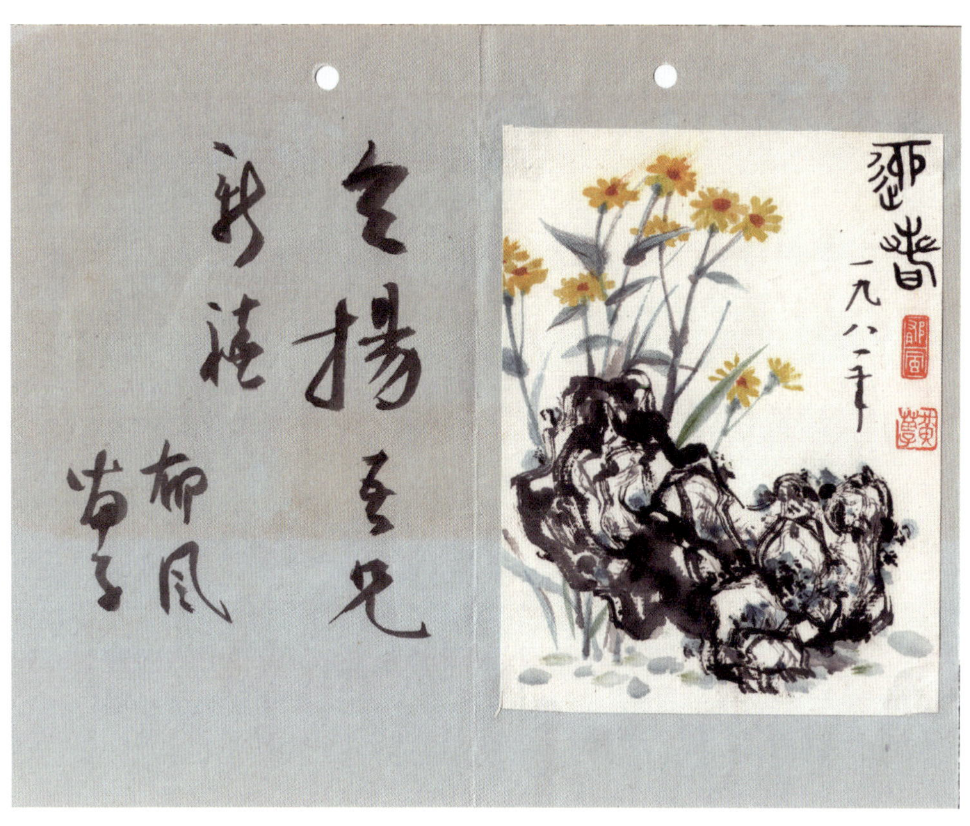

1981 年

令揚先生：

來信寄美院轉收到較遲，遲復為歉！關于您的高足擬來京搜集資料安排住处問題，已將來信轉去中央美院侯一民副院長，並請他直接和您聯系。因我並未在該校任教，过去一直在全國美協和美術館工作，現在已不上班。明日將前往西德應邀在科隆美術館展覽，並順訪瑞士法國。並又將于五月初赴港參加中文大學的中國畫討論會。順聞。

祝好！

劉迅 四月十六日

中国美术家协会

趙令揚先生：

收到来信时正值准备赴欧洲美国访问，因附函转来信转给中央美院主持院务的副院长侯一民同志（我本人原在美协和美术館工作，并未担任美院教授）而收到复信时我已不在京，直到最近始返京，见到侯一民来信，兹奉上一阅，想刘小姐及李、刘先生已抵京，有人接待。此事虽已过去，但未及时奉复，特致歉意。

暑安

郁风 七月廿一日

韋君宜

韋君宜（魏蓁一，1917—2002），女，作家、出版人，曾是多家雜誌的編輯，後歷任人民文學出版社編輯、副社長、社長，編輯及出版眾多文學書籍，作品有小說《露沙的路》、《洗禮》、《母與子》、《女人集》，散文集《似水流年》、《海上繁華夢》，長篇回憶錄《思痛錄》等。

人民文学出版社

北京朝内大街166号　　电报挂号2192

赵令扬教授：

北京一晤，获益良多。我回社与大家把您的意见一谈，他们都很赞成。当经初步商定，先试着编三本：

一、现代文学读本（暂定名）篇数约二十篇，时限定在一九一九至一九四九年。选大家的最著名作品，不分诗歌、小说、散文、戏剧。每篇附最简单的注解和作者介绍，只出一册。

二、古典诗歌读本由诗经至清诗词、散曲，皆包括在内，也是一本，附通俗注释。

三、古文读本：时限同上，要少要精。目前教育出版社有"历代文选"，所收如过秦论[illegible]论之类篇章，不宜于中学生者，一律不收。附译文。

以上三本暂定，注释或由我们先选，稿送您处审阅，或分工编选，可再商定。您意如何？我希望指定一位先生与我们联系。我处拟指定陈早春同志，他是个中年的很认真的编辑，现任我处总编辑助理。

（此信共兩頁）

人民文学出版社

北京朝内大街166号　电报挂号2192

您看怎样？先考虑考虑。将来如需商谈细节，我们可以共同在深圳再谈一次。由港去那边和由京去那里，都方便。

专此，即候回音。敬祝

健康

韋君宜

韋慶遠

韋慶遠（1928—2009），男，史學家、檔案學家，精於明清歷史檔案及明清史料整理，研究範圍包括明清社會經濟史、明清政治制度史、中國近代憲政運動史，曾任中國人民大學教授、美國哈佛大學費正清東亞研究中心客座研究員，著有《明代的錦衣衛和東西廠》、《明代黃冊制度》、《明清史辨析》、《張居正和明代中後期政局》、《澳門史論稿》、《清末憲政史》（合著），及眾多其他論著。

中国人民大学

1983年

（此信共四頁）

中国人民大学

召開的全國第一次明史學術討論會（着重於經濟方面），目前已籌備就緒。來決定根本不邀請外賓（日本的明史學界多次提出要派人前來），因未甚 我兄亦係外人，未能得邀之列，殊以為憾。至日後學生出面邀決定，擬請 兄屆時前來無錫等加以會，除國內明史學者外， 兄為唯一被邀請之人選否？ 兄近年與國內學術界聯繫密切，且在明史研究

1983年

中国人民大学

〻有投寄並洽有關，八九月間當可發出正式邀請書，請 先生作準備。與會者大概有六七十人。 先生論文希能按人數印就，逕寄北京中國社會科學院歷史研究所明史研究室即可。至以 先生囑寫信向之通報上述情況，謹筆告知之。

七月底以前請示知信寄回，以便了解出席安排。

~~請中山師大相關領導不另致~~

夏安

韋慶遠拜上 10/7

中国人民大学

又，吴景之先生八月底或九月初即将回国，他希望经过香港入境，未知能否即可发出港大的邀请书？如能，请从速办理。切切。

顺颂

撰安！

慶之又及

七月十日

1983年

中国人民大学

令揚兄：

久未通訊，因與郭蔭先生經常有業務聯系，我與您之情況均可由郭先生轉達，承他介紹，我們的聯系不斷。

承邀參加您主持之明代國防研討會，自當全力支持。我擬提供之論文《從清代的"皇宮"》已寫好，已交付打印，用繁體字打字中，中英文提要亦在準備中，屆時當直接寄奉。如對其他內容之文章有需要，我也可請我室同行之好友（譚……郭蔭先生）寄由兄安排也。

今年十月，擬在北京召開紀念中國第一歷史檔案館成立60週年國際學術研討會，會期四天。會後并招待到國內西南、西北或華東地區旅行。目前已有九個國家（地區）26位知名學者專家通知前來參加，如費維愷（密西根大學）、孔飛力（哈佛）、白彬菊（耶魯）、穆丁（美國公共檔案館館長）、劉廣京（加州大學）、神田

中国人民大学

信夫（日本國學院大學，古澤文彥）……等。弟任中國檔案學會理事及此次研討會籌備委員，已去函推薦　　之專家參加指導。據悉已由國務院僑辦出版社華僑叢書，未知已收到未。甚望兄屆時撥冗前來，以增會議之光彩。如能惠贈大作，則更為感謝也。

專此草達，并候

撰安！

請代港大師友們問好！

弟 戴逸 手上

六月十二日

1985年

中国人民大学

令揚兄：

久疏通讯，甚切怀想。

兹介绍中山大学历史系谭棣华先生来见。棣华兄乃弟多年之好友，为人诚笃，治学刻苦，有真才。前次曾承惠寄大著《先秦货币文编》，甚获海内外好评。弟主编之《清史》第五卷，他亦为编写成员之一，对弟襄助有力。今他因探亲到港，拟将前弟所著獨请予指導。他希望求些资料并向港中师友请益，如有可能，务请予以照顾。区区之意，弟当感同身受也。

又，棣华精于金石，其治印甚有书卷气。弟已请他为兄刻一印，寄上相赠，已刻名章，请书字或闲章，[illegible]。

请介绍棣华兄写[illegible]，二人均是学者，又但将子深思，或可互为切磋也。余不尽。并候

著祉！

弟庆之拜上 1985.3.22

中国人民大学

令揚兄如晤：

近日安好？

前接宗蕙之來信，謂　兄為扶掖後學，注意推薦之為高講信義人，兄之喜愛門人，弟深為感動。宗蕙嘗去北京，弟安[illegible]深受深人。宗蕙到　[illegible]　千去体要時為他完備學術推薦人之一，弟甚願任之。不知　　事宜以何為要，弟擬撰信推薦書，弟極樂於幫助也。

聞　兄四月份有可能來京一行，甚盼請一見敘。弟宅電話已改為

[illegible]　之與弟聯系。以此時間意方請

（此信共兩頁）

中国人民大学

倘惠臨人大，為教授師生作一次有關香港高等教育情況之講演，則更為感銘也。

耑此奉達　并候

春祺：

嫂夫人前祈代致候不另。

弟
賡武上
四月十二日

中国人民大学

令揚我兄：

　　惠書收到。訪問香港大學一事承　兄大力辦理，殊（盛）意可感。貴校未設歷史學系，弟亦可就明清檔案與明清宮廷文學、戲劇、風俗等問題作些講演，如明代法律制度、明清科舉制度與明清文學的關係等方面可作些介紹，請　兄告訴有關系科時，及時告弟，以便安排日程並具體準備。離開香港已三十餘年矣，少年研讀嬉游之地，故常縈迴腦際也。

　　又，前　兄與北錫之來京時，北錫之囑託弟代詢胡華教授願否到　貴校作短期講學，今胡華教授已從蘇州開會回來，弟即將兩位之意轉告，胡公願意來港大一行，以講授講座中之任何方式。請來示告知　貴校的安排意見，然後通過教育外事途徑發出邀請即可。如能安排胡公與弟一起前來港澳，聯袂南下，則更為方便，請加斟酌。

（此信共兩頁）

中國人民大學

弟與哈佛大學孔飛力教授將於九月初經浙閩到廣州，並在廣州召開《清史》第三卷的編寫會議。如屆時　先生能到廣州一行，又可得一良機。弟托友人代購之《明清筆記》叢書，可已寄到貴處，如能托有便人回穗時，帶給顯恩兄轉交即可。諸多勞煩，謹致感謝。

此致，並祝

撰安！

弟　戴逸　敬上
六月六日

前錄之材料，不寄。

中国人民大学

令揚學長先生：

高足三人來京進行學術活動，加強了兩地兩校的交流。誠如先生來函，我們有機會向你們的青年學者學習，大大有益。

劉詠聰小姐的同門何冠環、劉智鵬、古王森二位蒞臨北京，我們要求大連國際會議對我們學生們對他們予以關切。

今年上半年，除教學外，主要撰寫了有關研究清代財政金融機構的、生產與貿易兩篇論文。今已將第一、第二論文打印出來，將交劉小姐轉呈先生予斧正。

專此、並問

夏安！

慶遠敬上

七月二十日

唐振常

唐振常（1922—2002），男，學者、美食家，於新聞、文藝、史學三大領域均有突出成就，早年從事新聞及文學工作，後長期研究中國近代思想史及上海史，曾任上海、香港、天津三地《大公報》記者及編輯、上海《文匯報》文藝部主任、上海社會科學院歷史研究所研究員及副所長，著有《蔡元培傳》、《章太炎吳虞論集》、《中國飲食文化散論》、《近代上海繁華錄》（主編）、《上海史》（主編），並有《唐振常文集》7卷及《唐振常文集補編》傳世。

上海社会科学院

1985年

（此信共三頁）

上海社会科学院

在香港文匯所發澳遊三十餘篇中文，原已興趣闌淡，叢兄謬許，並促結集，日來重閱一過，乃感棄之可惜，此非敝帚自珍，實為我兄鼓勵所致。於是加以校改修訂，共得輯，並增入在北京經濟日報所刊八篇文章中之一篇，共得三十四篇，約八萬字左右，出一冊而小開本當可。如能出版，擬請中澳各一人各寫一序。中方擬約柯靈，澳方擬倩王賡武。兄意以為何如。

估計曾敏之兄可能去北京參加作家協會代表大會，且以未曾函港與之聯絡。不知我兄返港時曾晤及否？曾否談以此事。敏之兄最近言及由在港出版事，惟弟兄予

1985年

上海社会科学院

編成。一以饗之讀者，二以求得其意見與否之確處，就正于專家。如事出以有據，務請鈞見多予指點。一謝叔之確認，二示視情況若何？鈞答賓之俯覆。尤所企盼者，請兄審閱一過，正其謬誤，一俟出版識之，當即一寄奉原稿或清樣。敢請。如何之處，請賜數字相告。不勝迫切待命之至。地址如信封，庶免延誤。

專此即頌

著祺 並候

李鍔兄大安

弟 唐振常 拜

一月二日

1985年

上海社会科学院

令揚兄：

上月二十三日、廿日兩函及二十六日航掛拙稿《澳洲散記》，來書均收到，答：遲復，誠歉。貴校在寒假中，信件未達尊處，邀請信日內即可寄出。如貴校在假期，請告收信人要注意收送。原商議，以為住師大太遠，不便，且條件亦差，還以住市內為宜。而市內旅館現在都須預訂，並且日期要準確，所以，擬議由邀請定於三月十五日到此，為期一周。不知此時期於兄恰當否？即望速告。講題亦望告知——示知。其兩次，分別在我所及華東師大舉行。

1985年
（此信共兩頁）

上海社会科学院

不知吴泽院商定否否，所讲之稿能随时带来否否？此事当速即告，以便提即函泽院。缴之处，我已致信来，未来接获回示否否？我应待对方确定之出版事，方函请王庆武兄命序。如此即候嫂处并颂

撰安

弟振声拜、

二月六日

上海社会科学院

令揚兄：

正式邀請函件，須經由上海市政府办理，往返花去一些時間，今日業已全部办妥。此由上海市政府具名之邀請件，明日當可寄出，兄收到後即可據以在港办理入境証事宜，特先告知。

日前曾函譯陽，請他即與兄聯繫，不知已與兄晤否？聯繫後早日办理。承允以最佳方式帶來，至感。譯陽錄款，請仍留彼處。如有便，以部分購一Ronson汽体(用火石)打火機帶來，Butane Fuel帶adaptor及火石，亦請購一些。如用汽体火石均不同。

拙稿不知看完否，務請費神指正。欽之有信來，謂已交上稿。如晤及欽之，請再代費神

1985年
（此信共兩頁）

上海社会科学院

偉楠，早告三綫是否研究室接受之訊，以便轉研究室請人作序事。

十五日來滬，擬組研究室成，務請早告，屆時機場也便迎謁。

專此即頌

著祺

振常

三月一日

1985年

上海社会科学院

令揚兄：

現寄上正式邀請函件。此件由上海市人民政府具名，而由我所會同華東師大歷史系與中文系主办邀請我兄來滬講学訪問事宜，可擬以在港办理簽证事宜。時間定為一週，在三個單位各講一次。來去路費及在滬食宿之費用，均由我們三單位負担。現已預訂旅館。熱忱欢迎屆時蒞止。希望即将行期告知。十五日來滬航班確定後，務請賜告，屆時當去機場迎候。

專此不一，即頌

著祺

唐振常

三月一日

1985年

好論文來不來寫，假有關係

上海社会科学院

念樾，

久無消息，近況當佳。

中山學社去年預定召開之「孫中山與中國現代化」學術討論會，現已決定於八月十二日至十四日在上海舉行，十五、十六兩日移南京。我希望你和李鍔兄能參加會。我想你將此事忘了，特此先行預告。日內中山學社將發出邀請參加會議之徵詢書，請填就擲寄，以便發出請柬。再說一句，極想與你晤面，務必請來。不知你是否確定七月去澳洲，如去，八月當已返港，來上海參加會議。即使原定在澳多住數日，亦望能縮短。不知能否，又及之，得此信後望即賜一電話。

一個多月以前，我去信永安，詢問二事：㈠你的學生將錢大昕星史之學術論文，早在數

1990年
（此信共兩頁）

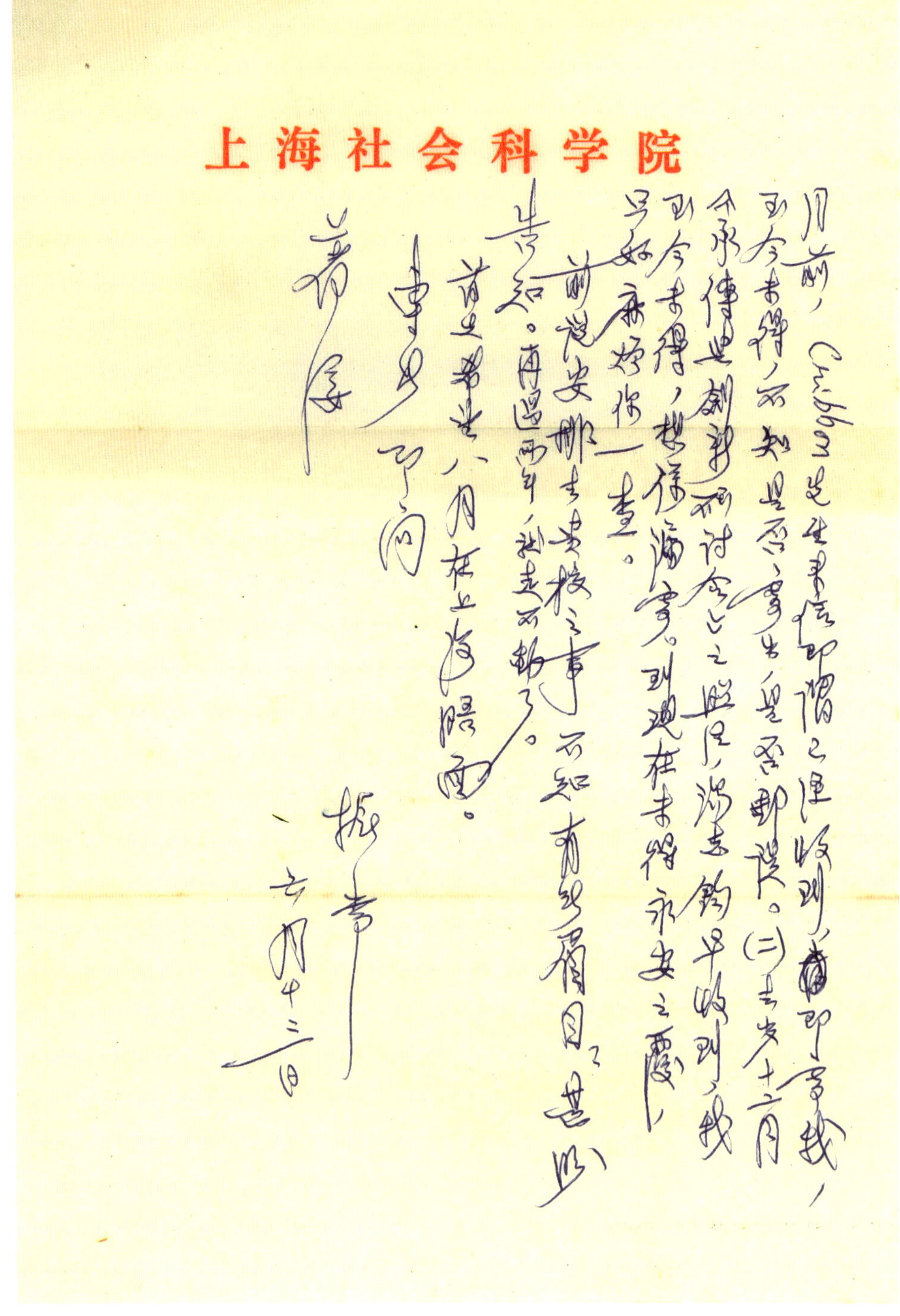

上海社会科学院

月前，Cribbon先生來信即贈之便收到，當即寄我，到今未得，不知是否寄失，是否郵誤。(二)去年十二月今永傳世劍新研討會上之照片，深恐鈞早收到，我到今未得，想係傳遞寄。到現在未得永安之覆，只好麻煩你一查。

前說安排去貴校之事，不知有無眉目，甚以為念。再過兩年，就走不動了。

前史希望八月在上海晤面。

專此 即問

著祺

振常

六月十二日

1990年

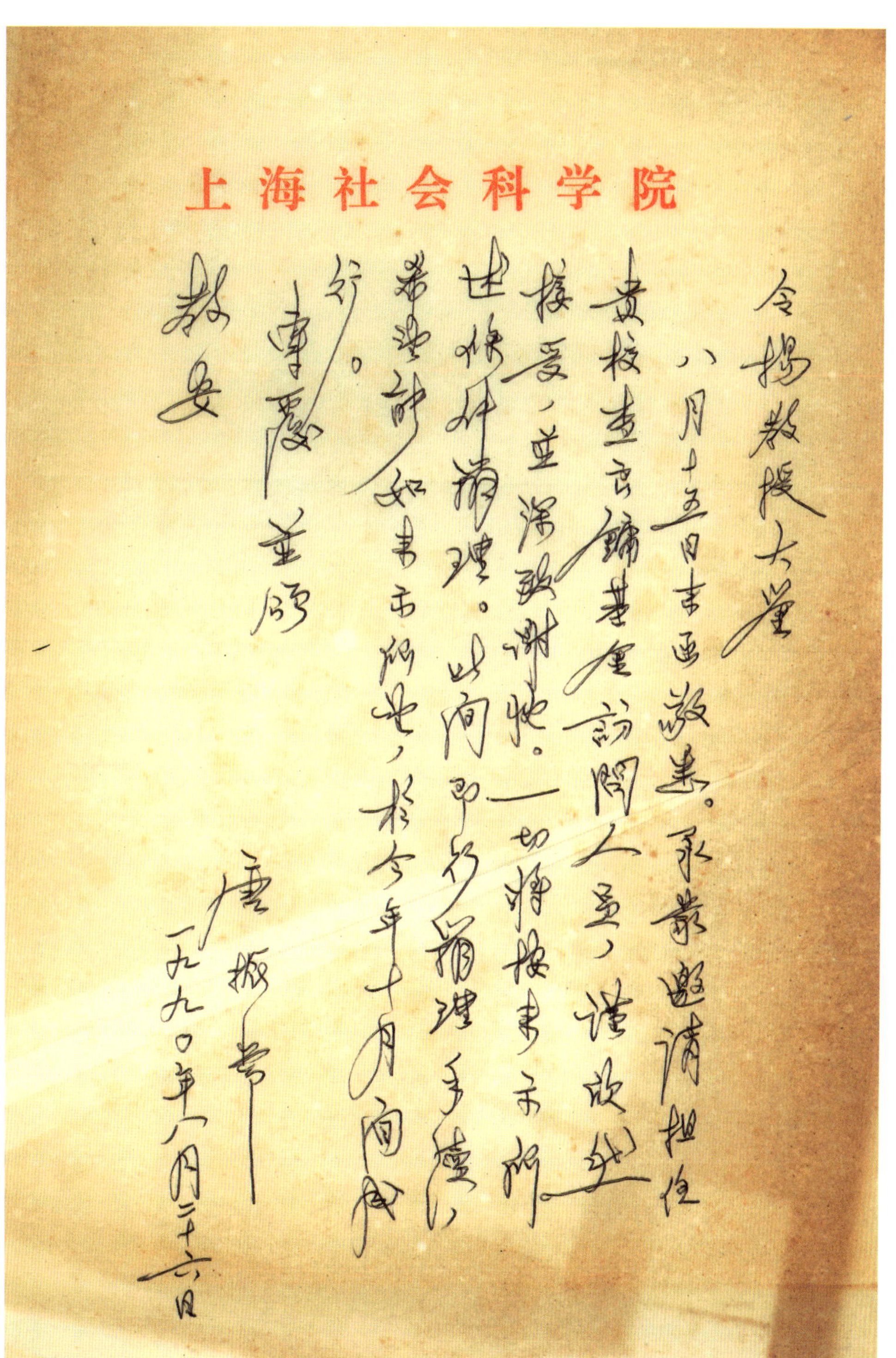

上海社会科学院

令揚教授大鑒

八月十五日來函敬悉。承蒙邀請擔任貴校查良鏞基金訪問人員，謹欣然接受，並深致謝忱。一切將按來示所述條件辦理。此间即行辦理手續，希望能如來示所述，於今年十月間成行。專覆 並頌

教安

唐振常

一九九〇年八月二十六日

中国人民政治协商会议上海市委员会

26 MAR 1996

令揚兄，

歸來月餘，如若有所得，收閱瑣事叢集，是以遲未函候，希亮鑒諒。

承蒙熱誠款待，在港月事，更蒙我兄及中文系同仁盛情接待，使得切磋文流之樂，促有身心交快之感，感謝之情，非言可述，秀才人情，唯在此紙。謹祝中文系研究教學更上高度發展，諸君同仁身心康泰，百事如意，為頌為禱。相互之學院出屬，對於忘情之地，便中希呈向 梁教授及諸位

中国人民政治协商会议上海市委员会

女士、先生致謝。

近况何似？甚念念。

上海天時不正，近頗寒冷，且多風雨，一俟暮春三月，江南草長，雜花生樹，則頗少待，我兄其來。另外倍善雄兄同行，尤所盼禱。

我兄秋冬，且著書可陳，唯讀書讀文而已。

近何時能去澳洲？頗有小兒之歎，即上帶文娛樂，謝甚。

永安夫人原說三月來滬，不如至今未見其來，甚為掛念。

智鵬、雄漢二弟亦代為致候，並賜，煩為代候。

專此即頌

教安

並祝嫂夫人永樂康寧

振常 拜

三月二十一日

上海社会科学院

令揚，

讀林峯先生所交之拙文中「重讀《柳如是別傳》懷陳寅恪先生」一文，有兩誤之處，大約在原稿第三頁或第四頁（即全文之第五段中間），

(一)原句：「抗戰期間，先生執教昆明西南聯大，一日在舊書店購得店主昔日在常熟白茆港錢氏舊園園中所拾之江豆一粒」。「江豆」應爲「紅豆」，乃抄者誤寫。

(二)緊接此句，引先生原作云：「自得此豆後，至今歲（振常按：指寫作《柳如是別傳》開始之一九六四年）匆匆二十年……」其中「一九六四年」應爲「一九五四年」，匆匆應爲忽忽。

（此信共兩頁）

上海社会科学院

⑶ 陳引寅恪先生「舊稿有日期出版年月日」段，即現存稿談郭沫若先生《論再生緣》之文意一段之後一段中，最後句為「于此，難怪……」，中有句云「按先生之作，在全國解放後，五十年代初出版了《唐代政治史述論稿》、《隋唐制度淵源略論稿》、《元白詩箋証稿》三書，……」《元白詩箋証稿》應為《元白詩箋證稿》，抄者誤「証」為「記」，我未之察。

以上諸處，務請代為改正。如已送出，敢煩通知所送之刊物編輯。千萬，千萬。謝謝。

此三稿我想是要刊出去的。日本文剛一文，寫我的老師蔣秉南先生，餘文擬陳寅恪，寫作。極欲吾兄能玉成在港出版《懷人集》。查足[illegible]處有否？請告。

此請

著安

振常

一月五日

上海社会科学院

（稍經修改之類。）

金揚兄，

頃得《歷史研究》通知，我為中文大學六十周年紀念提供的論文《以西方之精髓，為中國之精髓》，《歷史研究》將於今年四月出版的第二期刊載（自然是指此討論會提供的論文）。按諸慣例，香港方面是大陸先發，香港仍可發表。反之，大陸先發表，則大陸難於再發。是以，該文在《明報月刊》以五月份發表為宜。不知該文已否交《明報月刊》？如已交去，可否設法（不如從明報直接相洽）請其於五月份或五月以後發表之。如尚未交去，則或可援交，一切請兄定奪。此文在我赴港前已交《歷史研究》，而我與該刊關係非同一般，不能不讓其先發也。在港酒會，於下次來港時再給予補，亦佳事也。謝甚。

已晤顧老，面請為我兄寫字，甚為快慰。取得後或托人帶港，或俟機面交。匆匆。即頌近安

[illegible]

（此信共兩頁）

上海社会科学院

書，尚請便中函我，此所謂書債定要還也，一笑。

已告杜宣、師陀二位，只得邀請他們倆赴港，二位順此轉致謝忱。請勿客氣，不妨同時邀請。

又，文明之亦可請之，他是老資格小說家，亦是電影劇作家，現為上海作家協會副主席，也是電影文學學會會長，有冊小說，有冊電影，劇本之著，容見明年來港。如何？且文為廣東人，無語言之隔。

中文大學陳君前在巴老家中所拍照片，迄未寄來，奇何故？煩我一再叮嚀，請見告一聲。我亦無名，無法去信，也不能去信也。如係一般逆翻照片，也就罷了，但巴老甚為關心此照是否有機會再照，莫說了。

請便中函教我。如有新觀點，可來一面談可也。

又，又前所約為論文評論叢書，理由何？我亦希望得邀請書。不知係寫我國是寫我院和我國所言方，請告。

匆匆即頌

著祺

弟 振 書

一月二十一日

令揚，

歸來一路受阻。繫念。

子美之詩詞二首，已交《文匯讀書周報》。

我為之代寫一「編者按」，加注寅恪先生所寫

按語，並略介子美。《永安四友》已交一家雜誌發表

為時太久，乃分送此間之《上海灘》及北京之《華人文

化世界》，並為推薦。詩文計當能得發表。

台灣世新大學今開之會為今年十一月二十一日至二十

三日，交接之邀，照世之銜接，並早日賜寄邀請書，以

便回覆時辦理。甚謝。偕老妻同行

上海古籍出版社擬求復錄兄新加坡《神雕俠侶》

連環畫本之大陸版權，特請我兄轉告該社及我之信轉

致查兄，以示尊重，並借兄之大力也。甚謝。

信到時，計已出遊，但無須急辦理。三月份前後來滬。

專此，即頌

大安 並候小娥夫人

弟振常上

二月二日

悠庭堂藏

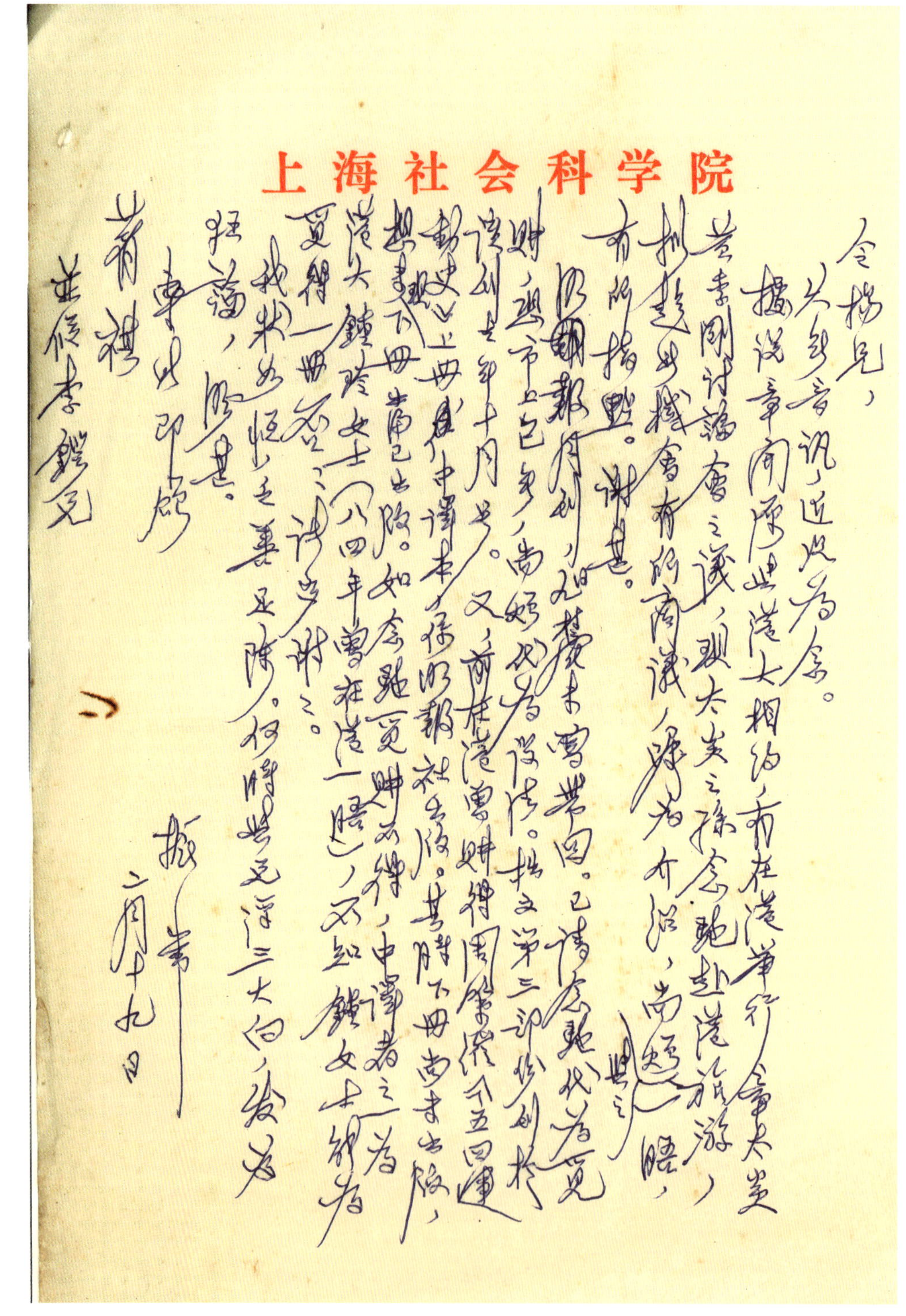

上海社会科学院

令揚兄，

久疏音訊，近況為念。

據說章開沅兄應港大相約，前在港舉行章太炎學術討論會之議，現太炎之孫念馳赴港旅游，擬趁此機會有所商議，請為介紹，尚望一晤，有所指點。謝甚。

明報月刊八、九期據來滬者帶回。已請念馳代為覓購，現市上已無，尚煩代為設法。拙文第三部份刊於該刊去年十月號。又，前在港曾購得周策縱《五四運動史》上冊，是中譯本，係明報社出版。其時下冊尚未出版，想來下冊當已出版。如念馳覓購不得，中譯者之一為港大鍾玲女士（八四年曾在港一晤），不知鍾女士能否覓得一冊否？請設法購之。

我狀如恆，無甚足陳。何時能見，浮三大白，發為狂論，快甚。

專此即頌

著祺

振常

二月十九日

並候李鍔兄

中国人民政治协商会议上海市委员会

令揚，

春節以前曾寄一信，估計其時你當在澳洲，從澳返港後當已得見。該信中有上海古籍出版社和我分別寫給查良鏞的信，煩請你轉交，並請你便中也向查請促答應上海古籍關於出版權問題的要求。不知此信已轉致否？查是否在港？他有何表示？古籍於此甚為關懷，故煩一問。

Jerome的詩詞已確定本周六在上海文匯讀書周報發表，編輯對此詩詞極為叫好（我代寫的編者按也沒改了）。屆时我会把報紙寄你，他们也会另寄。稿费按人民币计算，以後会汇去，大约只够買一包香烟。永安的文章，两篇在上海的，编輯准備作加工，北京的两篇估计会原文发表。

香港關於飲食文化的会係十一月二十一日至二十六日，你的邀我在会後到中文系十天，我便去。否则单去这三天，太無意思。你的邀請信請煩即寄来（寄我家中），以便早一些办理申报手续，否則会临事匆匆。台湾的邀請是欢迎携眷前往，若有机票同理。請你也寫上欢迎我妻同去，我妻机票同理。但務必要寫上我妻姓名陶慧華（其实我只有这个妻子！）。我想台湾當由港返程会是open票，到港後再confirm，即可。这样你们只負担我的来去机票费用，也许好辦些。拜託，多謝。

歸来後忙於趕寫談飲食的小文章，以償一家出版社去年我一談飲食的集子之約，近日寫了八篇，現感冒暫停。林偉寓有意出此集，完成後我也可請他一閱以作定奪。匆此

問好　向從中文系朋友們

振常拜、

二月十九日

上海社会科学院

令揚我兄，

返滬後曾致一函，諒達尊覽。

近況何似，時在念中。每憶香江杯酒放談，輒使此神往。不知兄何日翩然蒞滬，弟當趨訪以得，浮三大白。已與柯靈、師陀、佐臨、安娜諸公言及，一俟大駕蒞止，當假此迎候。日昨辛笛來電，謂趙瑞蕻兄將赴三月之會，順及彼此。弟去函之滬上諸友於兄停雲之思，無出其執手。

日前誦及師陀書，傳事彼初謂云為HK$，後來信更正，謂此數當歸過高，請兄酌量定一數目可也。弟於此道全然不解，只能定其高低，請兄量情而為之。彼來書有云「只論友情，弟決不相爭，事後亦絕不怨言」云云。此事擬託，弟

（此信共兩頁）

上海社会科学院

你謂振玉寫於民國二年影印書轉告。其中《歷朝史印》之僅初印本，計八冊，存滬者僅為首冊，其餘七冊尚在你院滬寓，寄往。

《蘇報案文》及《詞選集》未知對方有確答否？以便中止詢。估計王慶武先生當能影印（如對方刊出，《鄭海博益》、《明報》出版社），由此你把方慶武為序之事當刪去。如有之處，請告知，至託。

專此，即頌

著安

弟振 書

二月二十日

李慎之來信，謂二月五日得一女士電話，謂你托她將《金文篆錄》之文來，李即告彼是寄中國社科院。電話中未講清楚你是否在京，李以為你尚未到京，請為迎候。又李給我寫信時（二月十八日），渺無消息，書亦未送去。李託我向你問書信是交何人，煩即告知，以便向其追索。不然此書甚有可能被人中途吞沒。至盼至盼。前來你在京時未及囑人來李，你走後數日，該女士方電告李。致你們未能晤面，殊覺遺憾。其實我回滬後曾函李，謂你擬一月九日—十二日在京，李誤以為是二月九日—十二日，一直盼望和你見面。他托我向你致謝與致歉。此事請即函告，為要。

令揚，

諸事奉告如下：

① Jerome的詩詞已在文滙讀書周報發表，刊出的地位頗為顯著，引人注目。我代寫的《編者按》亦差可。陳萬雄來上海，于二月二十八日晚陪同，我將《文滙讀書周報》兩份交他帶你，他第二天（三月一日）返港，這樣你可較快得到報紙。我對他說，可遣人將報紙送你，同時取回放在你處的我送他的《川上集》。這樣，也許他會快些辦。還怕他公忙而忘此事，並告《文滙讀書周報》也寄報紙給你。如你沒有收到，望告，我另寄你。一非有郵費，而是跑郵局太麻煩也。

② 日前電話所云查老關於校事，並問我意。已告古籍出版社："等書查信，未必有處，查一語'經我新加坡'可斷。"因此，致查信不轉去。經過先生近期當得查，當可一詢。"如此，也就可了。古籍此人是個聰明謹慎的人。你看如何？此前，我寄你二信，一由古籍寄去，內附致查信，一是我自己寄你的，是否都收到。

③ 我和老妻陶慧華十一月到港事，尚望速發我邀請件：自十一月二十四日起十天，勿忘寫上我妻姓名。當會議寫的論文（《海上飲食譜》）已寫成寄台灣了。但另無你處之邀，去港只逗留三天，奔波勞碌而乏味，故不接受去了。有人對我說："何不請中文大學邀上幾天？"我以為中文大學從不請我，我何必自薦。是以，仍寄希望于你。

④ 二十八日晚和陳萬雄等吃了一頓極美的飯，我請陳向你轉述此會之佳，用以是在誘你和林保在三月份來滬參此佳食。此言非虛，請勿忘也。

⑤ 九月去京之事，甚有興趣。（王）靜安先生之學問無可窺，不敢妄言，也許對他的《宋元戲劇考》可以補說幾句。如去，還得檢出此書重讀一遍。如何，望告。

⑥ 永安之文，即發。告勿念。

近日唯埋頭寫論飲食的短文，還得再寫三十篇才夠一部書稿。

專此，即頌

大安

振常手

三月二日

上海社会科学院

令揚兄，

前次在電話中所説之事，假如瘋狗咬人，令人憤怒。王因此，大可完全由之，不為找動，聽過就算，而不必與他人言。容見面時詳告。

柯靈、師陀，實際均長期以筆名為本名，他們的身份證、戶籍本以及出入國護照，為證筆，均使用柯靈、師陀之名，而不用其本名高季琳（柯）、王長簡（師陀），是以此次亦應使用筆名。許聞之，柯靈 Ke Ling，其夫人名陳國容 Chen Guo Rong；師陀 Shi Tuo，其夫人名陳婉芬 Chen Wan Fen。二人年事已高，順便邀請夫人，俾有所照顧。此事前曾許諾，尚請惠予實踐。

又，柯靈經於八月間去南斯拉夫參加國際筆會，為期兩周。柯、師應分別邀請，不可雙頭，先請師陀，然後柯靈。二人均為忠厚長者，其余之事決不致發生。

[illegible]

（此信共兩頁）

原準備之租界史討論會，以致只能由大陸內學者討論。事非得已，殊感歉然。

上海社会科学院

本月二十二日，上海文史館將在香港舉行書畫展覽，去者三人，計錢君匋、王仲清、王個簃。錢君匋乃此行的事知，王仲清為著名人物畫家，王個簃係文史館館長。王仲清是我甚熟的朋友，託我為他介紹香港朋友，我前已提及我兄，屆時將拜訪。王仲清並擬贈畫給我兄，請予接待。同時，我已介紹毓之、趙澤隆、李俠文、商報總編輯張學孔，煩請打一電話給毓之，並請毓之轉告澤隆、學孔及俠文。謝謝。

貴友何名，何時來滬？你曾告他以我的電話否？如通

又，李慎之家電話改為

話，請按此。仲四日來一信，尚未提及收到你信之事。

我將於下月初去北京參加蔡元培討論會，本來大約一週到十日。其北行前須得移一電話。我向此會推薦周佳榮參加，該會原不擬請大陸以外學者，經研究後決請周並少數大陸以外人。

專此，即頌

著安

振 弟

四月十六日

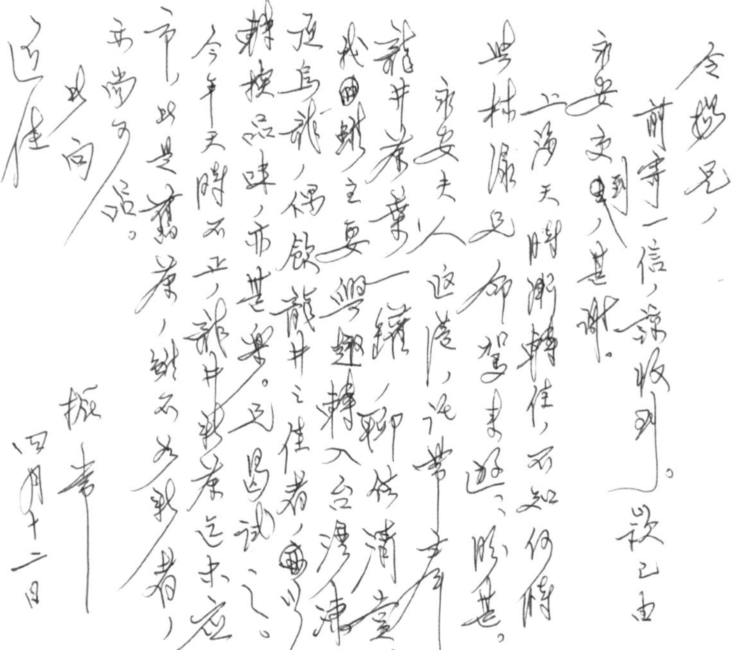

The Australian National University

Post Office Box 4 Canberra ACT 2600
Telegrams & cables NATUNIV Canberra
Telephone 062-49 5111
Telex AA 62760 NATUNI

令揚兄，

前寄一信，諒收到。敘已由永安交到，甚謝。

上海天時潮濕轉佳，不知何時共林源兄命駕來遊，盼甚。

永安夫人返港，託帶去龍井茶葉一罐，聊佐清談。我個人主要興趣轉入台灣凍頂烏龍，偶飲龍井之佳者，西湖獅峰品味，亦甚美。兄曷試之。今年天時不正，龍井新茶恐未應市，此是舊茶，然不失為新者，平常之品。

此向

近佳

振聲

四月十二日

上海社会科学院

令揚兄，

前寄一信，已告上海文史館到港舉行書展事，此事務請鼎力贊助。去港代表團共三位，錢君匋先生，是成名書家；王仲清先生，著名人物畫家；王國忠先生，文史館館長。屆時由汲古齋主辦。

王仲清兄是我[illegible]知友，前曾在香港和日本舉行畫展，茲請仲清兄前來拜望，請予接談，並鼎力贊助。感同身受。

柯靈、師陀兩家推薦文字想已收得，請將柯靈夫婦安排在十二月，師陀夫婦可早於此。柯靈及中國作家代表團（蕭乾在內）將於今年八月中去新加坡參加國際[illegible]會，會期十天，返程經香港，有數天停留，你們當可於此時晤面，請逕與柯靈、師陀商定訪港日期。

李慎之來信，謂尚未曾收到你的信，請按上次我給你的地址，及最近一信所寫之地址，即與彼聯繫。謝謝。

請安排慎之於八八年夏在 Robert Black 住[illegible]天，[illegible]邀

（此信共兩頁）

上海社会科学院

泊斌住香港半山，和他媳婦偕去。此公極健談。

電話中所稱貴友，並未來電話，是否未曾來上海？

仲清返滬時，請你交些錢給他，由他代購 Lucky Strike 之煙、酒給我，非 Lucky Strike 則太貴也。

今晨通知，要知友出否？因通過不及，以早為宜。

我五月初去京，大約停一週到十天。

請電話 Dr. Wei，我前有一信給她，要港大歷史系，她把我的事我都在信中說了。但假期恐她未見，請她到學校一查。

囑咐如上，請諒。你如此樂於幫助上海文史館書局事宜，再談。

專此 即頌

著安

振聲

四月十八日

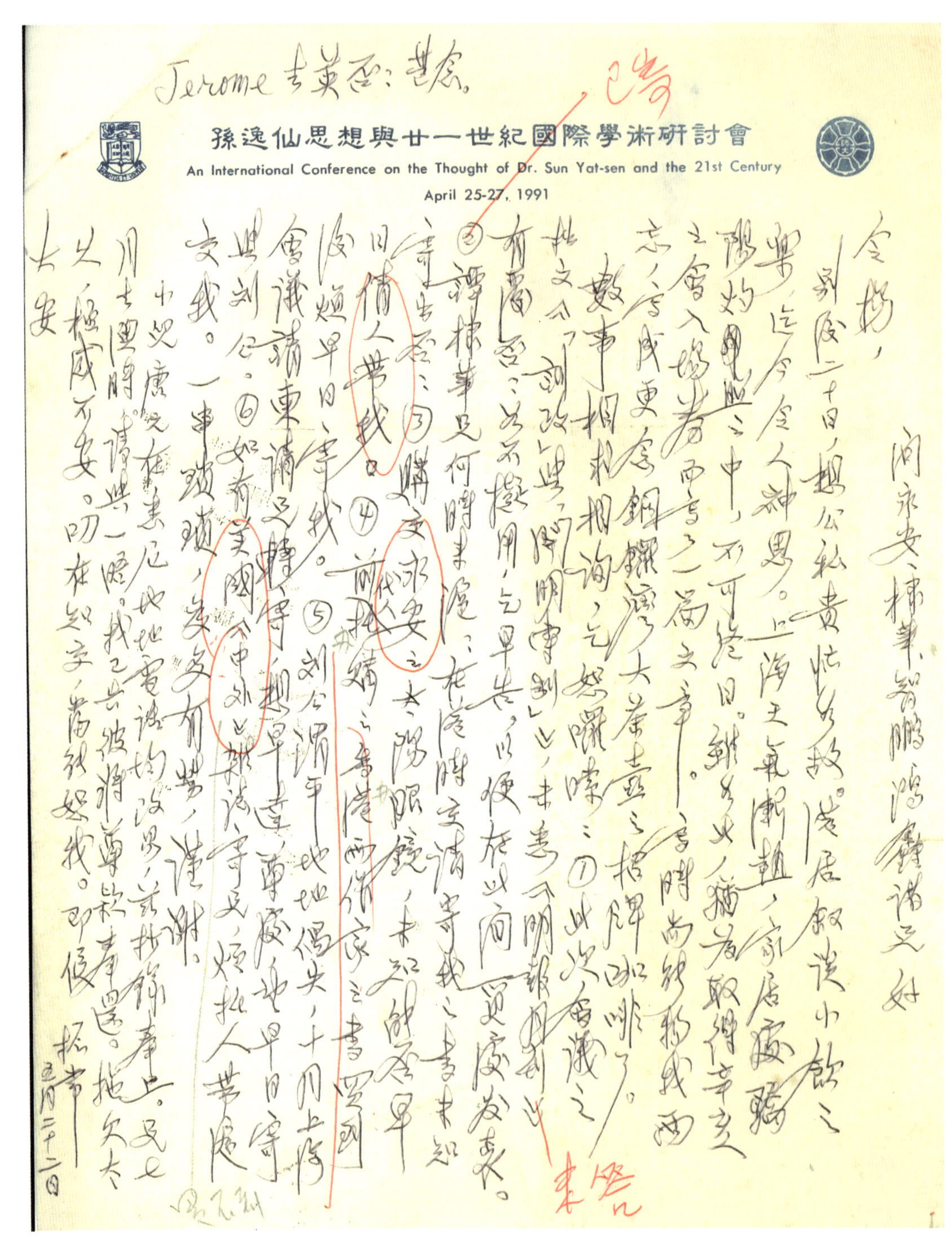

Jerome 吉英函：悉唸。

已覆

孫逸仙思想與廿一世紀國際學術研討會

An International Conference on the Thought of Dr. Sun Yat-sen and the 21st Century

April 25-27, 1991

令揚，

向來安、棣華、智鵬、鴻鑫諸兄好

別後廿日，想公私貴忙，多致港居敘談小飲之樂，迄今念人神恩。上海天氣漸熱，家居瑣務紛沓之中，不可終日。雖多火，猶有暇得草成之會入場券西方之二篇文章。當時尚然彼我兩忘，今成更念。鋼琴繆大冬壺之招牌咖啡了。

數事相託相詢，乞照顧：① 此次會議之拙文，乞訂改收為《明報月刊》上，未悉《明報月刊》有意否？如不擬用，乞早告，以便於此向□更發表。② 譚棣華兄何時來滬？在滬時交請寄我之書未知寄出否？③ 購安求安代之太陽眼鏡，未知能否早日備人帶我。④ 前托鏞之香港西洋家之書、照後煩早日寄我。⑤ 劉公渭平兄也偶失，十月上海會議，請東請之事，想早達，薄彼也早日寄此劉公。⑥ 如有美國（中外之）雜誌寄我，煩托人帶港交我。一串瑣瑣，多多打擾，謹謝。

小兒唐之在美已北電話約談及，前托錦華上。又七月去四時，請共一照，我已出版將影本寄上。拙欠太太，極感不安。叨在知交，當能恕我。即頌

大安

振常

五月二十二日

未答

上海社会科学院

令揚兄，

杭州之會，大駕未見蒞止，極感失望。我無以為你會先到上海，是以一直找你，但到會期前一日仍無信息，方赴杭。結果在杭亦未見到來。但是，從另一面看，不去也未始非幸事，因學術性不強，各種意見未能交換，商量。弟子，再傳弟子，以至其他政治學者一片歌功頌德聲，[illegible]，似乎是在[illegible]，行家祠大會。我對此很不耐，大會要言也如此指[illegible]了。相信你來了也會失望。

七月初自來極表歡迎。但也必須早日通告行期。目前是旅遊旺季，旅館難覓，定要早些預定。一般只要早十多天預定。[illegible]接待重要，只要[illegible]全部要[illegible]市區極遠地方，那就大不方便。要在郊區，可住復旦或師大專家樓，但也嫌遠。行期可以提早，必宜早告。至盼，至盼。

還請告知在上海住多少天。

（此信共兩頁）

上海社会科学院

小安吾兄：為我所編選集著一九八七年紀錄，感謝之極。文章均蒙早日寄出。明報文及出書事，謝甚。樓書，至廣州以印精否為慮，身份不足圖此人了，由吾人謂寫序，有關懷，此等我自然歡欣。如全書排印後，煩足代閱一過，屬將出序於我未能作序了，即請將我後記中提及此事之段刪去。有些地方請自酌，我校改一過亦佳。

師範學院事，我求要力感謝同好為要。書院寄，為此轉來一部分，閱後退還。

出版文藝近年事，[illegible]念為夢，把酒酬敘，到時此頌。請即先告行期，及往返天數，為要。

事此即頌

著安

振常

六月二十五日

上海社会科学院

何日，并告我航班，我去机场接你

令扬兄：

昨发一信，寄出后想起师陀在静安宾馆（即是上次来我院与华师大联合邀请来时所住之地）有熟人，乃请与其谈洽。因为觉得若屡，可以预定静安宾馆，时间以七月上旬之七日或廿八日或九日开始为佳，此与你所预计之七月初甚相符。预定与否，须在七月五日前告知旅馆。所以，请你得此信后，立即覆我一电（写信来不及了），是否同意这个时间。如因行程安排不及，稍后推移亦可，但不要提前。此事务请即告。打电话告我亦可，我家中电话为

每天下午及晚间均在。

来沪后，我约几位文艺界朋友和你见面，据龙镇现在加入接待，甚佳、此外，师陀将单独请你。师陀夫人及儿子在与众人见面时分谈，当得俾安你时谈。

急急草此，候电。

祝

佳

振常

六月廿七日

上海社会科学院

令揚兄，

手教今得，知兄即將赴澳，立寫此信，希望在旅程前能達尊覽。

訪澳之文已存博益，初步同意接受，我兄[illegible]玉成之德，感甚謝極。該項複製件有不清晰之處，恐排當有困難，原件在曾敏之兄處，煩兄即去一電話，請敏之將原件交兄，轉致出版社，這樣對出版社會方便一些。此其一。其二，原請王賡武、柯靈二位寫序，據兄曾言，賡武兄序言將就承寄下，未知是否已在兄處，如尚未寄來，請煩兄於到澳後代為面索。關於出版事未定，柯靈處我一直未去信詢問，且他又因病住院極久。今日得兄函後，通過電話通信，待其寫好後，我當

（此信共兩頁）

上海社会科学院

可寧文友度：諸多勞煩，至爲感謝。

藝苑叢記在處理中，經事者尚停留時日，去此除開會五日外，也可就有邀請訪問所須續住數天。如此，當靈活一些。

可知兄能否惠般來參加此會？甚望屆時能相見也。我想他定早已退了，又是兩時請去他，我當暇即寫信去。

辛笛兄所攜照片，直到最近才交給我，詩人健忘。此事要謝謝。

澳洲諸友煩請致意。

即頌

暑祺

振常

七月二十四日

上海社会科学院

令揚兄，

七月二十三日一信，並附澳書後記應改之處，想早收悉。未知大駕何時蒞滬，請於決定後早數日，電話告我，以便留定旅館。昨已立秋，盛暑已過，上海不是那麼熱了。

明報月刊於八月號刊出談田文之中部分，來時請務必帶我一本來，如月刊抽掉本擬去了，請將作計談劉鄭等書有用處。函託。稿費請代國領。

餘容面談

專此　即頌

暑祺

振常

八月九日

上海社会科学院

令揚兄：

前函一封公文作正式回應，再寫此Private信件。當代我全家歸來。

歷史研究所和社會科學院不在一處，來信二十一日即到院，擱置了五天，我所又轉去院找到了此信。歷史所這些人明天出差，事從回來沒了時間，我所大會剛到你信後即告他辦理回知有關人員，這樣，明天就可以開始做公文旅行的準備，此後來信請寄200030上海漕溪北路40號歷史研究所或直寄我家。千萬。

現在開始辦理，可能在十月中旬成行，我的想法：首選經廣州這條路線，希望從上海直接飛香港。這就發生一個機票問題，我在上海買飛港機票，須用外匯，這樣我有困難。我想機票可否由你處買，這樣會方便多了。待此間手續安妥我確定行期後，告你，由你買機票後寄我家中。到港時請你派來接我一下，當到出入境場會面談好的。經廣州再乘直通車，會省些錢，但又太麻煩朋友，住夜要等車，費時四小時不安。如何之處，請賜教予我，來一電話。

即問

安好

群

八月二十六日

上海社会科学院

令揚兄，

新學期開始，想必有一番忙。

你曾說九月可能去南京，便道來上海，不知是否有變。天津有一个會議，我早已告知不去，現在因故不能不去，定本月十六日乘火車去，會後順便去北京住幾天，回上海當在月底矣。特告知。希望你不会是我外出時来滬。又，劉渭平兄何時來？如在此期間，當不能照顧了，甚憾。

如有便人來，煩順帶些報刊（九月份）。方便的話，請帶些樣草上。謝謝。

專此

即頌

著祺

振常手

九月十一日

令揚：

楊先平先生返港，托帶去此件。係在《漫記》蕭公權先生之一文，係在香港書上面寫，尚未寫出。近聞人云，在香港找大陸發表，兩不相妨。是以特帶去此文，請即轉《明報月刊》。如能刊出，則港時可交兩文，要用錢。當然可以去說，則此文亦將在大陸發表也。如《明報月刊》無興趣，你處（或台灣）亦無妨。

十二月去港事，此間市政府外事辦已與香港新華社聯絡，須得新華社同意後，市外事辦方發出證。但聞北京英使館須接證三十件，照此速度如此，誤事。是以請你或港商務即與新華社聯通，早日將此事告市外辦，又英使館亦告知，請打招呼發了證，甚謝。如實在來不及，當不可能在十二月十一日到港，到港之期只好推遲了。此次我當同時去商務。

此作之密，無妨，電話。

深孚近日在滬，已暢敘兩次。

專此即問

著安

振常

十月二十七日

令揚、Wai：

已請Betty打電話給你。黃高廷[illegible]女士論文收到，信中未提何時須提交審查報告。我擬近一點家，安滬有二十日晚自武漢歸，二十一日至二十五日在嘉定開上海史會，二十六日安被押在郊區審查一本書（是否綜擬），今（二十七日）晚返家，明天下午飛天津，十一月二日去北京，大約在十日歸來。回滬時方能閱讀論文，讀畢即寫Report。即歉。

貴校薛鳳旋先生很少出會，我見了一面，說了一句話，請你求托他帶Cheese，不禁以角流涎。而MacPherson台為奇怪，說其女之論文，當即可返香港。

希望在北京返滬後能得到你們的電話。安也何時同作西安遊。

專此即問

近佳

振常

十月二十七日

武漢之文史明報月刊否？近有楊字、文開諸公，我當再找一次。

又及

上海社会科学院

令揚兄，

昨发一电报，请你邀王元化夫人同赴港，其中原委是：元化赴港探望他们的儿子和媳妇，媳妇在香港，王元化夫人想借元化赴港之机去探视（因她身体不好，难于单独出门），遂向公安局申请同去探视，但因前探视登记人数过多，需至1988年才能轮到。昨日元化夫妇向我谈及此事，所以有此一议，你们会议发来一电，可使他夫妇同行。如是，积陰功的善事，并且肯定实於应承。你安排他们夫妇同住Robert Black，肯否？会另花些他的钱。我在此建议你于会后邀元化在贵校讲学，让他们多住几天，如何？元化可讲的为西学多，了解情况亦多，中西兼通。他夫人张可是翻译家，满涛的妹妹，本人也是翻译家，你们文学活动，原在上海戏剧学院工作，现已退休。可给增加一点麻烦，想不致却。如何，顺告。

二十二日曾寄一函，谅得。陈旭麓的护照批签证在

（此信共兩頁）

上海社会科学院

办理中，将速发一电邀请函，这样，他办理护照及签证时就可以速起来，否则到港后再办理麻烦得多。

我向你推荐的这两位朋友，都是有真才实学的人，非其他壹育者之流，否则也不致向你推荐。

顺覆。

专此即颂

著祺

振声

十月廿日

上海社会科学院

令揚兄，

寫完了上面這一張公事信，再作以下私人之語。

自戊戌會後，在廣州困了六天，幾乎是流落街頭，日食銀錢短缺，最後還是託朋友設法，纔購得車票，與旭麓於二十六日同歸抵上海。廣州居大不易，廣州行，給我以痛苦的印象。為此，今我此後少出門。然本月底長沙有黃興討論會，我要赴湘，當由湖南而貴州而四川，因僖宦先祖於光緒丙子中進士時已開貴陽籍，我也不知先世何時離衡陽，但畢竟血緣與湖南有關，而我平生未曾涉足湘地，所以決定月底還是要作長沙之行，此亦中國文化傳統所謂尋根歟？我不知也。

廢話說過，再入正文。

在南京時曾向你提及明年擬在上海舉行的會議（會議名稱見另紙），主辦者為中山學社，我和旭麓均為副社長。現將以今擬定的港台邀請名單奉上，請你考慮，是否妥當。你覺哪些人不能去，哪些你以為有更適當人選，可以增台灣

（此信共兩頁）

上海社会科学院

加一、二。最感困难的是，台湾来人，不知应以何种方式，方能成行。月前陶英惠（台湾近代史研究所）来，谓这是一个大问题。他建议最近经金吉之托人带信给我，也送了可能有麻烦。他建议凡发对台湾学者邀请，除直接寄台湾外，为防万一，同时邮寄你一份，请你代转。我们商量，邀请台湾学人，如经请你帮办，请你任中介人。汉之信函说，你将于十一月底去台，你将和你商同。此事烦你多作考虑，随时告我。

我去长沙大约是在本月下旬，大概下月廿一日归来。会议时间现在尚不能决定。早了准备不及。西五月你北京有五四讨论会，要去的人很多，你也在邀请名单中。北京要拖广东提出五四讨论会者落实三人，我在广州时，他们商之于我，决定为你、唐弢、陈方正，已告北京。此事不知有变。纪念苍之会，得可能在六月。过了六月天气太热。

小儿如果自费出国能成，他打算去澳洲，估计总在明年底之后了。为筹费用甚难，这事也只好麻烦你，再谢。

董伟林来信，问我三月去港停留多久。我一时不能答。如果你能邀我在会后小停[illegible]，早来通知，以便此间报批，否则麻烦。

你所说拍著《澳洲散记》事，老向报出，不知能成否事实否。烦便中一问。如能自己好，三月到港也可免两手空空。

杨雪[illegible]夫妇之行，如一时不能定期，也盼早日有邀请信给他，多少定一大概时间，以安其心，以后再发具体日期邀请。我看如事前他们二人谈谈，保[illegible]此老几得其早食冲搞。安此问好

振常 十二月一日

孙建事电话改好[illegible]。来时到挂示安信。

上海社会科学院

令揚，

上次電話後，又久不通音信。近況為念。

旭麓兄去港，你們當能見面，請代帶去《澳洲史[illegible]》三冊，一冊贈兄，其二請分轉廣武、建□二兄。此書沒有公家的鼓勵，是寫不出的。然仍是業餘之作，此在羣編上翻一翻也。我還負責組織作從大陸出版之事，因仍需求於博益也。原書北京三聯擬出，后了計劃，而須再擬與經理人吳執不下，經理人吳明為史學本，不肯出，乃重回，改交旅游出版社出版，擬本初為好些。博益如仍有意，請兄為之周旋。另定廣武兄之序，此因其筆不及。如博益果有些，可否致廣武兄訴我執筆寫之，煩兄為之轉達，不另。

閔李鍔兄須明年一月方返港，日內有人去ANU，此小書託其帶澳轉致。李兄內事依請去Lincoln談，明年史學方面之安排，當從。請李兄轉告如何，亦念。

《明報月刊》已載弟文，係八、九、十月三期，請將十月號兩本，八、九月號各一本，交旭麓兄帶我。至託。

（此信共兩頁）

上海社会科学院

你們的會議何時開，近日未見文化，不知你們日程。你我鄉居，要來請電話，稍為甚不便。

如果不太麻煩，請從今明報月刊上稿費內支取部份，為購Cheese（須Mild者，近來不能食Strong之味）、煙、酒，酒要Brandy，不要Whisky。均交由旭麓兄帶回。謝甚。

年關煩擾，何時與兄共浮三大白，一吐積愫？

專此，即頌

著安

並候慶武兄

振常

十二月七日

上海社会科学院

令揚兄，

請譚林華先生帶上拙文三篇，請指教。其中《想起了吳雨僧先生》及《重讀〈柳如是別傳〉懷陳寅恪先生》二文於滬、台均已發表，懷五言先生文在台刊載恐不適宜，未知香港有刊物能載否？重載這些文章，一是[illegible]重尊師之道，二是也許可補煙酒之資。請兄酌裁之。目前在滬已將《想起了吳雨僧先生》交報文匯讀書週報，請於《大公報》刊載，至今未得回音，如不知他們刊載否？

此類文章，連同以前已發表之五篇（即陀、[illegible]樹、西篇、陳寅恪、唐人），共將八篇，準備再寫上幾篇，以達懷舊之情不能自已，只能寫些這樣文字了。惟均有感而發，非論文專業之作。希望港兄一定鼓字，出版一部《懷人集》，以書学生和朋友

（此信共兩頁）

上海社会科学院

之道。我希望这部集子能在香港出版，因為此間出版界不景氣，这種書是很难有出版社願賠錢出的。此事鄭重拜托我兄，請為籌畫之。如有可能，亦盼一電話，我即加緊寫來。香港那邊，日讀查良鏞所贈小說，不忍釋手，一篇文章未及也。

《重讀〈柳如是別傳〉》懷陳寅恪先生之文將發表於一月中旬出版的《書林》雜誌，此是請人抄錄的文章原稿。合適之處我兄大佳，如去台，曲煩贈其一二，以遣茶餘。謝謝。

專此，即頌

著祺

弟 振 書

十二月二十八日

承傳此劍我討論文歸來後即寫成，[illegible]

[illegible]先生想已收到了。

唐森

唐森，男，史學家，專長於唐史研究，曾任暨南大學歷史系主任，著有〈張九齡經濟思想初探〉、〈南漢劉氏族屬平議〉、〈「均平」與黃巢起義〉等眾多論文。

暨南大學

令揚兄：

来信以及东方文化杂志编辑部关于拙作将予处理的通知先后收到，谢谢！同时陈学然之来，总务方面，屡受关照。

所言"客座"一事，不仅你也该由我们来付诸实现了。只有考虑邀来只作一短期访问，故但以先作为客座的，往后的再作详细议。不知你意下如何？

短期的访问，可以两个内容为主：

一、作一次学术讲演

二、交换一下哪一些具体的学科可以协作（開展的可能性）。本着互利和相互交流的原则，我想可以接受你的建议。

首次的短期访问，可作三天左右的安排。这样，兄多些访问的宝贵时间。食宿由我来安排。须要说明一点情况，暨大招待所可以接待，但食宿条件不理想，学校新建的招待所，要八九月方可交付使用。如在市内宾馆食宿，则须联同

（此信共兩頁）

暨南大學

暑和兩季的交易會，否則賓房不易。總之，來訪期可由貴處作出決定。其餘，俟我們再行細議。

為了取得校方的支持，和擴大你們訪問的影响，我打算將此設想和主管外事的副校長李辰教授（牙科專家、全國人大常委）面商。最好以學校名義向貴處發出邀請。估計李會支持，福克和李已多次打過交道。

來信也給克余看了，他依旧忙不堪、不過健康比我好點。我們都帶研究生，我還兼了本科的授課任務以及沒完沒了的系務瑣事。

不知福克二月來不來穗？六月是誰來的，你有他的消息嗎？

此間剛放寒假，讓我寫這封信。敬祝

春褀

[illegible]

2.2.1985

孫昌武

孫昌武，男，中國古典文學和宗教文化專家，曾任南開大學教授，著有《柳宗元傳論》、《唐代古文運動通論》、《佛教與中國文學》、《詩歌與神仙信仰》，及眾多其他論著。

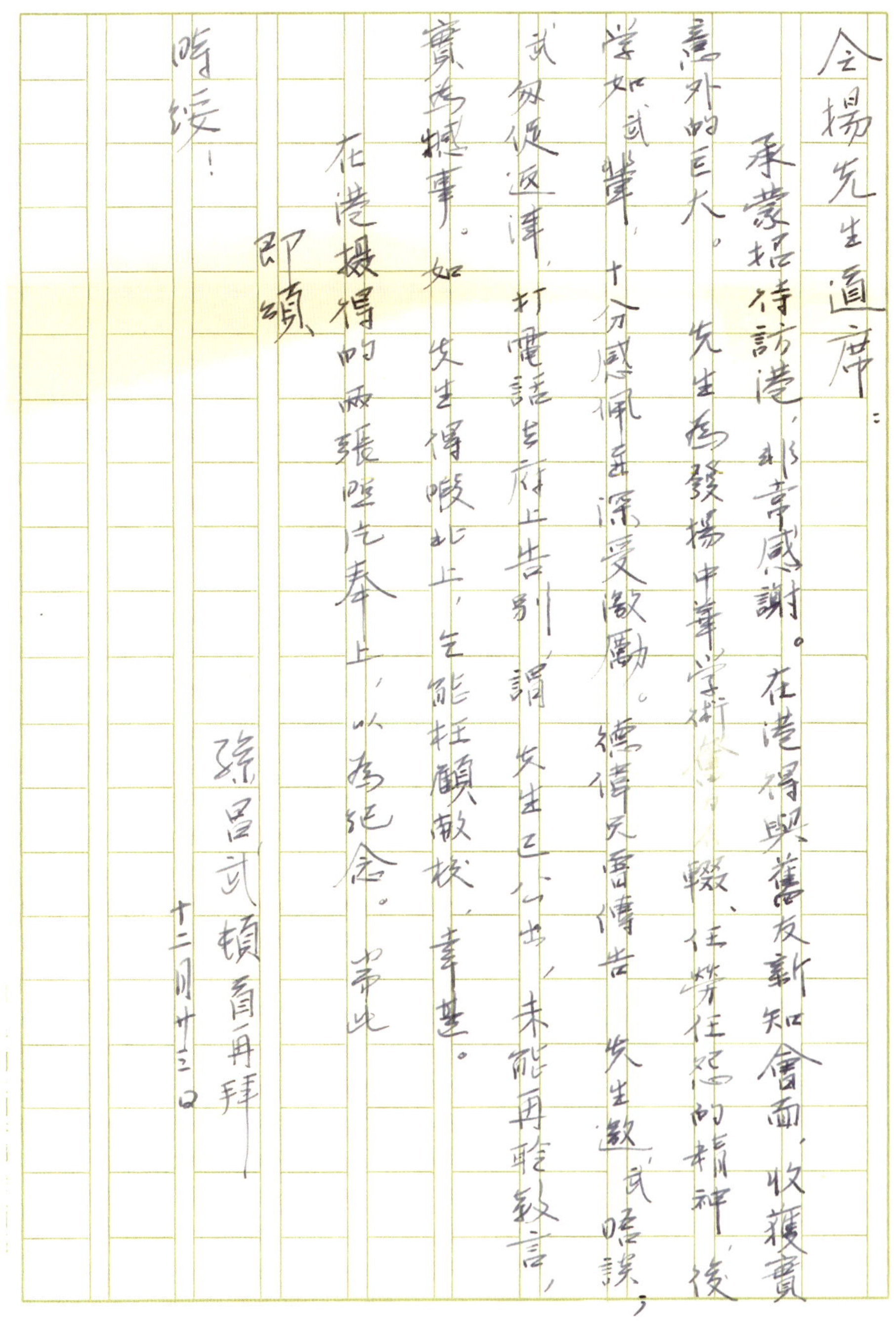

令揚先生道席：

承蒙招待訪港，非常感謝。在港得與舊友新知會面，收穫實意外的巨大。先生為發揚中華學術[illegible]不輟、任勞任怨的精神，後學如武輩，十分感佩，並深受激勵。德偉兄曾傳告 先生邀武晤談；武匆促返津，打電話去府上告別，謂 先生已外出，未能再聆教言，實為憾事。如 先生得暇北上，至能枉顧敝校，幸甚。

在港攝得的兩張照片奉上，以為紀念。專此

即頌

時綏！

孫昌武頓首再拜

十二月廿三日

容啟東

容啟東（1908—1987），男，植物學家、教育家，香港大學及香港中文大學名譽博士，曾任崇基學院校長、香港中文大學首任副校長，並為國際植物形態學會創辦人。

令揚学兄：

故友陳寅恪教授之女陳小彭女士最近由廣州抵港，今晨來訪，據称在港居留有問題，着東用書面證明其父女之關係，下能有助。查陳女士多年前在嶺南大学修業時曾選東所講授之植物学課程，且係校園鄰居，故甚相熟，尚憶陳教授戰前曾在港大任教，未知吾兄能否代查下列各点：

1. 陳教授之英文名字，其拼音似不是用 Wade System.
2. 陳教授在港大之職位，及其簡單之学歷 FRSA ?
3. 在港大任職之年期
4. 陳教授之最重要著作.

（此信共兩頁）

諸事有勞　容當面謝

又查陳教授與馬蒙教授之先翁係好友

馬教授對於上述各點或甚清楚且或尚記憶

又陳小彭女士处

此頌

教祺

弟　容啟東謹上

東之住址係　沙田

容肇祖

容肇祖（1897—1994），男，知名學者，於文學、史學、哲學與民俗學等諸多領域成就卓著，1930至40年代曾於中山大學、北京大學、輔仁大學、嶺南大學等校任教，1949年以後先於北京大學任教，後在中國科學院哲學研究所工作，歷任中國社會科學院哲學研究所學術委員會委員、中國民俗學會副理事長、中國民間文藝研究會顧問、國務院古籍整理出版規劃小組顧問，著有《占卜的源流》、《明代思想史》、《李卓吾評傳》、《中國文學史大綱》、《韓非子考證》、《魏晉的自然主義》，及眾多其他著述。

令揚院長道席：

前承枉顧，暢談為快。

茲值貴系六十周年国際学術研討会召開之際，畧書蕪詞，以申祝賀。另為

閣下篆书小幅，畧表友誼，

指正為荷。專此 即頌

教安！

容肇祖

1987，11，8日

高國藩

高國藩，男，民俗文化研究專家，曾任南京大學教授、中韓文化研究中心主任，並曾為中國俗文學學會副會長、江蘇省民間文藝家協會副主席、南京民間文藝家協會主席，著有《中國民間文學》、《中國巫術史》、《敦煌民間文學》、詩集《駱駝的蹄印》等，及有眾多論文。

令扬兄：

你好！

1996年初，香港一见，又两年矣。当时与你联络的，请你为《中韩文化研究》论稿一事，已有了结果。《中韩文化研究》第一辑已于1999年1月9日在韩国中文出版社出版，付出何等艰难！

等出版，再回过头来找你，你是不是仍在香港呢？我要把《中韩文化研究》第一辑寄给你，还要约你撰写论文，第二辑今年又要出版了。

我在去年来韩国讲学为期一年，现已完满结束，2月9日离韩经道香港回国过春节，3月初去台湾讲学三个月。盼来信，确认地址，给你寄书。

祝

撰安

弟 国藩

1999.1.9

徐中玉

徐中玉（1915—2019），男，文藝理論家、教育家，早年先後於中山大學、山東大學、同濟大學、復旦大學、滬江大學任講師，1952 年起於華東師範大學任教，歷任中文系主任、名譽主任、文學研究所所長，曾任全國高等教育自學考試指導委員會中文專業委員會主任、中國文藝理論學會會長、古代文學理論學會會長、《文藝理論研究》及《古代文藝理論研究》主編，其主編的五種《大學語文》教材獲廣泛使用，著有《關於魯迅的小說雜文及其他》、《論蘇軾的創作經驗》、《激流中的探索》，及眾多其他論著。

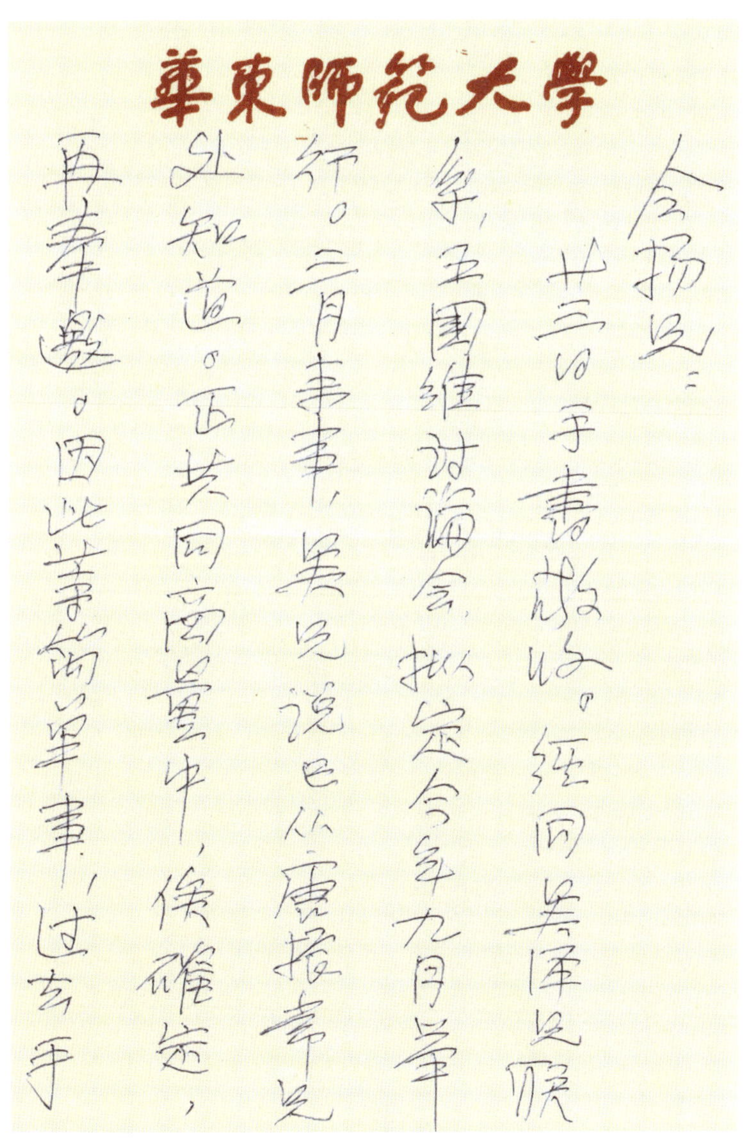

華東師範大學

金揚兄：

廿三日手書敬悉。经同吴泽兄联系，王国维讨论会，拟定今年九月举行。二月事事，吴兄说已从唐振常兄处知道。正共同商量中，俟確定，再奉邀。因此等简单事，过去手

1985年

（此信共兩頁）

華東師範大學

續娛兄：改革中似未處置及此。本頌老祝壽事，吳兄已允一手承担，施老處，由弟負責，無問題。三月下旬，弟將去桂林，主持全國古代文藝理論年會。先此奉復，順頌

教安

弟 徐中玉 一、卅一

1985年

文藝理論研究 编辑部

金揚教授：

手悉。邀请事已去函催促。复印材料事，已请石斌同志去办。此类事要经过一下市委宣传部。

师大[illegible]来港担任客座教授，可能写信来联系一次。如果成为事实，一定要请你大力协助。

1985年

（此信共兩頁）

文藝理論研究 编辑部

这里是全国函授自学考试中文
专业委员会所主持，华东函授
教学中心，有中文自学指导丛书面
向全国，现望为香港自学青年做
点点做的辅导工作。

祝
春节全家愉快

徐中玉
2.19

1985年

文藝理論研究 编辑部

全扬教授：

原闻十五日可抵沪，正准备迎接。顷知又须推迟数日。不巧，我又须去桂林主持文艺理论四届年会，十七日即动身，月底前返校（会议26日结束）。

（此信共三頁）

文藝理論研究 编辑部

到中文系讲座事，已请齐森华系主任和范开泰副系主任两位主持欢迎。饶老书法已为联系，可由齐范两位设法去取。复印事，由历史系陈志代办，已请吴军先生联系，请径向查问。

拖延候复，十分抱歉。即

文藝理論研究 编辑部

文虎日前[illegible][illegible]便到，深会

不久仍再见也。

顺颂

旅安

弟 徐中玉

3月16日

奉赠《华东游记选》一册另寄

中国作家协会上海分会

令扬教授：

前些时适去福建主办严羽学术讨论会，顺道看了武夷风光。未克迎候，复承见赠烟，盛情深谢。现又须去天津参加国家教委一个会议，约24日返沪，何日再晤，企予望之。敬颂

教安

徐中玉

11月14日

1986年

徐作生

徐作生，男，歷史研究學者，曾任《文匯報》編輯、上海海事大學鄭和研究中心教授、上海交通大學世界遺產學研究中心理事，並曾為上海國際友人研究會副會長，著有《鄭和寶船揚帆世界》、《中國五大歷史懸案揭秘》、《泛槎考謎錄》、《中外重大歷史之謎圖考》第一、二集等。

金揚師大鑒：

记得三年前曾将拙作《明惠帝出亡考証访记》寄呈予您，先生即赐函一封，至今仍存於篋内。

金揚师，前不久，我为撰写《中国五大历史悬案探谜》一书，赴南京寻访建文朝遗迹。其时，在南大图书馆查阅资料时，欣喜读到由您主编的《明清史集刊》。兹将拙作《明神秘谋僧姚广孝论》呈上，另附~~[illegible]~~照片二帧。姚广孝是明代历史上一位重要的人物，也是一位神秘的人物。王赓武先生也曾简略地述及过（这是我从上海图书馆藏书楼的书刊目录中查到的，但未见文章）。请定夺。

顺颂

近祺！

第　頁　　文匯報稿紙 15×20＝300

我的地址：上海虎丘路50号文汇报要闻部　邮编：200002

晚生：徐作生拜书

90—10—15

徐泓

徐泓，男，史學家，專治明清社會經濟史、中國城市史，曾任台灣大學教授兼歷史系主任、藝術史研究所創所所長，香港科技大學講座教授，暨南國際大學歷史學系主任及研究所創所所長、教務長及代理校長，著有《清代兩淮鹽場的研究》、《清代台灣自然災害史料新編》、《明清社會史論集》、《二十世紀中國的明史研究》，及眾多其他論著。

令揚兄：

謝謝您的幫忙，希望黃君將來能有機會從您學習。上周曾到香港中大演講，本想與您聯絡，惜到港之後即生病，得了嚴重的支氣管炎，講完匆匆回台，未能去看您，請您原諒。常霖兄今年在此客座，聽他說您四月要來台北，屆時請留下時間給弟做個東道，並請惠允在台大歷史系再作一次演講。不知您什麼時候到，務請早些通知，演講題目也請示知，以便安排。台大師

國立臺灣大學歷史學系
歷史學研究所

（此信共兩頁）

生，闻您大名已久，很想找个机会向您请教，尚请惠允。谨此

敬请

研安

弟 徐泓 敬上

民七七、三、廿六、

徐展堂

徐展堂（1940—2010），男，企業家、收藏家，香港大學名譽法學博士，為新中港集團有限公司、北海集團有限公司、城巴有限公司、中華製漆有限公司、英國城巴等公司主席，出任中華人民共和國全國政協常務委員、中國國務院香港事務顧問，及香港特別行政區籌委會預備工作委員會委員等公職，熱心公益，及大力推動藝術活動，創辦徐氏藝術館，其藏品媲美國家級博物館，曾捐贈甚多古董給世界各地博物館，並曾任香港大學博物館及畫廊管理委員會主席。

T.T.TSUI LL.D., J.P.

趙教授：

附上支票一張請轉交港大会計部為盼。

我已接到廣州博物館方面三月六日開幕，並已請到總理前來主持。但中国全国政協在三月二日至15日開大会，這次是換屆，我一定要參加。此事不知應如何處理，請你和博物館方面聯系。如我不能參加開幕儀式是否会太不好。餘事星期一面談

撰安

展堂手 9/1

香港花園道一號中銀大廈二十五樓 電話：2877 6282 圖文傳真：2524 0143
25th Floor, Bank of China Tower, 1 Garden Road, Hong Kong. Tel: 2877 6282 Fax: 2524 0143

袁志煌

袁志煌（生卒年不詳），男，曾任書畫大師劉海粟秘書，亦為劉海粟弟子，有《劉海粟年譜》（合編）、《劉海粟藝術文選》（合編）等著作。

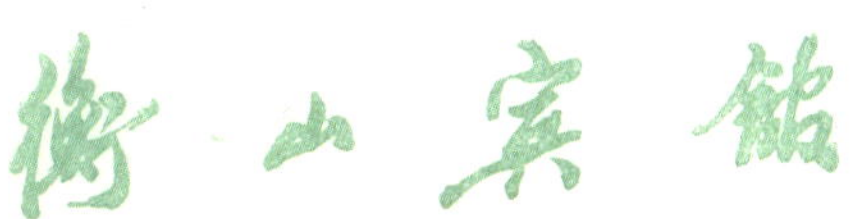

趙令揚教授：

1985年10月31日在劉海粟老先生寓所得聆教益，囑寄康公墓碑照片。今寄奉：

南海康公墓誌銘 拓片照片

〃 錄文

1985.10.28.青島日報 遷葬墓碑揭墓式報道

請檢收。日後望多指教。敬頌

秋祺

袁志煌 1985.11.1.

羅忼烈教授如便中晤面，請代致候。

中国 上海
Tel. 377050 Cable 5295

張立文

張立文，男，哲學家，專治中國哲學史，中國人民大學教授、孔子研究院院長，著有《周易思想研究》、《朱熹思想研究》、《宋明理學研究》、《中國哲學範疇發展史》天道篇及人道篇、《新人學導論——中國傳統人的省察》、《傳統學引論——中國傳統文化的多維反思》、《宋明理學邏輯結構的演化》，及眾多其他論著。

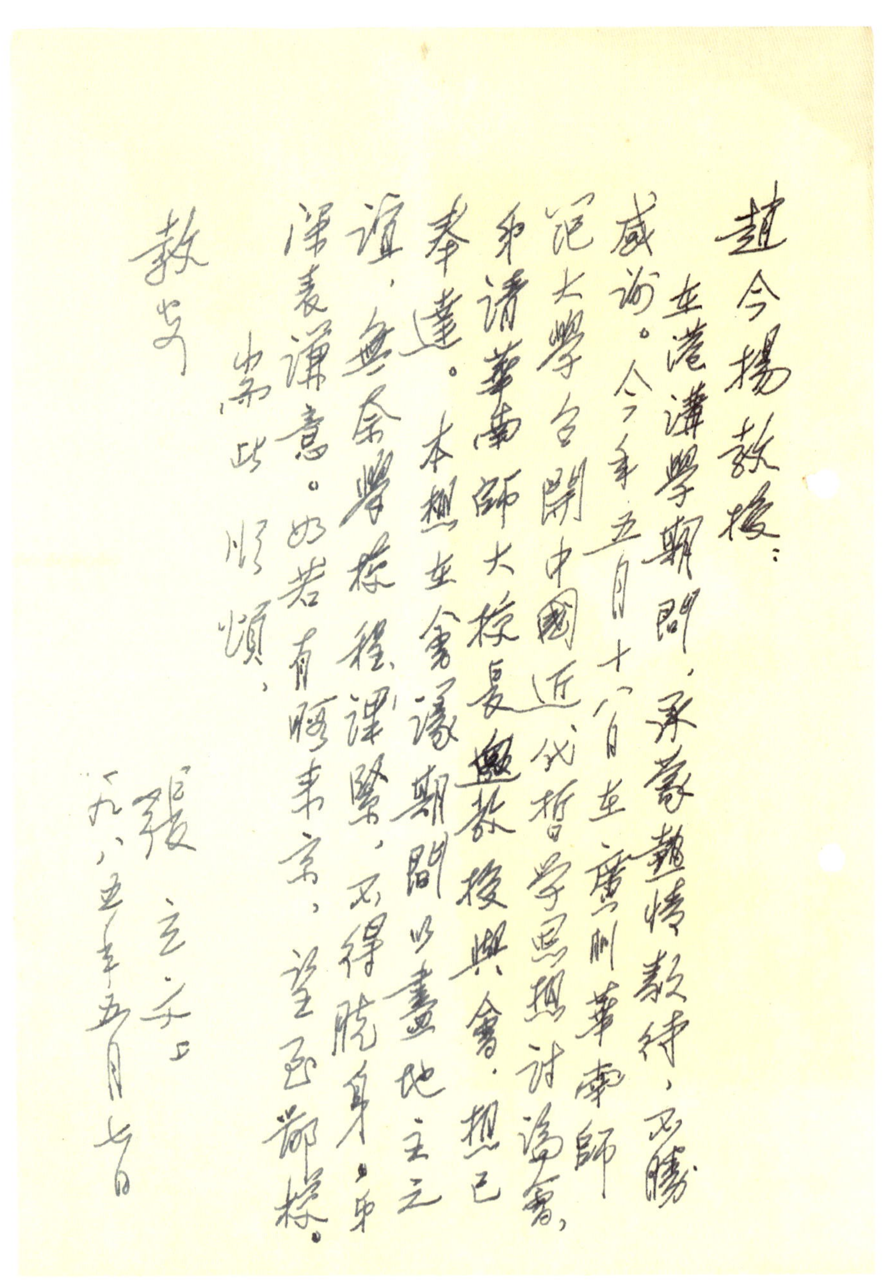

趙令揚教授：

在港講學期間，承蒙熱情款待，不勝感謝。今年五月十八日在廣州華南師範大學召開中國近代哲學思想討論會，亦請華南師大校長與教授與會，想已奉達。本想在會議期間以盡地主之誼，無奈學校程課緊，不得脫身，未得表謙意。如若有暇來京，望函聯絡。

耑此　順頌

教安

張立文上
一九八五年五月七日

張存武

張存武（1929—2025），男，史學家，專治中國近代史、中韓關係史、海外華人研究，曾任「中研院」近代史研究所研究員，並曾為韓國研究學會理事長、海外華人研究學會理事長，著有《光緒三十一年中美工約風潮》、《清韓宗藩貿易》、《清代中韓關係論文集》、《浮海文匯：華僑華人卷》、《生平絮語：張存武回憶錄》，及眾多其他論著。

中央研究院近代史研究所
INSTITUTE OF MODERN HISTORY
ACADEMIA SINICA
NANKANG, TAIPEI, TAIWAN

令揚兄：

一年多前我对你说我要成立一研究華僑之学會。「中華民國海外華人研究学會」已在本年二月成立，頭兩年由我負責，常務理事有古鴻廷、陳三井、宋晞等。此後將有許多事向你請教。

你們学校與中山大学、UCLA合作計画出版的刊物问世了沒有？可否見贈？如不可，何處購買，價錢如何？請示知。

好久未見，來台时務請知會，以便暢談。公務人員回大陸探親開放有望，一兩年內將享受你們已享受过的探勝訪古之樂了。

敬頌

教安

張存武

民國77（1988）/3/2

張岱年

張岱年（1909—2004），男，哲學家、中國哲學史、文化史專家，曾任北京大學教授、清華大學思想文化研究所所長，並曾為中國哲學史學會會長、中華孔子研究會會長，著有《中國哲學大綱》、《中國哲學史史料學》、《中國哲學史方法論發凡》、《中國倫理思想研究》及《中國古典哲學概念範疇要論》等，並有《張岱年全集》8卷傳世。

北京大學

令揚院長
人龍副院長 台鑒：

這次应邀参加"人的革命"研讨会，承蒙熱情接待，并设盛宴，實深感激！謹表示衷心的謝意！奉上的文稿有些文不對題，故发言未依照該稿。歸來后，將該稿修改一遍，茲寄上請正！如承編入討論集，請采用此稿為盼！諸承費神，不勝感激之至！专此敬頌

台安！

弟張岱年
86年12月25日

北京大學

令揚教授惠鉴：

来示敬悉。承询容肇祖先生近况，弟略知一二，容肇祖先生今年已届九十高龄，身体甚健，耳不聋，眼不花，步履安健，惟不能远出耳。容先生住址是北京東城区乾面胡同东口内

谨此奉告。顺颂

教安

張岱年

87年10月9日

張映秋

張映秋（1934—2003），女，中山大學副校長胡守為夫人，泰國僑生，從小歸國讀書，後成為華僑史專家，曾任中山大學教授、東南亞研究所所長，著作有《華僑華人歷史國際研討會論文集》（合編），及眾多華僑史論文。

令揚教授：

近日付上今年十二月華僑、華人歷史研討会邀请信及通知书八份，到请查收。劳驾 您代發给澳大利亚和新加坡诸位朋友，因为我手头没有他们的地址（王赓武教授和颜清湟博士的邀信已直接寄去了）；而港大诸位當应请您發出較为妥當。另有一份空白的邀请信是为 您備用的，也许 您心目中还有合适人选。记得港大有一些青年人在去年会议上报告研究项目，是否应有他们的代表出席这次会议。如果加一个名额还不够的话，也请来信示知，或可视日后收回注册表格情况再次调整增補。诸事烦劳，谢谢。

又会议的演讲人为何确定？多请几位演讲人似有好处，您是否可以参加这个项目？

專此 祝

夏安

映秋敬啟

第　　頁

一九八五年七月六日

中山大学　　地址：广州市

趙令揚教授：

有兩件重要事情奉告如下。

第一，研討会成立主席团，负责领导会议全部工作。

主席团成员名单如下：

主席：吴文焊　中文系教授　中大校方领导人

副主席：张映秋、黄重言、许肇林、林家劲、趙令揚、李　锷、成露西。

十二月十六晚举行主席团会议，共商研讨会重要工作。

第二，大约在十八日上午，举行一次以三校为主的演讲会，请您准备发表演讲。按报来的题目，李锷博士论文为澳洲华人研究近况，成露西为侨乡经济，你的题目是什么？需要多少时间？请尽快告知。Turnbull教授题目？战前马来亚华人。

您推荐参加会议的澳洲沈馆长及其太太至今未见有注册表格寄来，何故？邀请信是您转达的，有无遗漏？　祝

好

张映秋　11月18日

第　　页

梁文金

梁文金（1937—2019），男，加拿大華人學者，加拿大薩斯喀徹爾大學榮休教授，著有 *Historical Dictionary of Taoism*（合著），並有其他清代至現代學術文化史論文。

UNIVERSITY OF SASKATCHEWAN

DEPARTMENT OF HISTORY

SASKATOON, CANADA
S7N 0W0

Feb 12/85

令揚吾兄：

來函敬悉，首先恭賀吾兄榮升教授。吾兄現時是否是系主任？

弟曾於1983年底寄上論阮元一份，不知吾兄有收到否？若否，弟當別寄上另一份。又 Feb 15 之 deadline，弟因工課繁忙，無法寄上。Bulletin of Ming and Ching Studies，此雜誌弟不知，吾兄可否見告。弟有撰寫 a critical studies of Ming and Ching publications in people's Re. China。弟之 sabbatical 主要是想到中國朝聖，但到香港與吾兄合作，亦是佳事。主要研究題目，如下：

(1) 阮元研究

(2) 明清時代珠江三角洲之經濟（此是熱門題目）

(3) 現代中國史學家傳記辭典

(4) 近八十年中國史學要籍提要

（此信共兩頁）

UNIVERSITY OF SASKATCHEWAN

DEPARTMENT OF HISTORY

SASKATOON, CANADA
S7N 0W0

并sabbatical之事，若吾兄一紙公文，説小弟是明清史或中共研究专家，則港大當局絕無拒絕之理。因吾兄是正教授，要并合作，研究中国历史，此間何人能説"否"字。

Keith Scott現為律師，他已於1979離开港大，因此間人事复杂，且不快，且想the final days of collapse，故拿流亡題，他想替人辦理移民，若吾兄有朋友，家产千萬，而要至加拿大作"流民"者，請示之。

再者，袁永綸《靖海氛記》一书，是絕版书。僅大英博物館有一本，吾兄可否问中山大學图書館出版否，此是張保仔之唯一original source。并可以寫一preface，則又是一著作矣。祝

好

亚全 1988/2/12

梁承鄴

梁承鄴（1937—2020），男，經濟史專家梁方仲兒子，植物學家、雜交水稻科學家，曾任中國科學院華南植物園園長、廣東植物學會理事長，著有《無悔是書生：父親梁方仲實錄》、《梁方仲學術評價實錄》（《無悔是書生》續編）、《梁經國天寶行史蹟》（合著）、《梁方仲遺稿》（合編），並有眾多植物學論著。

中国科学院华南植物研究所

赵教授：

中大招待所的晤面，未克详谈与聆教，甚以为憾！

现遵您意，附上先父照片两张，请查收，用后希掷还为盼。

便中请代向我叔叔致意。很想得到一本新版的"十三行考"和其它他的著作，一则留作纪念，一则此间对研究人士极有参考。不知有无可能？劳烦您了，既谢且愧！

专此 敬请

即颂

教安

梁承鄴

82.11.9

畢來德

畢來德 Billeter, Jean François，男，瑞士漢學家，中華人民共和國成立後首批來華讀書的學生之一，專注中國學術思想和文化研究，曾為日內瓦大學東亞研究系創辦漢學組，現為該組榮譽教授，研究成果全以法文發表，著有 *L'Art chinois de l'écriture*（中國書法通論）、*Li Zhi, philosophe maudit*（1527-1602）（李贄：不祥的思想家；編者按：畢氏稱「maudit」的意思為「不祥」）、*Leçons sur Tchouang-tseu*（《莊子四講》）、*Chine trois fois muette*（《沉默的中國》），及眾多其他論著。

（　）

趙令揚先生，

您好！您可能还記得我们前幾个月有関李卓吾和明代历史的談話。那幾次谈话对我很有帮助。我自从離開香港後，集中地写論文，到今年秋天打算把主要部分写完，到明年春天有希望把全部稿子写成。不知道您最近又整理了有関李卓吾的報告沒有？不知道您已经写出来了有関他的新文章？

如果現在不需要了，我很希望您能够把関於内藤湖南与李贄的兩篇文章寄来（我曾经在日本影印的兩篇，第一是内藤湖南最早有関李贄的記載，第二是島田虔次先生講内藤湖南与李贄的一篇介绍）。這兩篇我应該現在参考，在瑞士也無法影印。

此外，您可能已经给 Jocelyne Chey 小姐写信问她能不能影印她的論文有関李贄的一部分供给我作参考。不知道 Chey 小姐的看法如何？当然应該给她講明，我不想借用她資料和观点，而是想提到她的論文，讓讀者去参考，那样，有一些问题我自己也不必專门討論。我本来希望您

K.S 20×20　　KYOTO UNIVERSITY

（此信共兩頁）

能够为我影印前一部分的一段和有关李贄的一章。如果Chey小姐同意，很希望您能够請圖書館的人影印給寄来。如果影印費和郵費不够，請来信告之，我一定立刻寄去。因为寄来，致少还需要兩个月才能到，所以希望您能够尽可能地快寄出。事先非常感謝。

希望您下次来欧州有机会見面談談。有空請常来信。

祝您

工作順利

畢来德 J. F. BILLETER

於Basel, 1971年8月12日

我這封中文信写得不好看請原諒。

K.S 20×20　KYOTO UNIVERSITY

畢朔望

畢朔望（1918—1999），男，詩人、翻譯家、外交家，1938 年後歷任漢口、重慶《新華日報》主編、《國際文摘》主編、外交部亞洲司專員，並曾為全國翻譯協會理事、印度文學研究會理事，著作有詩集《少年心事——朵花集》，譯著《列寧傳》、《路易 · 艾黎詩集》，並有眾多其他作品。

P.S. 11/5—11/14 在深圳地址：深圳市．西麗湖麒麟山療養院丙三樓作家協會創作室。電話：深圳

中国作家协会

宗揚先生：多年不通音息，想你好。我擬於十一月（因為先去深圳十一日）中旬來香港住一個月，好們能在港大會見你，暢談一番。此外也想見到金館長夫婦、黃[illegible]橋、劉靖之、戴天、黃維樑、張君默、胡[illegible]諸君子，並利用兩地大學的圖書館找一點關於近代史的資料，屆時尚請鼎力相助。又聞劉靖之兄的翻譯會將在香港舉行討論會（[illegible]），我也想來旁聽（不知列為什麼，你自無須入團）不知可否？為我吾兄代為張羅為禱。你的電話為：

俱為筆姓人家，找姓邱了。十月十五日夜即可一試，若我不在，乞留電話。敬頌

近安

弟畢朔望 拜 十月廿日于北京

章開沅

章開沅（1926—2021），男，史學家、教育家，曾任華中師範大學校長，創辦華中師範大學近代史研究所，早年專精於辛亥革命史研究，為中國辛亥革命史研究會首任理事長，曾與林增平合編《辛亥革命史》，晚年致力於南京大屠殺研究，著有《南京大屠殺的歷史見證》、《從耶魯到東京：為南京大屠殺取證》、《貝德士文獻研究》，並有《章開沅文集》11 卷傳世。

HUAZHONG NORMAL UNIVERSITY
WUHAN, HUBEI
PEOPLE'S REPUBLIC OF CHINA

THE CENTRE FOR
1911 REVOLUTION RESEARCH

令揚兄：

在港多承熱情款待，非常感谢。

我于今年1月23日返汉，正好杨天石先生在武汉联系工作并到华师大晤谈。我已告知在港与您们商量的初步意见，并将经费预算复印一份交给他参考。他表示感谢港大的关切与支持，并答应回港后即与您联络。

不知您们已见面否？香港商界年节期间应酬频繁，如果得便，可与他通电话，与[illegible]兄儒老面谈则更好。（杨家电话号码是　　）

即颂

新年大喜

李锷兄处不另并问

唐武兄致意。

章开沅

一月十日。

許倬雲

許倬雲，男，美國華人學者，史學家，美國匹茲堡大學榮休教授、「中研院」院士、蔣經國基金會創始成員，獲授亞洲研究學會終身成就獎、唐獎漢學獎，研究範圍以中國古代史為主，遍及東亞史、中國思想史、古代世界史，著有 *Western Chou Civilization*（《西周史》）、*Ancient China in Transition: an Analysis of Social Mobility, 722-222 B.C.*（《中國古代社會史論：春秋戰國時期的社會流動》）、*Han Agriculture*（《漢代農業》）、《萬古江河：中國歷史文化的轉折與開展》（*China: a New Cultural History*），及眾多其他論著。

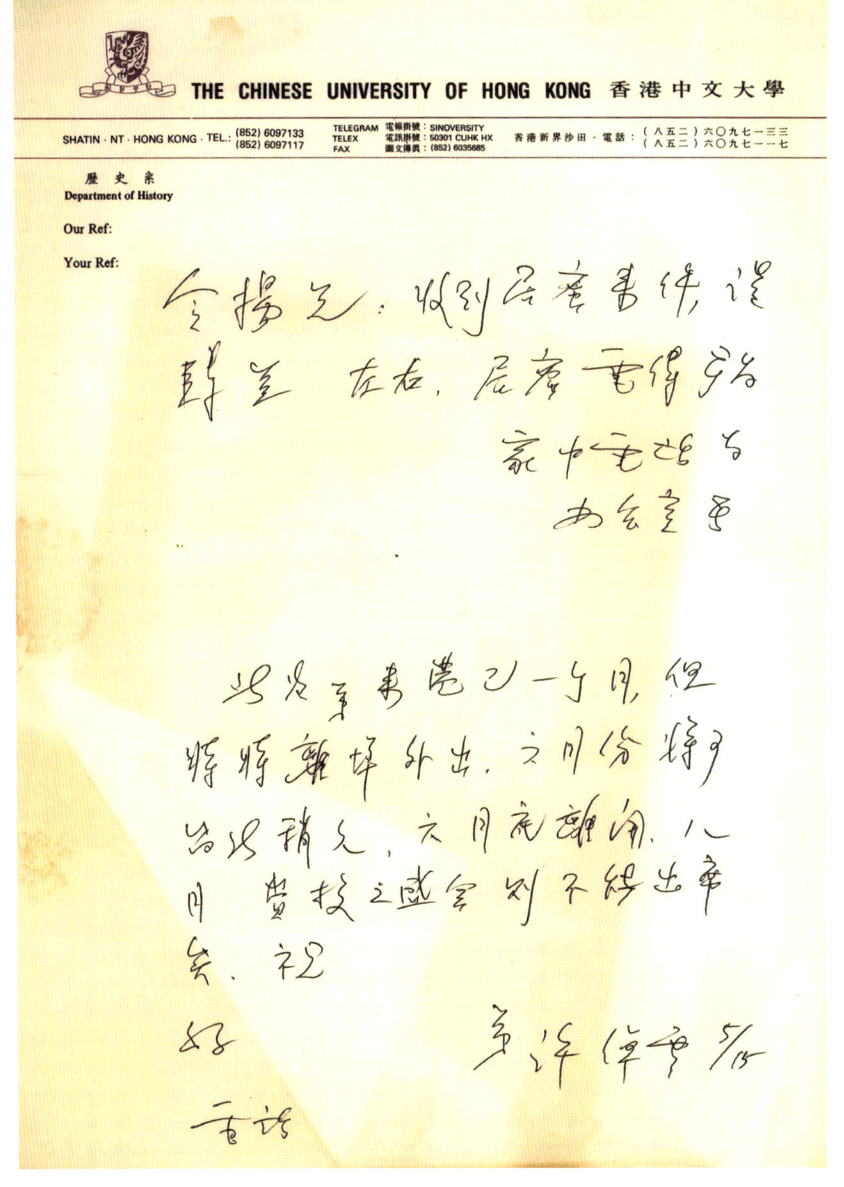

THE CHINESE UNIVERSITY OF HONG KONG 香港中文大學

SHATIN · NT · HONG KONG · TEL.: (852) 6097133 (852) 6097117
TELEGRAM 電報掛號：SINOVERSITY
TELEX 電訊掛號：50301 CUHK HX
FAX 圖文傳眞：(852) 6035685
香港新界沙田 · 電話：（八五二）六〇九七一三三（八五二）六〇九七一一七

歷史系
Department of History

Our Ref:

Your Ref:

金揚兄：收到居齋書件，謹
轉呈 左右。居齋電傳號碼
家中電話為
辦公室電

弟來港已一個月，但
將將離港外出，六月份將可
回此稍久，六月底離開，八
月 貴校之盛會則不能出席
矣。祝
好
弟許倬雲 5/15
電話

陳幼石

陳幼石，女，中國古代文學和現代文學研究專家，曾於美國布朗大學、紐約州立大學奧爾巴尼分校、加拿大阿伯塔大學任教，明尼蘇達大學榮休教授，與李昂一同創辦女性雜誌《女性人》並出任總編輯，以推廣女性主義，著有《韓柳歐蘇古文論》、《茅盾〈蝕〉三部曲的歷史分析》、*Realism and Allegory in the Early Fictions of Mao Tun*、*Images and Ideas in Chinese Classical Prose: Studies of Four Masters*，及眾多其他論著與譯著。

University of Alberta
Edmonton
Canada T6G 2E6

Department of
East Asian Languages and Literatures
Room 400 Arts Building, Telephone (403) 492-2836

（此信共兩頁）

刊訊編和我都覺得不是最合適。不知稿件是否還給您，給洛楓寫好的文評及詩都放第六期算了。

第六期的封面標題是「男/女自戀（Male/Female Narcissism）和中國文化自我再塑造」出了刊即給您寄。

今夏周蕾請香港入境証來不及，所以不能到香港來看您，只好以信代人再次向您道謝編刊厚意。

敬請

康安

陳幼石

五九二 六月合

陳生璽

陳生璽，男，史學家，專治明清史，南開大學榮休教師，著有《明清易代史獨見》、《帝國暮色——張居正與萬曆新政》、《清史研究概說》（合著），纂輯 10 卷本叢書《政書集成》，並有眾多其他論著。

南开大学
NANKAI UNIVERSITY
94 Weijin Road, Tianjin
People's Republic of China

FILE

Telephone: 318825; 331640 (333)
Telex: 23133 NANKI CN
Telegram: 0589 Tianjin

趙令揚教授

您好！

1993年夏在香港舉行的第三十四屆亞非國際學術討論会，承蒙您的邀請，南開諸同仁能以與會，與各國專家同行進行學術交流。因您主持會務太忙，沒有機會拜訪致謝，請諒。

今有南開大學明清史姜德成碩士，久慕您的盛名，切望有機会在您的指導下對明史進一步深造。他的碩士論文《論明代監察體系的自我監察機制》一文，資料豐富，論述明析，有一定见地。他曾在南開大學圖書館做古籍編纂工作，對古籍資料較為熟習。他計劃在您的指導下對明代的監察體系與言官，作一全面系統的研究。港大條件優越，學術信息暢通，若蒙允准，定會成績斐然。特此推荐。專此，致

教祺

南開大學教授 陳生璽 奉

1995.8.4.

陳荊和

陳荊和（1917—1995），男，史學家，專治越南史、東南亞史、東南亞華僑史，曾任台灣大學教授、香港中文大學中國文化研究所所長、日本創價大學亞細亞研究所所長，著有《華僑初級中學歷史教科書（東南亞史）》（有菲律賓、印尼及越南版）、《十七世紀廣南之新史料：〈海外紀事〉》、《阮述〈往津日記〉》（編注）、*The Chinese Community in the Sixteenth Century Philippines*、*Historical Notes on Hoi-an (Faifo)*，及眾多其他論著。

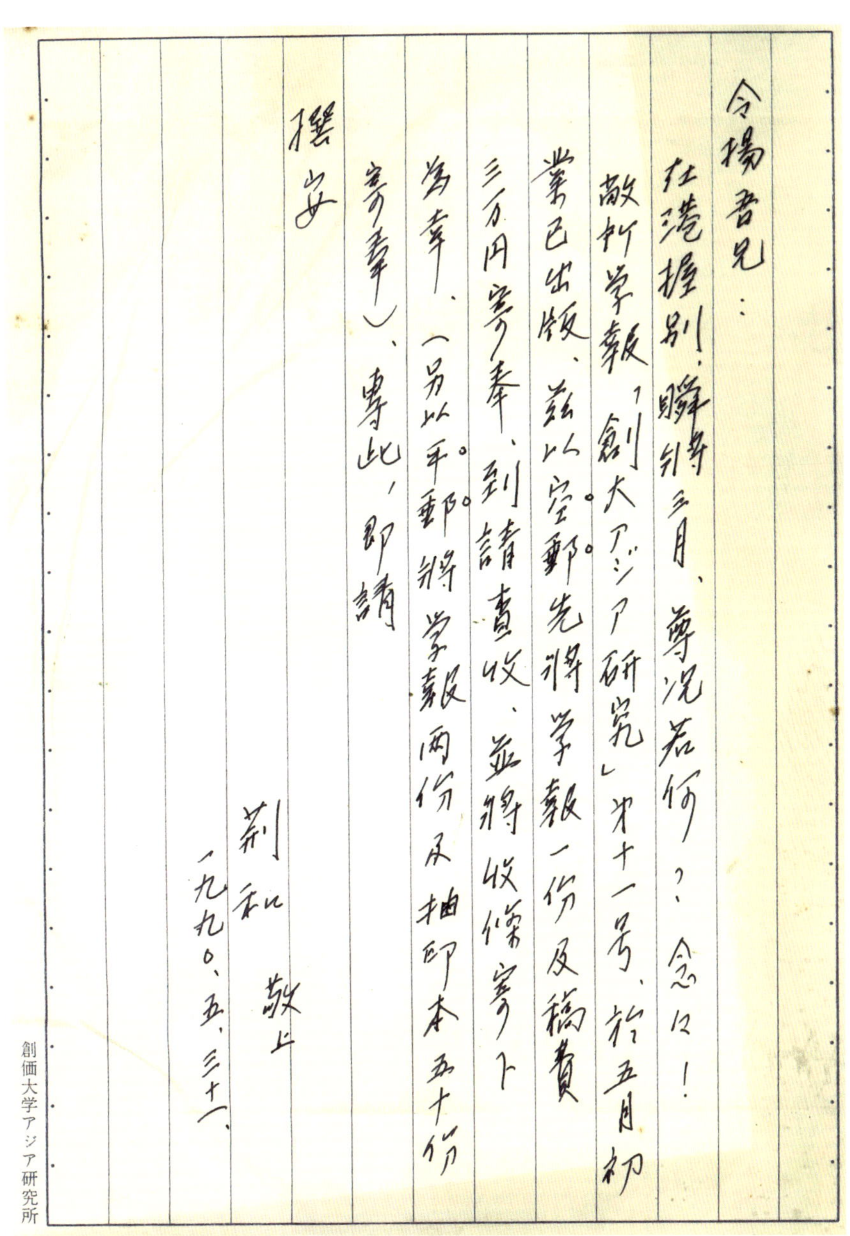

令揚吾兄：

在港握別，瞬將三月，尊況若何？念念！敝所學報「創大アジア研究」第十一号，於五月初業已出版，茲以空郵先將學報一份及稿費三万円寄奉，到請查收，並將收條寄下為幸。（另以平郵將學報兩份及抽印本五十份寄奉），專此，即請

撰安

荊和 敬上

一九九〇、五、三十一、

創価大学アジア研究所

陳捷先

陳捷先（1932—2019），男，史學家，專治清史、滿學、族譜學、方志學，並大力推廣這些領域在中國內地及香港、台灣地區的研究與交流，曾任台灣大學教授兼歷史系主任、歷史研究所所長，著有「帝王寫真」系列（如《康熙寫真》）、《滿洲叢考》、《清史雜筆》（1至8輯）、《清代台灣方志研究》、《族譜學論集》，及眾多其他論著。

中華民國韓國研究學會

令揚教授道席：本會訂於一九八五年五月十九日至二十二日，在中華民國臺北市舉行國際中韓文化關係學術研討會，夙仰
先生名重學壇，特函敬邀
駕臨臺北參加，並發表學術論文，以加惠士林。
先生在華會議期間之一切食宿費用，均由本會提供。專此敬頌
文祺

中華民國韓國研究學會理事長
臺灣大學教授　陳捷先謹邀
一九八五年三月十日

公揚吾兄：

前月香港之行，承蒙厚待，至深感激。昨日北京徐藝圃通知，已得悉該館貴賓邀函之寄往貴處，想不日即可抵達矣。八月揚州會議定八月廿六日起舉行，敬祈駕臨指導，該日南京機場有專人接機，請示飛機班次，以便迎迓。日前手癢，書對聯一，隨函奉呈，供發笑用。不多寫，祝

夏安

弟 捷先草上 七、六

弟明日去琉球，十二日返台。又及

國學文獻館
臺北市忠孝東路四段五六一號三樓　電話 763-1000轉733

令揚院長惠鑒：東亞及名單一份已由林天蔚兄轉到，敬悉一切，祈釋念。唯此間諸同仁僅少數獲到簽証，台大、中研院、政大陳治安、師大王家儉諸先生均未轉來，敬煩吾公再託人一問，否則成行必有困難也。又遵囑定於十一月廿一日搭機來港，座位已訂妥，機票亦購得（華航CI803），目前僅欠入港簽証矣！專此奉告，順頌

文安

弟 陳捷先謹啟 十、三。

國學文獻館

臺北市忠孝東路四段五五七號八樓　電話：768-1234轉2592

陳勝粦

陳勝粦（1937—2003），男，史學家，專治中國近代史，曾任中山大學教授兼歷史系主任，著有《林則徐與鴉片戰爭論稿》、《林則徐集》（合著）、《對西方挑戰的首次回應——鴉片戰爭》（合著）等，並有眾多其他論著。

中山大學
Zhongshan (Sun Yatsen) University
Guangzhou, People's Republic of China
Tel.446300

[illegible]

（此信共兩頁）

中山大學
Zhongshan (Sun Yatsen) University
Guangzhou, People's Republic of China
Tel.446300

會議期間您又太忙，故未能向您陳述。因思吾兄正積極開展中國文化之研究，諒必對中國戲曲亦甚重視，若能適此呈訪之際，介紹中國戲曲研究之聯繫，此對吾兄之宏圖大計，當有裨益也！故不揣冒昧，將林紙如七之設想轉達，希祈能錄取您的高見！

此外尚有請者：「儒學與中國文化研討會」所發之兩本小冊子（研討會節目說明及名單一本；論文摘要一本），未知尚有餘存否？若有餘存，則請囑鄧俊章給我多寄兩套應用。謝謝！

專此即頌

春祺

陳胜粦 1988.1.31. 廣州.

（本函托友人在港寄出）

中山大學
Zhongshan (Sun Yatsen) University
Guangzhou, People's Republic of China
Tel. 446300

令揚兄：

您好！上月來信，承多关心，謝謝！弟返穗以，因校務奔馳忙碌，未及回信，故遲遲未能給你們書致謝，請諒！

在港時得知，尚有一要事未及詳述，即：

李岳生校長夫人陳印陶女士，原打算請您們東亞大學的，來港與兄匯合，再找兄等商議有關事宜（其中包括李校長夫人陳印陶女士欲資助與發起開展潮汕人的研究事宜），但因李校長急要回穗，故取消了由港→深圳。希望五月中、下（？）旬來穗之日，可能安排一个時間，我會讓您與陳印陶女士會談，談談有關開展潮汕人的研究諸事。詳由桑兵面陳。

專此即頌

著安

弟 陳勝粦 一九八九.五.七.

附上陳印陶女士名片

陳翔華

陳翔華，男，編輯、古代小說研究專家，曾任《人民日報》記者及編輯、北京圖書館《文獻》雜誌主編、中國俗文學學會副會長，曾參與全國圖書館文獻縮微複製中心的縮微文獻整理出版工作，著有《諸葛亮形象史研究》、《三國志演義縱論》、《元刻講史平話集》、《三國志演義古版匯集》（主編），及眾多其他論著。

全國圖書館文獻縮微中心

令揚教授大鑒：

值此農曆新春即將來臨之際，謹向您致以節日的祝賀。

去年先生主持的"第34屆亞非學術會議"，承蒙予以經費支資助，但因當局未准，不能前來聆听尊教，十分遺憾。不過從電視与報紙上看到大會成功的消息，仍然為先生而深感喜悅。

近日，《中國人才報》記者邱副主任來采訪，寫了一則報道。今奉上複印件，以助一哂也。

匆匆不一，敬頌

年禧

陳翔華謹上

1994年1月31日

地　址：北京文津街七号　　电　话：602.2972　　邮政编码：100802

陳詩啟

陳詩啟（1915—2012），男，史學家，早年研究經濟史，後成為海關史權威，曾任厦門大學教授、中國海關史研究中心主任，亦曾為中國海關學會理事，著有《明代官手工業的研究》、《中國近代海關史問題初探》、《中國近代海關史》，及眾多其他論著。

金杨教授主任尊鉴：

年来因十二指肠大出血，继又患脚部关节炎，卧病多月，致疏奉函问候，歉甚。现已基本恢复，勿念！

阁下因适出国未能光临厦门主持第二次国际学术研讨会，大会为之失色，憾甚！

研究中心现已决定出版第二次国际研讨会论文集，现正在集稿中，阁下中国海关史研究有素，拟请惠赐鸿文，以光篇幅！并请于十月以前赐寄。贵校举办之首次研讨会，经贵校校方会议决定出版论文集。闻之不胜雀跃，并由去年寄呈付去（根据）阁下部分论文，嘱为审查。本已遵嘱审查完毕，并于九月间将论文与序言一并寄上，迄已经年，未知已否出版。敬恳敦促，迅速出书，这不但有裨于推动中国海关史之研究，而

（此信共三頁）

可作为申请举办第三次国际研讨会之资料。

第三次国际学术研讨会，学者们曾建议于加拿大、美国、台北、成都与中文大学举办。司马富教授拟在台湾申请蒋经国基金，期于1993年在加拿大举办；另西安曾致函中文大学吴伦霓霞主任请该校承办。阁下蜚声国际学术界，可否设法从中促成之！！

中国海关史研究中心，系中国海关学会与厦门大学合办之专业学术机构，创办五年，在国内外学术界有一定影响，学会亦有良好评价。近悉学会以远处北京，领导困难，学会属于群众团体性质，兼办学术机构，于章未合，因有退出合办之意。中心经费，端赖学会之支援。学会既决定退出，中心存在危矣。阁下于中国海关既极感兴趣，亦不揣冒昧，敬恳俯予挽

20×15=300　厦门大学稿纸　第　页

之協，俾中心得以立足，不勝幸甚！

順寄資料若干份，敬懇查收斧正是幸！

耑此，敬頌

研祺！

弟 陳碧笙敬上

1991年9月9日

20×15=300　　厦门大学稿纸　　第　　页

陳福霖

陳福霖，男，史學家，專治現代史，尤精於辛亥革命史，曾任美國邁阿密大學及香港教育學院（現稱香港教育大學）教授、珠海書院教授兼文學院院長，著有《孫中山廖仲愷與中國革命》、《廖仲愷年譜》（合著）、*China at the Crossroad: Nationalists and Communists, 1927-1949*（主編）、*China in the 1920s: Nationalism and Revolution*（合編），及眾多其他論著。

令揚兄：

附寄之信，乃是公文，(一)請你十月來開會，袁清及李田意均已同意。袁清還打算請些学参加。(二)提及我系主任訪港大之事。

另附寄一份稿，你叫我代你起草，我只有照办。系主任來港，不用你們出錢。他只要你們的邀請书，我們学校自会出錢。因此，邀請书請盡快寄来，請寄給我代轉。

何時請我做 external？我明年升任 Distinguished Professor，多一高脚牌，總有幫助。其中道理，你當然明白。我三月抵港時，請你食飯可也。

系主任之事，不能困底，立即办妥。

你開会宣讀之文章，題目亦請寄給我。

餘後叙。祝

年安

弟 福霖 一、十五

又十月之会，除 Adam Lui 外，尚有何人要請？希示知。

又：陳炳[illegible]是否升級？

1809-1984
175 years of excellence

1984年

January 2, 1985.

Professor Ling-yeong Chiu
Department of Chinese
University of Hong Kong
Hong Kong

Dear Ling-yeong:

I was gratified by our meetings in Canton and Hong Kong last November. I enjoyed my visit to your Department during that time. Send my regards to Dean Ngok Lee of the College of Arts.

I am writing for two reasons, both of which covered in our November discussions. First, I would like to extend to you a formal invitation to present a paper on Ming history in the 1985 Midwest Conference on Asian Affairs, to be held at Miami University on October 11-13, 1985. Your panel, to be chaired by Professor Tien-yi Li of the Ohio State University, will include Professor Tsing Yuan of Wright State University and other scholars. We are hoping that Professor Hok-lam Chan of the University of Washington at Seattle will be able to take part as well. Please let us know the title of your paper before April 1, 1985.

Second, I suggested to you that Professor Richard M. Jellison, Chairman, Department of History, Miami University, would appreciate an invitation from you to visit your University in May of this year. He is a specialist of the history of the American Revolution, and he would be happy to deliver a lecture to your colleagues and students. He was responsible, during the summer of last year, for negotiating an agreement with both Zhongshan University and Jinan University in Canton for student and faculty exchange. He would like to explore the possibility of establishing similar relations with your University. Please pursue this matter at your University.

I am planning to attend the Sun Yat-sen Conference in Peking in March, and I shall stop by Hong Kong on my way to Peking. I look forward to meeting you again at that time.

Sincerely,

Gilbert

Gilbert Chan
Professor of History, and
Cochairman, Program Committee,
Midwest Conference on Asian
Affairs

陳種

陳種，科技史專家王鈴表弟。

令煬教授

我是王鈴的表弟，因他生前及曾住於我家期間常提及您（他於去年春節前來港蒙您接待事），因此冒昧寫這信給您。

茲寄上王鈴一生中最後一次遺作，他在去世前夜之晚寫後伏案執筆，至九時許無法寫下去而臥床便睡不起，於半夜去世，所以這是一篇未完成之遺稿。今由本地報紙發表，故寄上請作紀念。

此文原本複印謝希德校長轉交給楊振寧先生，亦請他寫序，故在兩人之信內亦提。可惜未能完成其稿而離他去。謝校長也是我之親戚，報紙一些寄給她。楊振寧博士方面，您有機會和他通信，並請告知此事，並寄一份複印件給他。謝謝。

即頌　並請
春安

晚　陳种　敬啟
二月十二日

1995年

陳學霖

陳學霖（1938—2011），男，美國華人史學家，專治宋史、遼金元史、明史，曾任美國華盛頓大學教授、香港中文大學歷史系講座教授兼系主任，著有 *The Historiography of the Chin Dynasty: Three Studies*、*Legitimation in Imperial China: Discussions under the Jurchen-Chin Dynasty (1115-1234)*、*China and the Mongols: History and Legend under the Yuan and Ming*、《明初的人物、史事與傳說》，及眾多其他論著。

金揚：

來信得悉，茲將各事報覆如下：

（一）External examiner事，我原已預備在六月十日左右抵港。但上星期我收到北京社会科学院民族研究所来信，说提名我参加本年在長春举行的遼金史年会。时间未定，但可能也在六月。我想大概一二月内会收到正式请柬，到时（四月前）才能决定。下周我会写公函给李光颢先生，c.c. 你，因为礼貌上须如此。（如时间衝突，我会选择去長春，因为我想看女真的遗址，去一趟机会难得）

（二）明清史会事，你说初步定十二月初举行，是本年抑或是一九八六？如是本年，时间无多，应快快定名单发请柬。你要不要我提供大陸、台、美人名以供参考？（其实明年〔八六〕举行最好，因为时间充足，準備会完善）

（三）文稿已交瞿同祖（及胡先生），他说在这裡要準備演講，而且资料都在北京（其实这裡图书馆亦有，不过需要时间拿來而已），所以他要我告訴你要回到北京後（四月中）才能動工修改加註。他的身体不佳，現在一天只工作三数小時。英雄老去，凡人難免也。

1985年

（此信共兩頁）

（四）你们的明实录天文资料下册有 galley proof 未！若有，请空邮寄一份来。我和我的博士学生（宋明清钦天监）已差不多读完上册，若有下册，我下学期便可省去很多时间从明实录中钩寻资料，而有多些时间做"有益"、"有建设性"的工作！请帮忙，"拜托"。

便中请覆，祝

好

学弟
一月廿七日

1985年

介揚：

傳剛寫出，收到老王轉來的公函，說我來訪問最好是86年六月末一星期，85年可，但不要在87，因為他到該年3月便任滿，不能在任招待云云。此事他有無與你商量？

對我方便而言，最理想的是85/6先到香港，決定之後便去東北參加遼金史年會，如此可以一石二鳥，省卻旅費和時間。問題是我要收到大陸的正式邀請書才能定奪（本年八月台師大已開"歷史教育"會議，請我參加，但因旅費無着落，所以不去了）

如果去東北時間與港大的衝突，只好到86才來，但我不大清楚明清史會是否在85年12月開或是86年12月開，或是86年3月開，請即告訴確實年月，以便安排。此因86年台灣和大陸都會請我開會（86年八月元史學會要在南京召開國際性的學術會議），而明年 Oriental Congress 亦在

Hamburg已开，想来参加机会与一家到欧洲玩玩，分身不下，所以本年来港太最理想。

請快作覆。祝

好

学字

一月廿九日

1985年

令揚：

許久沒接來信，相信一定忙極。是否去了中東旅遊收資料？我已決定六月十日晚到溫，十一日才正式就事，因為得接到六月中才考試，在東亞系代課，周末主要是帶小孩去看 Expo 開眼界。我在 Black Hall 想住一共二十天，小孩會有幾晚跟我擠擠，相信是行得不會嫌棄了。廿四日才返美，即是可以有兩星期在溫多幹手邊書稿。

遼金史會「滿文」昨天接到吉林社會科學院的電報，正式請我參加，時間是八月四日至十日。會後會到東北各地遊覽，看看松花江，探金朝女真之遺跡，亦人生快事。它處大概不想去了（除非北京社科院史學所請我參加中國近代之「東北史研討會」，亦是在八月底）。祝

好

學霖

四月十日

又及：我來回的機票都不用自己出，可以替學校省下港幣三百大元！

1985年

彭正雄

彭正雄，男，出版人，曾任台灣圖書出版事業協會理事，為台灣文史哲出版社創辦人。該社出版書籍涵蓋語法、修辭、文字、聲韻、訓詁、文學史、文學批評、詩詞曲、騷賦駢散、教育、政治、歷史、地理、宗教、民族史等，對推動中國文化各方面的研究貢獻巨大。

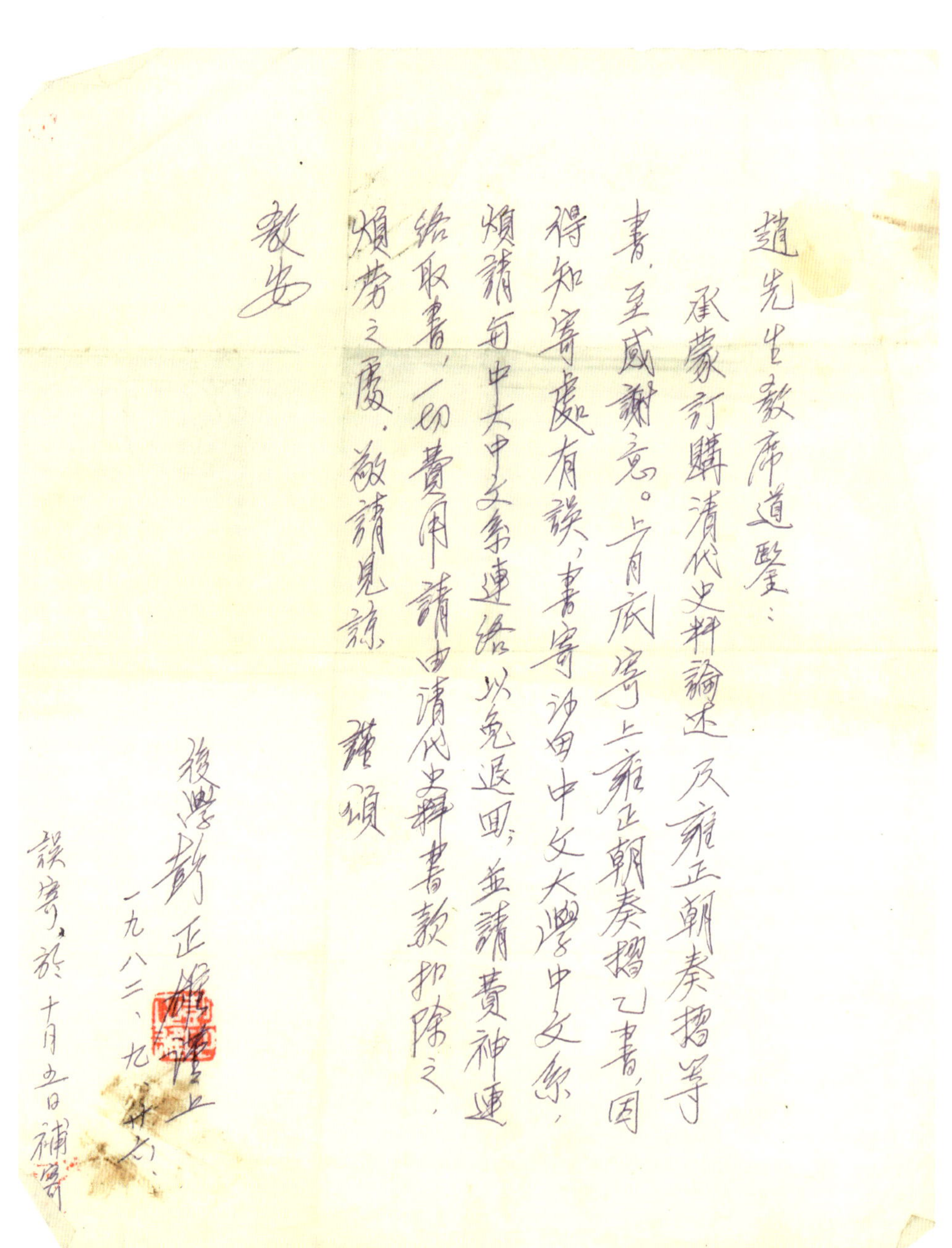

趙先生教席道鑒：

承蒙訂購清代史料論述及雍正朝奏摺等書，至感謝意。上月底寄上雍正朝奏摺乙書，因得知寄處有誤，書寄由中文大學中文系，煩請向中大中文系連絡以免退回；並請費神連絡取書，一切費用請由清代史料書款扣除之，煩勞之處，敬請見諒。耑頌

教安

後學彭正雄謹上

一九八二、九、廿七。

誤寄，於十月五日補寄

湯一介

湯一介（1927—2014），男，哲學家、中國哲學史專家，精於魏晉玄學、早期道教、儒家哲學研究，曾任北京大學教授、《儒藏》編纂中心主任、儒學研究院院長，亦曾任中國文化書院院長，著有《郭象與魏晉玄學》、《早期道教史》、《魏晉南北朝時期的道教》、《中國傳統文化中的儒道釋》、《儒道釋與內在超越問題》、*Confucianism, Buddhism, Daoism, Christianity and Chinese Culture*，並有《湯一介全集》10 卷傳世。

中国文化书院

赵令扬先生：

来信及李氏基金会信的副本均已收到，请放心勿念。这几封信件拟转交给王守常先生，看他对申请基金之事还有什么建议，此事可再作设计。

关于您来京的时间，我们希望能定在五月十七日至五月二十一日，因届时您可赶上参加题为"儒家伦理与亚洲四小龙"的讨论会。另外此期间杜维明、林毓生和傅伟勋先生均在北京，可与他们一晤。

地址：北京海淀路37号

（此信共兩頁）

中国文化书院

不知上述时间对您是否合适，请来函再定，并请告知与您同来的嫁有几人，以便我们尽早作出安排。

另及：请王宇常先生赴港的邀请信，望能尽快寄来，以便及时办理一切手续。

顺致

春安

汤一介

一九八八年四月十四日

地址：北京海淀路37号

中国文化书院

令揚兄：

前晚给你打电话，你家里没有人接。又给方正兄打电话，把"五四会议"事宜向他报告，并请他与你联系。据来他已打电话给你了。会议正式邀请信周内发出，将寄几分空白邀请信给你，请你发出。

贵校和北大、台大合作事如何？现北大校方已同意，你是否可于一月来北京与北大校方直接讨论。如需要北大向你发一电报邀请，请电话告我，即办。

顺颂

大安！

汤一介 10/5日

地址：北京海淀路37号

中国文化书院

令揚兄：

春节前收到你寄新加坡信並卡，谢谢。

我曾请你告诉我们，四月你和其他香港大学学者来北京事。因为我们得作一些准备，向全国我们的学生发通知，请他们来听讲，这需要一些时间。因此，请告我们：①具体来北京日期；②来的学者；③讲题；④如有提纲可早日寄来，以便印发。

王守常先生打算四月分去香港，他已有信给你，请帮助。順頌

春安！

湯一介 2月20日

地址：北京和平门外安平里3号　　电话：33.3104

中国文化书院

令揚兄：

乐黛云来电话告我，您到深圳，真不巧，我回北京了，很遗憾未能见面。

我将在八月中旬去香港，是由商务印书馆香港分馆邀请，他们是为庆祝商务建馆九十周年而举行的学术活动。大概要我作一两次演讲，为期十天。我希望那时吾兄在香港。

《中国文化与中国哲学》第一集已出刊，由出版社寄您，想已收到。第二集已在三联书店出版，已发稿。第三集十月底发稿，希望有您的大作。第一集一到书店全部售完。

中国文化书院有些发展，现已办一“中外比较文化研究函授班”，有一万三千人参加学习。我们编印十五种教材已出三种，等我去香港时带给您。十月三十日至十一月

地址：北京和平门外安平里3号　　电话：33.3104

（此信共兩頁）

中国文化书院

一日在北京举办"梁漱溟先生从事教学科研七十周年学术讨论会"，请柬已寄呈先，望您一定来参加。

有件事想请您帮忙：新加坡李氏基金会打算赠送一笔基金给中国文化书院，但他们不能直接拨给文化书院，需由香港某一单位接受再转给文化书院，不知您是否能代为接受，然后再转给我们。谢谢。顺颂

大安！

汤一介 4月24日

地址：北京和平门外安平里3号　电话：33.3104

中国文化书院

令扬兄：

启功先生等去香港承蒙您接待十分感谢。新加坡书院基金会事虽未成功，但对您的帮助，我们是十分感谢的。

昨天王宇常先生告诉我，您已收到我的信，但贵校在五月十七日后正考试，或有困难。因此我想，您来北京的日期也可以稍推迟，我将把小型会议（十余人）改在五月底（28日至30日），你看如何？因那时林毓生先生还没有走，成中英先生五月二十五日来，杜维明先生来信说他有可能来。所以五月底当是好时机。您看如何？

顺祝

大安！

汤一介 4月30日

地址：北京和平门外安平里3号　　电话：33.3104

中国文化书院

令揚兄：

来信收到，谢谢你愿意为我们接收新加坡李氏基金。我们将与李氏基金会联系，和他们研究如何具体办这事。我们将告诉李氏基金会说明，你愿为我们提供帮助。

香港商务约我八月中旬去，说是主持《中国美术研究新课题》研讨会，但还没有通知我具体日期。我想，我将设法等你由澳洲回香港，我们可以一起讨论一些合作问题。顺祝

大安！

汤一介 6月4日

地址：北京和平门外安平里3号　　电话：33.3104

中国文化书院

令揚兄：

前上一函想已收到，关于明年五四前在北京召开《五四运动和中国知识分子问题》讨论会事，前在香港已商定由香港大学、香港中文大学、中国文化书院联合举办，我想应发正式邀请信了。邀请信可分用"香港大学赵令扬"、"香港中文大学陈方正"、"中国文化书院汤一介"的名义发出。如同意，拟由我们起草发出如何？望告。顺致

安好！

汤一介 11月17日

北京大学

地址：北京海淀路37号

中国文化书院

令揚兄：

来信收到。我将为你在中国文化书院和北京大学合作一次演讲。我建议：在书院是否可以讲："国外中国历史研究"这个问题，你在深圳大学讲过。在北大可否讲讲："香港的政治、经济、文化发展问题"如何？

来前请打电话，以便我们安排你。离京较久，我不打算去了。近因身体不好，不宜出门。

祝

好！

汤一介 11月25日

地址：北京和平门外安平里3号　　电话：33.3104

中国文化书院

令揚兄：

关于三校开会事，北大校方已报国家教委，等待批准。近日我考虑讨论的题目《中国文化的过去、现在和未来》也许过于大了一些，能否在这个总题目下，提出一些较为具体的问题来讨论，这样容易集中和深入。我想以下具体问题或可考虑：

(1)传统的儒家思想对现代社会是否仍有意义？

(2)中国文化在后工业化的21世纪是否会发生积极作用。

(3)中国文化如何实现现代化，应解决哪些问题？

地址：北京海淀路37号

（此信共兩頁）

中国文化书院

④ 五四运动时期的"反传统思潮"应如何评价？

⑤ 三教合流不知台湾学术方面反应如何？

我很高兴接受任贵系《集刊》顾问，但不知我能否为贵刊尽力。

顺祝

安好！

汤一介 12月6日

地址：北京海淀路37号

湯志鈞

湯志鈞（1924—2023），男，史學家，精於經學史、戊戌變法史、辛亥革命史以及康有為、梁啟超、章太炎研究，上海社會科學院歷史研究所創所元老，曾任上海社會科學院歷史研究所近代史研究室主任、副所長，著有《戊戌變法史論》、《戊戌變法人物傳稿》、《近代經學與政治》、《經學史論集》、《章太炎年譜長編》，及眾多其他論著。

上海社会科学院

今揚教授：傳箋奉到，快晤得聆
雅教，倍荷
盛筵款待，藉快朵頤，感何如之。惜時
日過促，未能前來
貴校，祇有期以他日，想蒙
鑒原。閣下近譯書歸，無任欣慰。
貴刊從其成，拙作十六日即寄美國，不
克逕送台端乎？無此希冀。即請
撰安
李鍔先生請代問候
弟 湯志鈞 上 六月四日

1985年

令揚教授：

前接又月廿一日邀請函，祇悉一是。貴校按排，甚為周到。今擬于十一月二十日至十二月四日來貴校訪問兩周，講題暫定，「清代經今文學之興起與意義」，「清代古文經學與諸儒」，或「近代經學之特點」，請裁奪或命題為何？內子郁慕云女由其單位批准偕行中國紡織大學，已退休，刻正由滬陸外事處辦理出境手續。特此奉告，謝謝

鄔其山原稿用紙

1987年

（此信共兩頁）

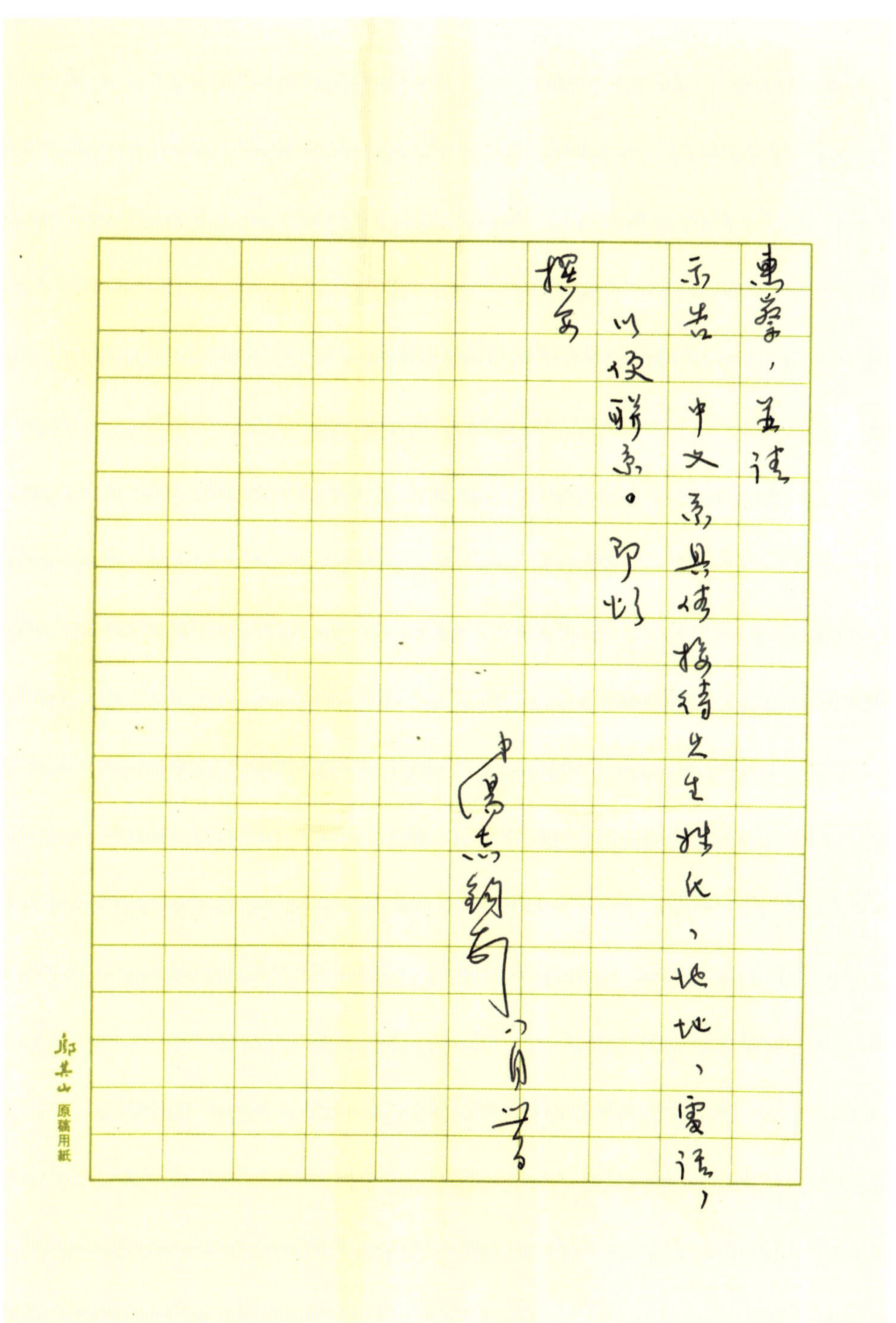

惠鑒，並請

示告 中文系某位接待先生姓氏、地址、電話，

以便聯系。即頌

撰安

中島[illegible] 八月卅日

鄔其山 原稿用紙

1987年

上海社会科学院

令揚教授明鑒：前蒙
寵邀消夜，
光儀並蒞，
款待盛興感併。返滬後屢賜票點精禮，
至謝勤甚。
新春伊始明時，
鴻燕滬上，賜票也無此亦謝。即請
撰祺並賀
新禧

湯志鈞謹上 元月二日

中文系諸同仁均此

郁慕云

上海社会科学院

令揚教授道席：前承
寵邀，曾函謝，並請出具正式邀請書，近來
獲復，想
以稍忙碌，正以為念。今　院，所對弟
前往
貴校，均表支持。惟仍請
貴校補一正式邀請書，包括：一、讲学时間；
二、讲学內容（近代经学，清代经学或其他专题
三、与夫人鄭慕雲同往；四、其他。

（此信共兩頁）

上海社会科学院

先生事忙，本不敢再凟
清神，而國內出境，例办手續，想荷
垂宥。時方盛暑，務請
衛攝為禱。
鈞安

湯志鈞 上
八月五日

上海社会科学院

今楊教授：

顷自北京、青島返，接奉

手教，祇悉一切。

赴港事，因有人初次出境，手续頗多，直至上月始办妥，闻日内可取得签证。致来港日期，只得改为十一月三十日。撫標後，当即电告車次，有劳

錦注，無任惶疚。沪上如有要办，请即

示知

中富所电话

当復即请

儷祉

弟 湯志鈞 上

十一月七日

上海社会科学院

令揚教授賜鑒：前上一函，想早

察覽。中與柳著之簽証，據告，為正常，

本周可由北京送到。刻正在預訂飛機票，

爭取于三十日或一日啟程，二日抵港。知勞

錦注，特先奉聞，並請勤快。抵港後，當電

話聯系。專此，敬頌

履安

湯志鈞 十八日

全楊教授偉堂：

赴台過港，諸荷照拂，並承盛宴，感惭感惭！

聞 足下四月來香港，惜未一晤。林綠兄數次相聚，極為歡洽。

弟在台除于东海大学講学外，又至台北、台南、高雄讲研究院所、高校演講，似尚能應付。已于五月十日離台，因十七日即去日本，故未從港繞道，乞諒。

頃閱近代史研究所，知 楊文與 大作同时刊出，亦一因缘。附去之復 王振鵠博士。

弟明年即來日本，通訊處："日本国東京都豐島区西池袋3立教大学国際交流部"。

振声前晚返沪，已通电话矣。即請

撰安

湯志鈞

湯開建

湯開建，男，史學家，專治澳門史、明清史、中外關係史、中國天主教史，澳門大學榮休教授，著有《黨項西夏史探微》、《明清士大夫與澳門》、*Setting Off from Macau: Essays on Jesuit History during the Ming and Qing Dynasties*、《澳門編年史》1-6卷（合編），及眾多其他論著。

暨南大學中國文化史籍研究所

趙令揚先生大鑒：

由暨南大學組織編纂，由廣東花城出版社出版的《港澳大百科全書》工作已進入尾聲。其中人物卷將先生列入其中，但時至今日，手頭有關先生的詳細資料（包括年齡、籍貫、個人成長過程、事業發展概況、歷任社會公職，榮獲過何種學位、榮譽稱號、獎勵以及發明、著作等）尚感缺略，為了避免疏漏和錯訛，我們再次發出徵集資料的呼籲與請求，望先生收到此函，能盡快協助我們，出示有關資料，支持本書的出版，謝謝。來函請寄廣州　　　　　　　　暨南大學中國文化史籍研究所轉。

此致

敬禮！

聞先生珍藏香港史书籍甚多，如有富余，盼能赠赐。

《港澳大百科全書》

副主編兼人物卷主編

湯開建　謹上

一九九五年六月六日

馮其庸

馮其庸（1924—2017），男，紅學專家、文化學者，由其校注、人民文學出版社1982年出版的《紅樓夢》是目前最通行的版本，曾任人民大學教授、國學院首任院長，並曾為《紅樓夢學刊》主編、中國紅學會會長、中國漢畫學會會長，著有《曹雪芹家世新考》、《石頭記脂本研究》、《論紅樓夢思想》，其一生學術精華結集成《瓜飯樓叢稿》，分為《馮其庸文集》、《馮其庸評批集》和《馮其庸輯校集》共35卷。

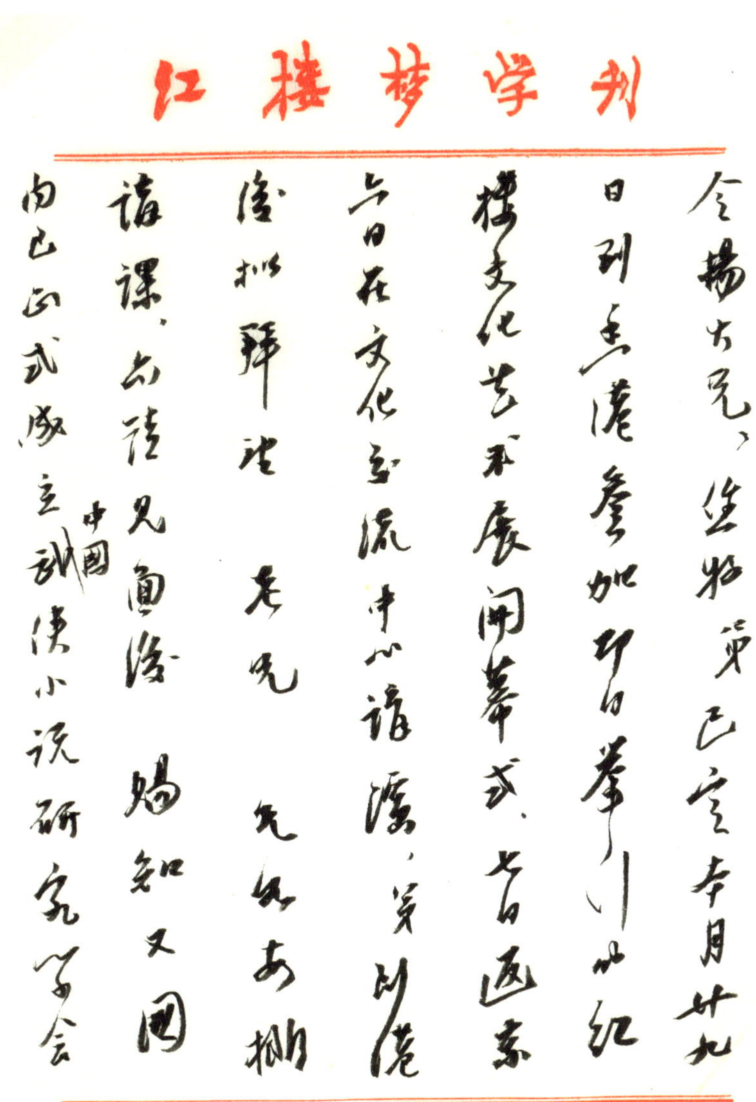

红楼梦学刊

金庸大兄：從楊興安兄處[illegible]本月廿九日到香港參加[illegible][illegible]華[illegible][illegible]紅樓文化藝術展開幕式、[illegible]日遠東[illegible]六日在文化交流中心講演，當到港後擬拜謁 老兄 兄如有[illegible]請課，[illegible]請見面晤談 [illegible]知又同內地已正式成立中國武俠小說研究學会

1993年
（此信共兩頁）

红楼梦学刊

已由民政批准，是全国性的独立的学会，大家都恭请 臺兄出任名誉会长，弟亦陪随任此名誉职务，与会学人都 金庸兄擔當正职，恳 兄将此意转达 臺兄，以促成其事，不胜感戴。相见匪遥，余不一一，敬问

大安

弟 冯其庸

十月十日

1993年

红楼梦学刊

今揚兄大鑒：在滬多蒙款接，至感厚意。弟於當日平安到京，諸請勿念。茲將國際紅樓夢會邀柬奉上，請查收，並請務必光臨，以圖暢叙。柳存仁先生，務懇兄邀請他來，通知早已寄去，如能來，則當即將請柬寄

（此信共兩頁）

红楼梦学刊

先生有閒來京、務請　快臨、為

此頌　時閒

祺祺

弟　其庸上

四月廿五日

黃天驥

黃天驥，男，中國古典文學專家，曾任中山大學教授兼中文系主任、研究生院副院長，亦曾為中國古代戲曲學會會長，著有《納蘭性德和他的詞》、《詩詞創作發凡》、《嶺南感舊》、《冷暖室別集》，並有著作集《黃天驥文集》15 冊。

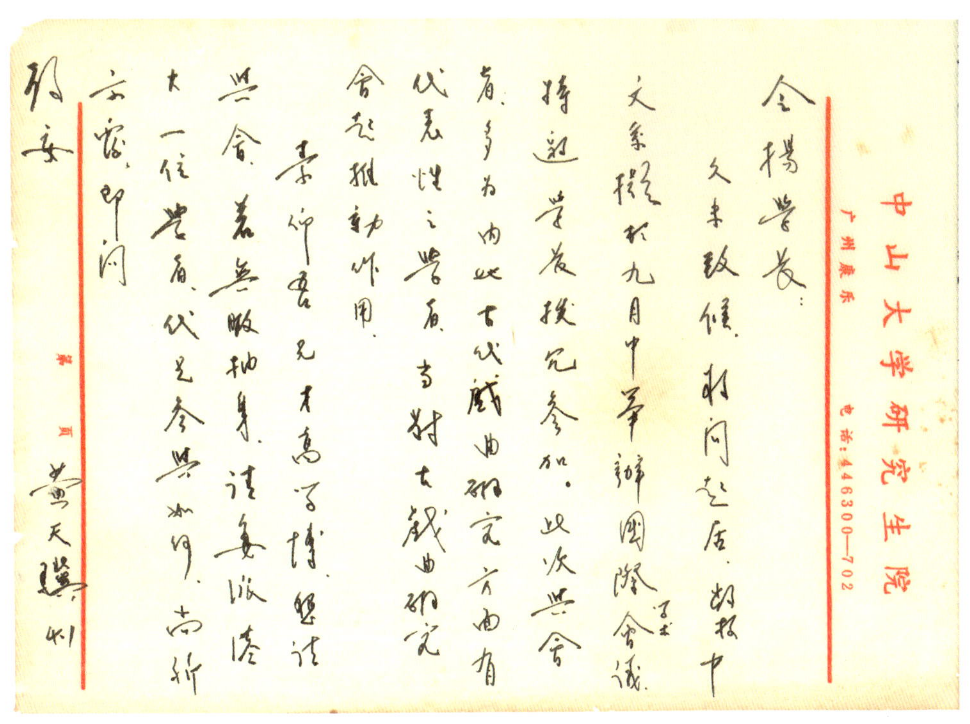

中山大學研究生院
广州康乐　电话：446300—702

金揚學長：

久未致候，想問起居。我校中文系擬於九月中舉辦國際學術會議，特邀學長撥冗參加。此次與會者，多為海內外古代戲曲研究方面有代表性之學者，當對古戲曲研究會起推動作用。

素仰吾兄才高學博，懇請與會。若無暇抽身，請委派港大一位學者代兄參與如何，尚祈示覆，即問

研安

黃天驥 [illegible]

第　頁

黃枬森

黃枬森（1921—2013），男，馬克思主義哲學及哲學史專家，曾任北京大學教授兼哲學系主任，亦曾為中國馬克思恩格斯研究會會長，著有《哲學筆記與唯物辯證法》、《哲學的足跡》、《中國特色社會主義文化研究》（合著）、《馬克思主義哲學史》（主編），及眾多其他論著。

北京大学

趙令揚教授：您好！

邀請信已收到，謝謝！

訪问团将由人民大学肖前教授和我率领，不知何故漏掉肖前名字。

我的办公室电话为：

家中电话为

嵩此，並頌

大安！

黃枬森上

1985年10月3日

黃彥

黃彥，男，史學家，專治中國近代史，為孫中山研究及史料編纂專家，曾任廣東省社會科學院歷史研究所副所長、孫中山研究所所長、中華民國史研究中心主任，著有《孫中山研究和史料編纂》、《孫文全集》（主編），及眾多其他論著。

赵令扬先生：

您好！自广州后一直想奉函问候，延至今天始动笔，乞谅。此次赴港会议，有幸访问贵校，承蒙盛情款待，谨致谢忱！

回来后，我撰写珠江三角洲小册子一事与有关同志商量，拟由叶显恩先生一人与薛凤旋博士两位合作，由叶承担历史部分的执笔工作。至于完稿时间，我按照薛先生的意见，明年底完成。您如有同意的话，我即请转告薛先生；至于具体合作的有关事项，可由薛、叶直接通讯联系。

另拟于今年底举办孙中山与香港学术讨论会一事，回来后也与张磊先生讨论了。关于会议地点，汕头方面很热情，除提供一笔经费外，该市第一把手（市委书记）表示在食宿方面将予以招待。我们设想，由香港直接搭船或由广州后

1985年
（此信共兩頁）

可上改乘飞机（仅一小时）去汕，花费时间不会太多。因此直征求您的意见，可否去汕头半日？如认为不会太迟，则请来函磋商。至于会议时间，以什么时候为宜（如包括汕头时间也要设计），也请提出意见。贵校与会人选，也请推荐。

薛凤旋博士表示愿意编写的那本英文著作，请抽暇嘱人寄下，以供我们学习参考之用。

此次在港逗留时间过于匆促，未能深入请教，尤其是又未趋府面别，至感遗憾。阁下能组织安排，还有大展身手，必能发挥您可以直接领导的作用。盼多保重，注意劳逸结合。如有去游广州的计划，请事前函告相告。

即颂

大安

黄彦 敬上

3月6日

顺请代候陈经贵同事。

1985年

黃冕堂

黃冕堂（1924—2021），男，史學家，專治明清史，曾任山東大學教授，亦曾為中國經濟史學會理事、中國明史學會顧問，著有《明史管見》、《清史治要》、《黃冕堂晚學集》、《朱元璋評傳》（合著），及眾多其他論著。

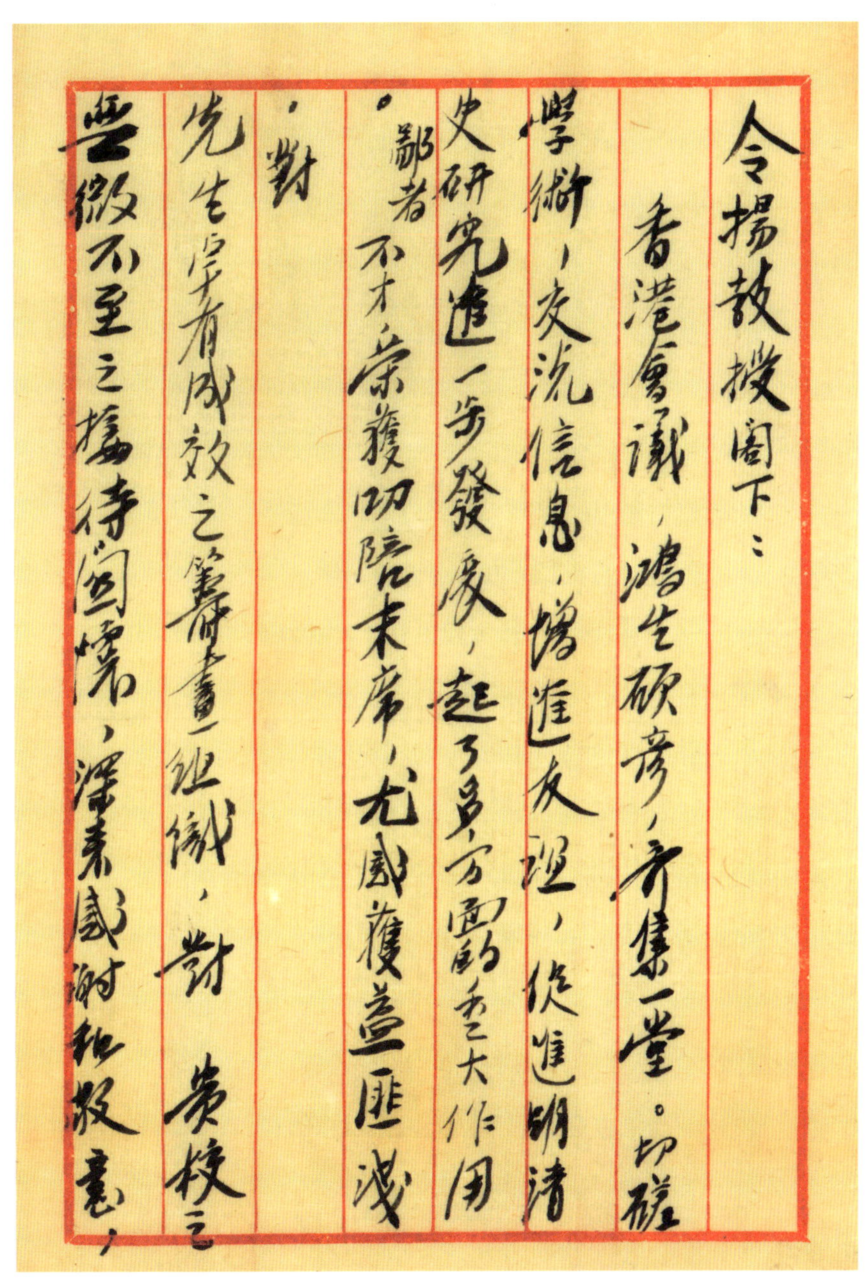

令揚教授閣下：

香港會議，鴻生碩彥，齊集一堂。切磋學術，交流信息，增進友誼，俾進明清史研究進一步發展，起了多方面的重大作用。鄙者不才，榮獲叨陪末席，尤感獲益匪淺。對先生卓有成效之籌畫組織，對 貴校之無微不至之接待關懷，深表感謝和敬意，

（此信共三頁）

并于最近一期《文史哲》上作了報導。

來示所索文稿，現遵照有關規定修改奉上，

伏乞哂收。

趙先生：上次路遙教授所寄函中談及之林某，據前了解，不是香港大學之林先生，而是另一同姓同名者。但路教授函中所請向之某學者之資料特別據說該

請

先生來敝校講學並順道遊覽泰山、曲阜等事，

不知能撥冗縫以覆示否？今年七月，大連將舉行一次國際清史討論會，下半年，還將隆重紀念孫中山誕生一百二十週年。先生能否在這數會議之後，或稍前順道光臨？老路在盼望回示，附此奉告。餘不二，耑此敬頌

文安

黃寬堂敬上
一九八六年三月廿日

黃啟臣

黃啟臣，男，史學家，專治明清社會經濟史、澳門史和社會學史，曾任中山大學教授、法政學院副院長兼社會學系主任，亦曾為中國明史學會理事、中國商業史學會對外貿易分會副會長、廣東文史學會副會長，著有《澳門通史：從遠古至2019年》、《明清廣東商人》（合著）、《貨殖華洋的粵商》（合著）、《廣東海上絲綢之路史》（主編），及眾多其他論著。

令扬兄：

中大校庆期间，与您两次见面，但因任务在身，未能多谈，不能畅叙友谊，对我来说，实是一大损失。

[illegible]，[illegible]。与我有关的是系之明清经济史研究室，人员6-8人，现有之人，由汤明檖老师及我主之。目前正拟订研究计划，仍拟以研究明清广东地方经济史为重点。

我们目前正动手写《澳门史》一书，[illegible]。

十二月，[illegible]来中大，她们对我与显恩兄合作搞华侨经济。我们赞成。我们[illegible]。她们[illegible]。

[illegible]先生来中大，我与显恩兄为他举办了一次学术讲座。[illegible]。

显恩兄到了社会科学院后，心情舒畅，正在大干一番。拟今年写出《明清珠江三角洲农业商业化与墟市的发展》一书，明年完成，由广东人民出版社出版。他那里也成立了一个广东地方经济史研究室。

此次[illegible]显恩兄及我承担1987年全国清史学术讨论会在

1985年
（此信共兩頁）

庆就开。我们就等同意承担。但我们去开第一国际性的。如果我们写的几部书能出来，我们就开。现我们几个学作写出的书已答应交专家代书出版社，我们促他们争取于87年印出来，装订出一大一套，以为礼物。他们答应今年写出一本，明年写出一本，可以87年出齐。如能这样，我们就开。强调由北京及我们共同主办。又开会时，务请您回来参加大会报告。

胡守为老师前在意校讲学（现去中文大学讲）。因未知他的住址，不能写信给他。故请您代为转一信给吾师胡守为老师。谢谢你，非常感谢！

又：《诗经》已寄出多部，我还未想到能否！

余续谈。祝

教安

韦启良

十一月廿六日

1985年

令扬兄：

来信谅已收到(?) 傅衣凌师的学生已到贵校讲课了。

近日在叶显恩兄处获悉仁兄正积极筹备于今年底召开明清史学术讨论会。甚为高兴！这对明清史的研究正在向纵深发展。我与显恩兄计划1987年在广州召开的第四届明清史会，也拟开成国际性的。现在兄先召开，对我们也是一大推动。

我系已成立明清经济史研究室。弟为该室负责人之一（汤明檖老师为正主任）。弟很希望能去参加你们的会议，一方面可以聆听兄的高见，二方面可以与学者交流体会，以便日后更好开展明清经济史的研究。因此，在可能的情况下，请兄考虑给我们一个代表名额。

我正在写作《康、雍、乾时期中国的海外贸易》一文，如能参会，即以此文参加会议讨论。

近日把弟这几年写的文章整理了一下，列了个目录。现寄上一份，请兄指正。因弟是梁方仲老师的第二个研究生（显恩兄是第三个），所以写了几篇纪念文章给梁师。

专候教。问候李锷兄及何冠彪、杨中安、林天蔚诸君！

祝

撰安

弟 黄启臣 敬上

1985.2.2.

第　页

1985年

中山大学

金扬兄：

二月七日大札收到。甚慰一切。

寒假後，我因事到北京一行，拜访了北京的法史的朋友。谈到八七年在杭州召开法史讨论会事，大家都认为到时要请兄上来参加。

我系谭棣华先生到港探亲，顺便到贵校图书馆看书，届时请兄多帮助。他解决进图书馆的手续，可如我去年一样，请黎树添馆长出个临时出入证。他大约在港三个月。主要想看一些族谱家谱及港台出版之书。此事多麻烦，不胜感谢！

顺祝

近安

黄启臣 上

二月廿四

第 页

1985年

黃盛璋

黃盛璋，男、歷史地理學家、古文字研究專家，曾任中國科學院地理研究所研究員，獨力創辦並主編《亞洲文明》（共 4 集），著有《歷史地理論集》、《歷史地理與考古論叢》、《中外交通與交流史研究》、《綠洲研究》（主編），及眾多其他論著。

令揚先生史席：

聞先生名已久，尤緣識荊。去年在澳大利亞國立大學講學，獲見大著「明實錄中有關東南亞史料」一部，[illegible]中外交通史，包括海路，[illegible]

[illegible]

黃盛璋 [illegible]

黃煥秋

黃煥秋（1916—2010），男，教育家，歷任中山大學教務長、校長、黨委書記、顧問，亦曾為中山大學校友會會長、中山大學校友總會名譽會長，及暨南大學教務長、黨委常委、副校長。

中山大学
Zhongshan (Sun Yatsen) University
Guangzhou, People's Republic of China

Tel. 5

聘　书

兹聘请香港大学中文系赵令扬教授为我校港澳研究所客座研究员。此聘

中山大学校长

黄焕秋　黄焕秋

一九八四年四月二十四日

中山大學

令揚教授：

本月十七日來書奉悉。曾敏校長照傳亦已收到。謝謝。

嚴松校長明八日來穗，日程工作安排，我校接到黃校長邀請去港訪問，十分感謝。我們希望中大和港大之間的學術交往和合作研究工作，會取得進一步的發展。您和李鍔教授所作的努力，我們是十分感謝的。

我已將來信意見轉告金應熙、朱杰勤兩位教授，希望他們能早日成行。

第　頁

（此信共兩頁）

中山大學

我們當現印去美訪問，回程將去香港訪問

貴校。

請致

敬禮！

黄曉秋 上

三月廿六日中大

問候李鍔教授。

第　頁

黃霑

黃霑（黃湛森，1941—2004），男，著名填詞人、作曲家、主持人、作家、演員、導演、編劇，有筆名劉杰、陸郎、不文霑、詹嘯、久流、鐵樹等，其填詞作品在中國內地及香港、台灣地區家喻戶曉。

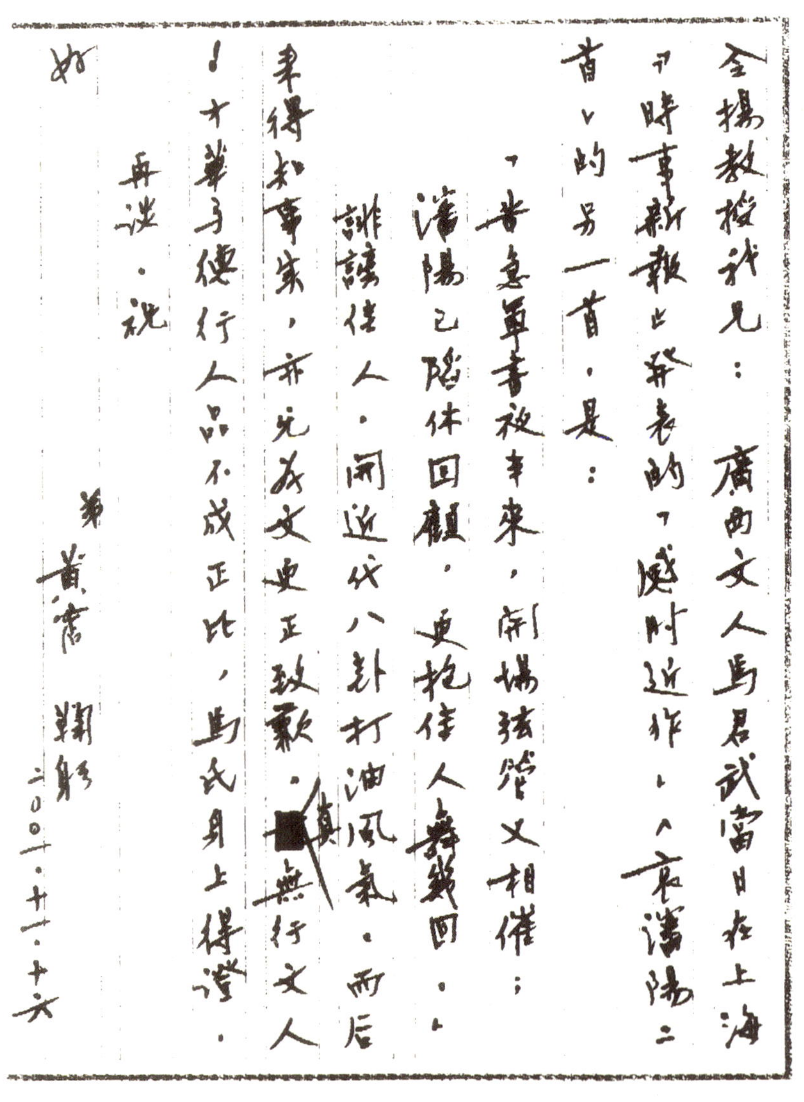

趙令揚教授

令揚教授我兄：

廣西文人馬君武當日在上海「時事新報」上發表的「感時近作」（「哀瀋陽」二首）的另一首，是：

「當急軍書夜半來，開場弦管又相催；瀋陽已陷休回顧，更抱佳人舞幾回。」

誹謗佳人，開近代八卦打油風氣。而后來得知事實，亦先為文史更正致歉。真無行文人！才華與德行人品不成正比，馬氏身上得證。

再談。祝

好

弟 黃霑 鞠躬

二〇〇一．十一．十六

葉水夫

葉水夫（1920—2002），男，翻譯家，從事文學翻譯、文學評論和文化交流等工作，曾任報刊編輯、中國社會科學院文學研究所蘇聯文學研究組組長、外國文學研究所所長，亦曾為中國翻譯協會會長、中國比較文學學會副會長，主編《蘇聯文學史》，譯著有《赴蘇使命》、《不屈的人們》、《青年近衛軍》、《遺失街風習》，主持翻譯《馬克思主義文藝理論叢書》、《外國文藝理論叢書》、《外國文學名著叢書》，並有眾多其他論著。

葉顯恩

葉顯恩，男，史學家，專治明清史、徽學、明清廣東社會經濟研究，曾為廣東省社會科學院歷史研究所組建明清經濟史研究室，後出任研究室主任，亦曾為中國明史學會理事、中國經濟史學會常務理事、廣東中國經濟史研究會會長，著有《明清徽州農村社會與佃僕制》、《珠江三角洲社會經濟史研究》、《徽州與粤海論稿》、《徽學研究文存》，及眾多其他論著。

令扬兄長：

手諭拜悉，敬悉近况，不胜欣慰。

蒙 兄不弃，得邀往参加由 兄主持的明清史国际会，弟当勉力赴会学习，并借此向 兄请教。

敝友谭棣华兄前往香港探望何善衡老伯，并趁此到各大学搜集有关广东社会经济史资料。现托他前往拜候 吾兄，请多多关照。

敝友張磊、刘永成、杨国桢诸兄均应美国之邀，将作为Luce访问学者于六月、九月分别赴美研究。他们都说将取道香港，前往港大与 兄長相見。磊兄本月初匆匆赴港几天，据他说未克与兄相見，只通了个电话。朋友们都对 兄表示敬意。

欣聞兄又榮任院長，可喜可賀，文学院在 兄領导下，当会有一番新气象。

臨书匆匆，言不尽意，即頌

教安

弟 叶显恩 敬启
1985，3，16，

广东省社会科学院

令扬吾兄尊鉴：

据棣华兄来信称：兄概允寄来邀请信，高谊可感。弟将借明年四月八日会后留港之机会，搜集有关港、台学者近日撰写的论文，并进一步利用贵校所藏的图书资料。

弟拟利用参加明年3.17-19日于华盛顿举行亚洲研究会年会之便，提前赴美参加居蜜女士主办的纪念美国国会图书馆中文部创立八十周年庆学术讨论会。不知兄能否拨冗出席此会？

暌久未见，甚念。盼届有机会把晤，互叙阔情。

即颂

教祺并祝阖府安吉

弟 [illegible] 顿首 1988/11/17

鄒華正

鄒華正（1939—1987），男，曾任香港中文大學英文系助教，後赴英國牛津大學深造，繼而移民加拿大，於多倫多懷雅遜理工學院（現為多倫多都會大學）任英文教授，1987 年獲聘為香港理工學院（現為理工大學）中文及雙語系講座教授，上任前猝逝。

老趙：

学期尾忙得要命，只能给你一两字，请谅。

美芳已写好她的 resume，現寄给你一份和這些報紙報導她的最近活動。

多倫多的僑领对我说已经写信给你，正式邀请访问兩三天，New York – Toronto 来回机票、酒店费用全部由他们负责。如果你能夠逗留多幾天，住在我们家裡的 basement flat (separate entrance)，那更好。

In haste,

華正

4月廿三日

廖心一

廖心一，男，歷史小說家，曾於中國社會科學院歷史研究所工作，任《中國歷史大辭典》明史分冊和《中國通史》明史分卷（白壽彝主編）編委，著有「明史紀實小說系列」11卷26冊。

令杨先生：

您好。此次获赴港探亲的机会，本应立即前去拜访，一来求助，二来面邀，无奈我太太要去上班，不得时间，我粤语一句听不懂，英语说的结结巴巴，根本不敢上街，只好先写信联系一下，幸勿见罪。

先说"求助"。白寿彝先生主编的中国通史，明史卷由王毓铨先生主持。六月中，我们在北京戒台寺开了一次编委会，商讨写作计划。该书体例，每卷分四部分，第一部分，序说，包括基本史料和研究概况；第二部分，综述，叙述历史过程；第三部分，典制，主要制度；第四部分，人物传记。我们讨论后，决定先写第一部分和第四部分，除了分摊到二十九个人物，研究概况也交给我执笔。去年一次会上，我曾建议，研究概括分请海外专家撰稿，但白先生执意不从，只好我们动笔写，但困难很多。日本学者的研究状况，资料比較多，美国方面，我写信给Des Forges请他帮助，欧洲方面，我亦请澳大利亚的Fisher帮助搜集，至于港台学者的研究状况，希望得到您的指点。在北京，曾面晤您的学生刘小姐，她说可以提供帮助，我们商定，到港后找她联系。但离京前我忘了找她索取电话号码和联系办法，也请您代为致意。

所谓"面邀"是这样的：我们和黑龙江大学、哈尔滨师范大学商定，明年夏天在哈尔滨召开国际明史讨论会，希望您能参加。去年黄山会议，也曾邀请您参加，您没有去，可以说是很"幸运"，因为接待工作中出现了一些不应有的失误，外宾吃了不少苦头。相信明年的会议，准备时间充足，不会再蹈覆轍。而且，夏天的哈尔滨，是避暑的好地方，相信此行会很愉快。

我准备本月20日左右返京。如在这段时间里无暇顾及，也请日后往北京寄一信，就上边提到的两件事示下。

另外，听说您在接待作家阿城，不知他走了没有。他的一个朋友陈迈平（家父的研究生，专攻欧美戏剧，也写了不少小说）要我有机会见见他，向他问好。

即颂

夏安

廖心一

86.8.5

我住处电话

令扬先生：

回到北京已经一个月了，一直没有写信致谢，实在太不应该了。因为要去桂林开藩王讨论会（没去过桂林，借机领略一下漓江风光），赶写一篇文章，我选了一个古怪的题目：论"嘉靖削藩"。词是杜撰的，希望同行们能够接受。毓铨先生也要去，不知是否变卦了。春瑜先生大概是要去的。

在香港接到您电话的时候，我和我太太正准备出门赴约。重日先生的女婿（英国人）请我们去吃饭。那又是我在香港的最后一天，因此不但没有机会去看您，连再通电话的时间几乎也没有了。后来一直感到后悔，无论如何，应当约个时间去拜望您。我太太在香港，我也算半个港人吧，到现在为止，和香港的学术界人士还没有正式接触过，说来惭愧。

上次写信说，有两件事情，希望见您面谈。其实，第一件事件无关紧要，哈尔滨之夏固然有一个好名声，但能否去，全看时间的安排。到时我一定要发请柬请您，若能安排，请您移步北上。而第二件事情对我来说，却是火烧眉毛。《明史》第一分册，我们差不多是在白先生面前立了军令状的，要在明年完成。我出身北师大，也是白先生的学生，自食其言，岂不要挨先生的板子！希望您给以帮助，提供一些信息，如能谈谈您个人对港台学者研究状况的看法，更是不胜感激。我读了一些港台明史研究状况的介绍，总的印象是比较零乱，难以形成全面的看法。这主要是因为港台学者的著述，接触甚少，和港台明史专家，没有接触。另外，能否就欧美学者的明史研究，发表些意见？对此我不敢有奢望。不过，如能听您谈谈，肯定是一言九鼎，我也会踏实一些。

据刘小姐说，她平日做了不少这方面的收集，我是否可以仰仗她？

北京的秋天，是北京人可以邀请宾客的唯一季节。您的北京之行是否已做好安排？何时抵京，请您掷一便函告我。我一定去看您，这个机会不可再失。

即颂

雅安

廖心一 上

86.9.25.

廖伯源

廖伯源（1945—2021），男，史學家，專治秦漢史，曾任「中研院」歷史語言研究所研究員、香港新亞研究所所長、東吳大學歷史系主任，著有 *Les Institutions Politiques et la Lutte pour le Pouvoir au Milieu de la Dynastie des Han Anterieurs*（政治制度與西漢中期之權力鬥爭）、《歷史與制度 —— 漢代政治制度試釋》、《簡牘與制度 —— 尹灣漢墓簡牘官文書考證》、《制度與政治 —— 政治制度與西漢後期之政局變化》，及眾多其他論著。

中央研究院歷史語言研究所
Institute of History & Philology
Academia Sinica
Nankang, Taipei, 11529
Taiwan, R.O.C.
TEL: 886-2-782-9555
FAX: 886-2-786-8834

令揚先生尊鑒：敬啟者，久疏箋候，甚為失禮。先生大度，不與小輩計較。今有一事請求　先生幫助：嚴耕望先生逝世後，其所指導之新亞研究所博士班學生李啟文君由晚掛名指導。李君治水經注，為嚴先生晚年之得意弟子，嚴師母且要求李君於畢業口試後負責整理嚴先生之遺稿。今李君之論文口試將在今年六月底舉行，謹鄭重請求先生為李君論文口試之考試委員。先生為香港歷史學界之領袖，望准所請，以完成嚴先生之遺願。專此，敬請

教安

晚廖伯源敬上
1997.4.22.

又：請先生在四月底之前與陳學霖教授通話，告知　先生之決定。陳教授將於五月初來台開會，晚知先生之決定後，再通知新亞研究所。

劉子健

劉子健（1919—1993），男，美國華人學者，宋史專家，曾於美國匹茲堡大學及史丹福大學任教，普林斯頓大學榮休教授，著有《兩宋史研究彙編》、*Reform in Sung China: Wang An-shih (1021-1086) and His New Policies*、*Ou-yang Hsiu: an Eleventh-Century Neo-Confucianist*、*Political Institutions in Traditional China: Major Issues*、*China Turning Inward: Intellectual-Political Changes in the Early Twelfth Century*，及眾多其他論著。

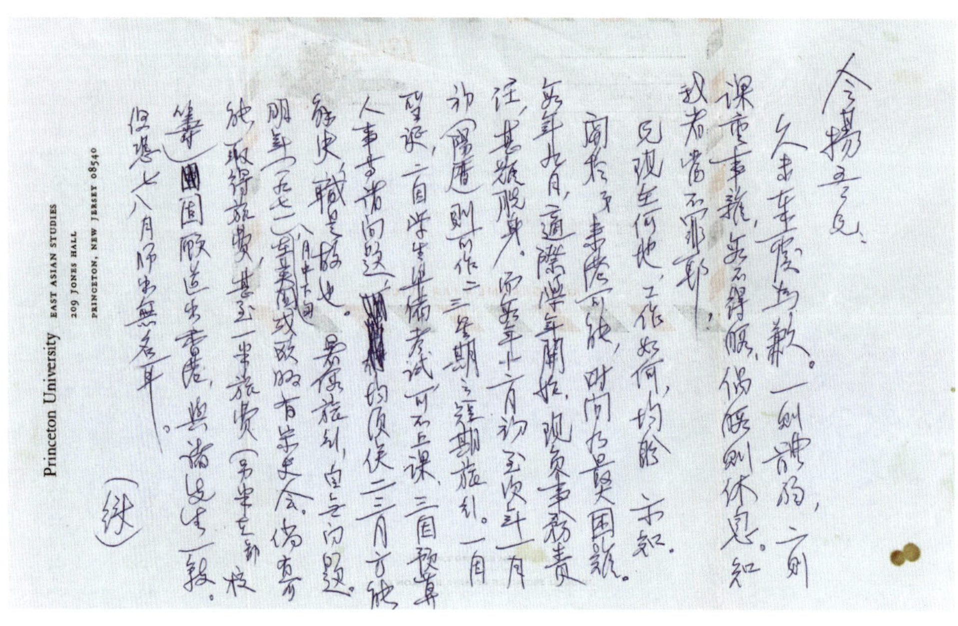

Princeton University EAST ASIAN STUDIES
209 JONES HALL
PRINCETON, NEW JERSEY 08540

令揚吾兄：

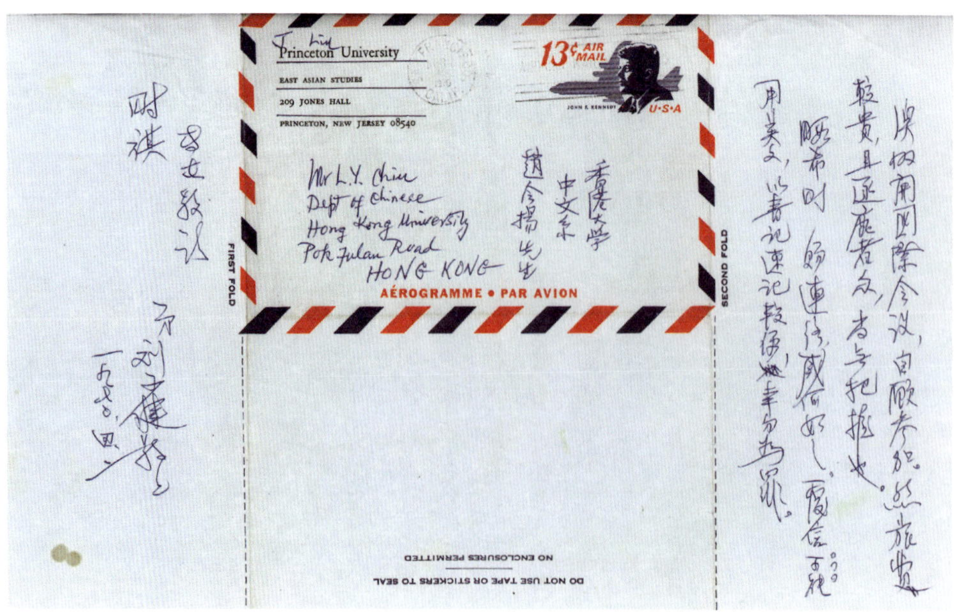

Princeton University
EAST ASIAN STUDIES
209 JONES HALL
PRINCETON, NEW JERSEY 08540

13¢ AIR MAIL
U·S·A

Mr L.Y. Chiu
Dept of Chinese
Hong Kong University
Pok Fulan Road
HONG KONG

香港大學
中文系
趙令揚先生

AÉROGRAMME • PAR AVION

FIRST FOLD

SECOND FOLD

DO NOT USE TAPE OR STICKERS TO SEAL
NO ENCLOSURES PERMITTED

Professor James T. C. Lui
Princeton University
EAST ASIAN STUDIES
211 JONES HALL
PRINCETON, NEW JERSEY 08544
U.S.A.

1983、7.11

令扬吾兄：

此间得教，转瞬两年。后奉 手教，谓1983夏可能重游，自拭目以待。两月未得讯，想或变更计划，怅怅。不识今后何时光临，翘希长谈。近日读陈公博苦笑录，乃 吾兄所编。其中若干处，皆甚见编者之明，诚难能可贵。敬佩之余，尚当请 教。

弟附上拙稿一篇，甚盼能在香港学报发表。多年来，无缘与港友结文字缘，实一憾事。设蒙推毂刊载，感何如之？另封又寄中大史系李弘祺兄，意谓中大亦可讨论付梓。并又告以另呈吾兄。尚祈就近联系，以利进行。弟已六十有余，今后决心多用中文撰稿，想蒙 嘉许耶？敬请

文安

弟刘子健上

令揚兄：

寄奉一函，附有"馬球"之稿。乃吾中文大學李弘祺兄大作一篇，求在香港發表，兼以紀念羅香林先生也。

茲附上發表之紙，費心代办，感何如之？

日昨 Association for Asian Studies 寄來一冊，有各大學報編者地址，即複製一份，寄 兄備用。

兄今夏、秋、有來美計劃否？便盼再敘。

暑安

弟劉子健上

1983.7.27

第 ○ 页

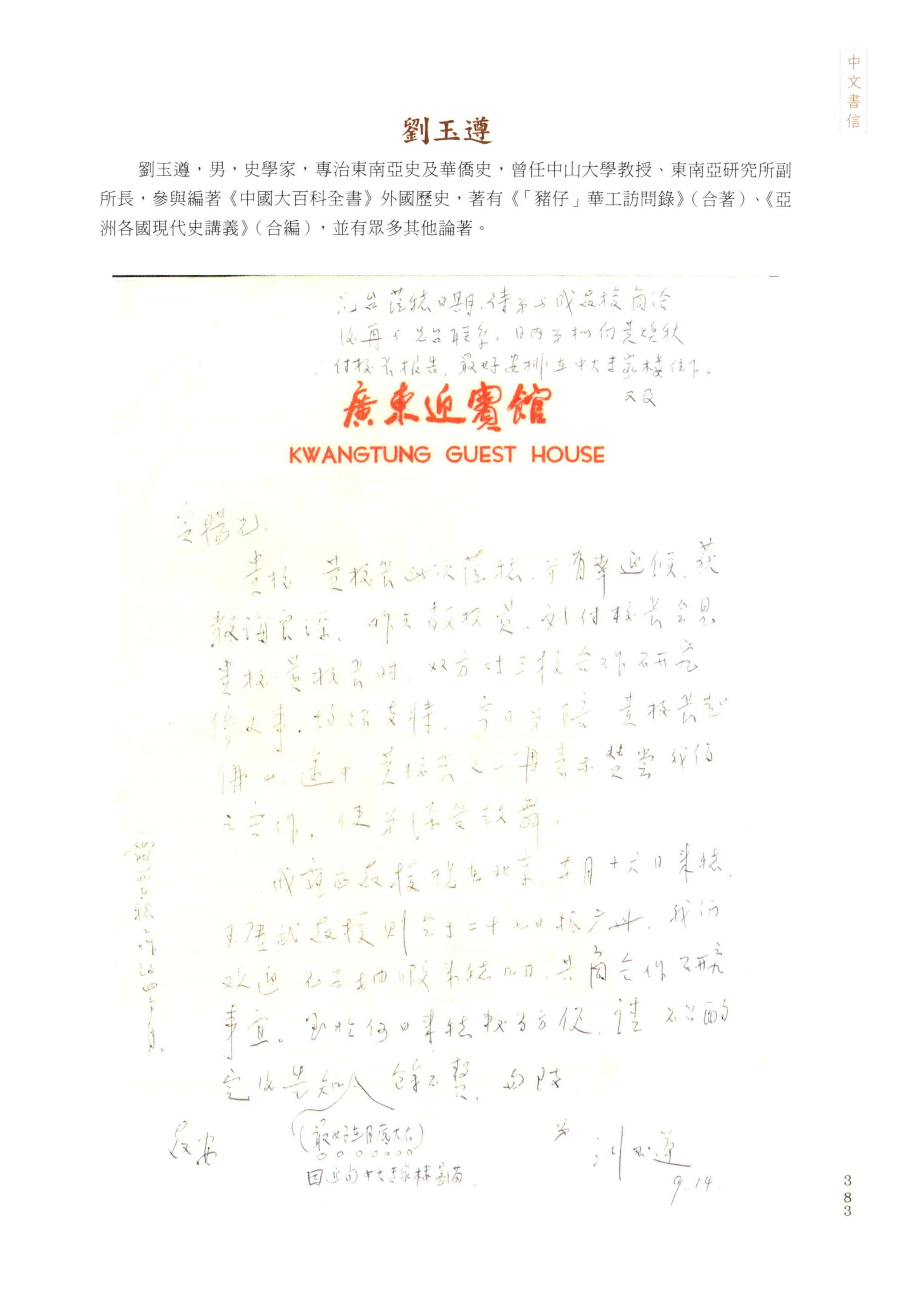

劉玉遵

劉玉遵，男，史學家，專治東南亞史及華僑史，曾任中山大學教授、東南亞研究所副所長，參與編著《中國大百科全書》外國歷史，著有《「豬仔」華工訪問錄》（合著）、《亞洲各國現代史講義》（合編），並有眾多其他論著。

廣東迎賓館

KWANGTUNG GUEST HOUSE

劉欣大

劉欣大，男，專注文學理論研究，曾任江西省文學藝術研究所文藝理論研究室主任、江西省社會科學院語言文學研究所文學理論室主任，著有〈科學家與形象思維〉、〈靈感：思維莽原上的曇花〉、〈文藝是時代媽媽的兒子〉、〈形象思維：靈魂的眼睛〉等專論。

江西省社会科学院

香港大學中文系：

不揣冒昧，寫此信詢問貴校學報。

近十餘年，我集注於文藝學基礎理論研究，如"形象思維"問題（《中國社會科學》1980.3）、"現實主義"問題（《文學評論》1985.3）和"靈感"問題（《當代文藝思潮》1983.2）等等。不知貴校是否有人文科學學報，是否登載國內學者的此類文章？望告知。

我對香港人文學術界情況一無所知，能否同時告知香港的純人文學術刊物（唯以學術為宗旨，不帶任何政治傾向），包括它們的選題類別及通訊地址？致

禮

劉欣大

95.2.16

地址：

330006　江西省

南昌市洪都北大道11号

江西省社會科學院 文學所

5494530021

劉皇發

劉皇發（1936—2017），男，商人，曾任香港特別行政區立法會議員、新界鄉議局主席、行政會議成員，獲授大紫荊勳章。

劉皇發
立法局議員
屯門鄉事會路雅都商場二樓四至六號
電話：四五七二八二二
圖文傳真：四五九三六八五

Lau Wong Fat O.B.E., J.P.
LEGISLATIVE COUNCILLOR
4-6, 1/F, Eldo Court,
Tuen Mun Heung Sze Wui Road,
Tuen Mun, N.T.
Tel: 4572822
Fax: 4593685

敬啟者：先嚴棄養辱蒙
寵駕執紼使靈輀肅駕窀穸載安泉壤復蒙
簡述先嚴生平事略極備哀榮高誼隆情歿存
均感惟以在制未便踵謝謹肅寸楮藉表微忱伏維
矜鑒 此上
趙令揚先生

棘人皇發 率眾親屬 謹叩

一九九零年八月九日

劉重日

劉重日（1930—2007），男，明史及李自成研究專家，與王毓銓等創立中國明史學會並曾任會長，曾任中國社會科學院歷史研究所研究員、明史研究室主任及教授，負責編寫《中國通史》第六冊，著有《李自成終歸何處》、《瀕陽集》、《中國經濟通史：明代經濟卷》（合編），及眾多其他論著。

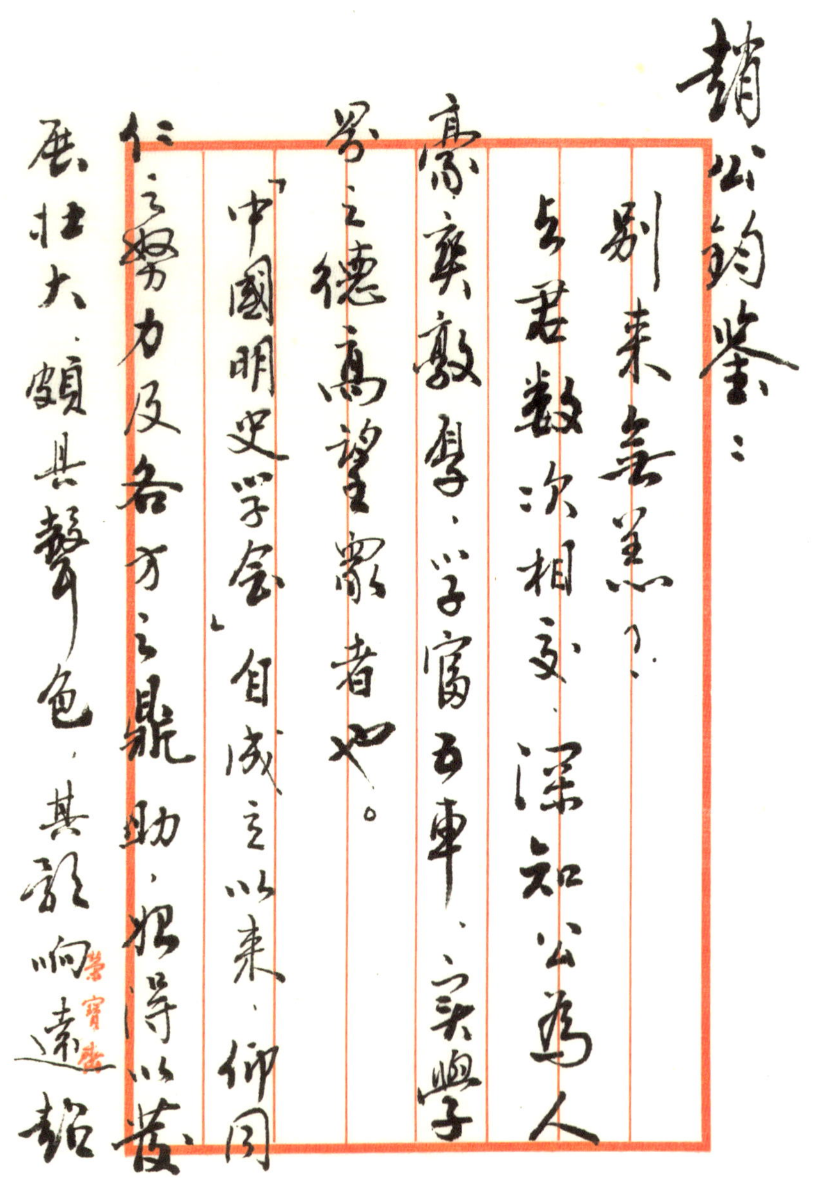

趙公鈞鑒：

別來無恙？

與君數次相交，深知公為人高爽，敦學、學富五車、實學界之德高望眾者也。

「中國明史學會」自成立以來，仰同仁之努力及各方之鼎助，得以發展壯大，頗具聲色，其影響遠超

（此信共三頁）

出海峽之外，此乃各史學者所共識、樂道，而稱羨矣。雖然，明史學者缺趙公一大家，似缺猶璧玉之殘矣，實為錦上之黃明珠也。前者以學界之倡議，敦聘閣下出任校務顧問一事，因香港未歸，事業涉外而耽延未決。今港埠歸一，學界一家，此議因而重提，且託予致書閣下，以達盛望，未知趙

公能屈尊下就否？遂望撥冗音

示為盼。

學會按人數比例，理事人選設有

定額，且須有副教授以上資格，據之

暫定一人，請公門下高足何氏為宜，

請示教，以助定奪。

順祝

祺安！

劉重日敬書

九八、二、廿八、北京

劉紹銘

劉紹銘（1934—2023），男，中國現代文學專家、翻譯家、作家，美國威斯康辛大學麥迪遜分校榮休教授、香港嶺南大學講座教授，翻譯有喬治 · 奧威爾（George Orwell）的《動物農莊》（*Animal Farm*）、《1984》（*Nineteen Eighty-Four*），著作有 *Ts'ao Yu, The Reluctant Disciple of Chekhov and O'Neil*、《張愛玲的文字世界》、《吃馬鈴薯的日子》、《劉紹銘散文自選集》，及眾多其他論著。

THE UNIVERSITY OF WISCONSIN
Department of East Asian Languages and Literature
Van Hise Hall
1220 Linden Drive
Madison, Wisconsin 53706

令嫻大姐：

屢承函惠，朋友會常稱先生仁[illegible]義氣，因[illegible]古[illegible]。

我休假從今年九月開始，至十二月底止。上星期接到[illegible]課程排單，可1988至89這學年（September 1988 – June 1989），可請假。[illegible]一兩不會什麼小結我也，[illegible]這翻譯課程事，要到1988二月方知曉，先向您說，我希望[illegible]，但為了[illegible]，我得向中大[illegible]請[illegible]，[illegible]我可以多教一個學期。[illegible]

（此信共兩頁）

THE UNIVERSITY OF WISCONSIN
Department of East Asian Languages and Literature
Van Hise Hall
1220 Linden Drive
Madison, Wisconsin 53706

吧。

秋十月中旬坤偕同令坤時再詳談。德之、志昌、蓉忙，一切掛在心裏，寄此敬候

暑安

弟 劉紹銘上 8/1

劉淼

劉淼，男，史學家，專治經濟史，曾任安徽省社會科學院助理研究員、蘇州大學教授，著有《明清沿海蕩地開發研究》、《明代鹽業經濟研究》、《明代茶業經濟研究》、《徽州社會經濟史研究譯文集》（主編），及眾多其他論著。

赵令扬先生台鉴：

去年深圳一别，已数月有余，不知一向可好？

我社最近编译的《徽州社会经济史研究译文集》，已由黄山书社出版。本书收录美国学者基恩·论泽顿、居蜜，荷兰学者宋汉理，日本学者斯波义信、仁井田升、藤井宏、重田德、牧野巽、多贺秋五郎、佐伯富、松浦章等有关徽州农村经济、徽商研究论文十六篇，共42万字。因新亚研究所在愚处订购20册，不知贵院是否订购，故致函联系，恳望拨冗明示。

此外，本社还代办皖版图书发行业务。有《徽商研究资料》、《徽商论文集》、《徽州地契资料丛编》、《安徽近代社会经济史资料》等书，如需要购买，望一并告知书名及册数，

20×15=300　1101—15.87.6　第　頁

（此信共兩頁）

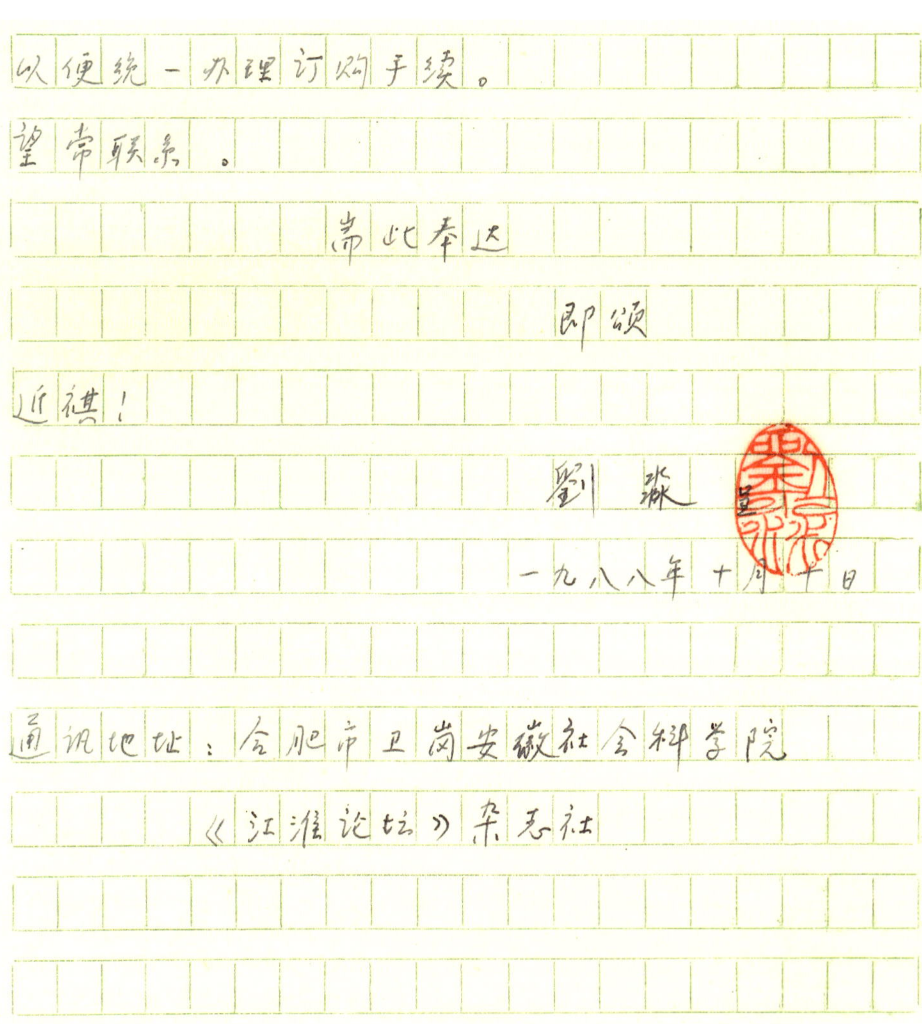
以便统一办理订购手续。

望常联系。

耑此奉达

即颂

近祺！

劉淼　呈

一九八八年十月十日

通讯地址：合肥市卫岗安徽社会科学院

《江淮论坛》杂志社

劉渭平

劉渭平（1915—2003），男，澳大利亞華人學者、華僑史專家、詩人，1945 年至 1949 年歷任雪梨總領事館副領事、柏斯領事館領事，後留澳大利亞居住，曾任悉尼大學教授，為澳大利亞華人歷史研究開創者，著有英文自傳 *Drifting Clouds: between China and Australia*（浮雲）、*The Development of Chinese Poetics in the Ch'ing Dynasty*（清代詩學之研究）、《大洋洲華人史事叢稿》、《小藜光閣詩集》、《小藜光閣隨筆》，及眾多其他論著。

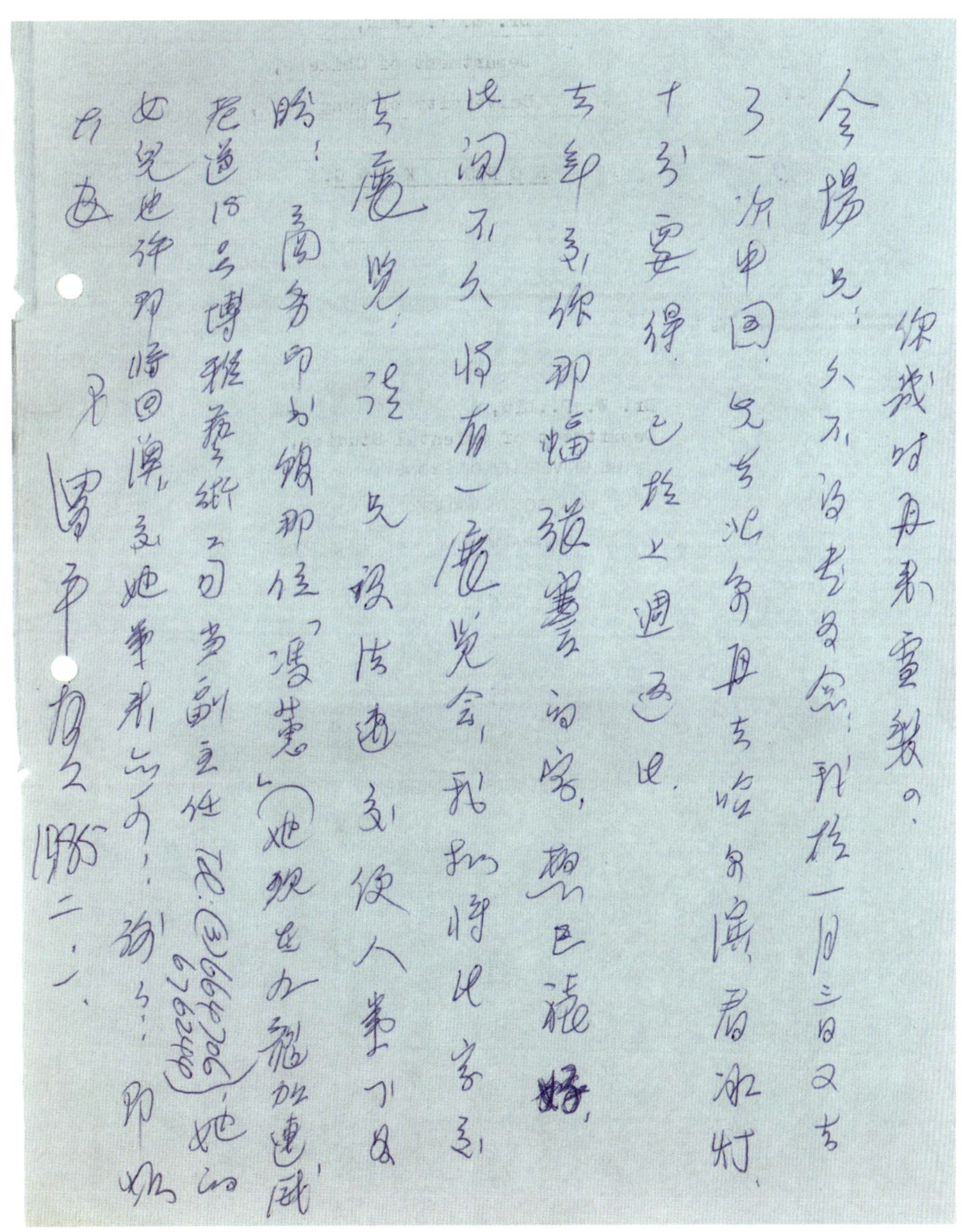

你幾時再來雪梨？

金揚兄：久不通音訊，我於一月三日又去
了一次中國，先去北京再去哈爾濱看冰燈，
十分要得。已於上週返回。
去年冬你那幅張書的字，想已裱好，
此間不久將有一書覽會，我想將此字送
去展覽。請兄設法送交使人寄下為
盼！商務印書館那位「馮蕙」（她現在九龍加連威
老道 15 號博雅藝術公司當副主任 電：(3)6684206 6762449），她的
女兒她仲那時回澳，又她華來了嗎？謝謝！即頌
近安
弟 劉渭平 上 1985 二、八

令揚兄：多承安排，

大箋の寄遊行，大費籌劃，

佩服佩服！謝兄任MA examiner，去歲

當校曾向會方正式函給你：

室大東方系（Oriental Studies Prof.）之位置，經於登

報請人，老兄以前似乎說過，你

意接受，但不意　兄不以再考慮一

下，因為：(一)老兄現在港大很係有

意，但「地盤」不穩，如果你能去

海外再鍍一次金，日後回港必能

交出一番政績，文化部長均有你

的份了！(二)你若要去謀出文

是舊同事，競爭也很必能勝兄，

來也做三の年，再回港大，豈不更好？

申請廣告你必能看到，今月廿一日

截止，望兄考慮考慮！即頌

大安

弟 [illegible]年 頓首 一九八五、[illegible]

令揚兄：[illegible]居實長他二女的

申請書已收到，今早親去女校，

探鬼婆說已加聯班均已客滿，且

Waiting list 者甚多，但她說努力設法，結果

如何尚不知，只好等她，請轉知[illegible]

前接港大來函知今年十二月開

會事，我定九月中去上海，大約到

十二月必可結束，但也係到非常[illegible]，

為該校方已安排，似乎不能住

你要錢補助，很難參加，只好暫

時放棄！請諒之至！

大學來時，定將[illegible]家事

來：

也問一切如意，Chair 申請人不知有多

少？你有沒有收兄有熟人想來？

Mabel及Agnes若要申請，我也可向她們

即頌

大安

弟 [illegible]年 頓首 五、十五

金揚兄：前日收信告訴此
來信，老兄の愛，實令人
佩服。
果君二女容旋有些不得回來
看後要再去一次：
藥看上海仁濟醫院（心臟外科）醫生 Dr. 張
志樑（Dr. Zhang Zhi-liang）說
長期（華僑）名醫 Victor Chang 之徒，要去悉尼修下個
月，如滿四回國，定八月二日乘 QANTAS 來
港，擬在港住の話，（八）月八日即去上
海，後君在港人地生疏（不會粵語）
述）不要告。兄代為設法訂住
港大之 Sir Charles Black College の（四泊，八月二〜五日）
房否多少？請告知，張君在港並
照顧這些事，麻煩請兄指導為
兄沒有工夫，不要請另介紹一人陪之
他們一切拜託。即頌
大安
弟 岡本 五八 王世

金揚兄：我已草就
「章太炎的民族思想」一文
（中文）整理中，不是很理想，
但尚在研究者：
我已將黑島君の祖將與
《世黄俗史》出版後，就送兄
《西儒像》，請你另寫一書
評（用你的大名或筆名均可）
登在明報月刊上，
以為「宣傳」之用：是否
可行の，拜托拜托。
既聞已出版，你在台灣之行
如何？我們很需要的嘉賓
們從「來自南洋」的事們當然
十分「歡迎」，但大學當局

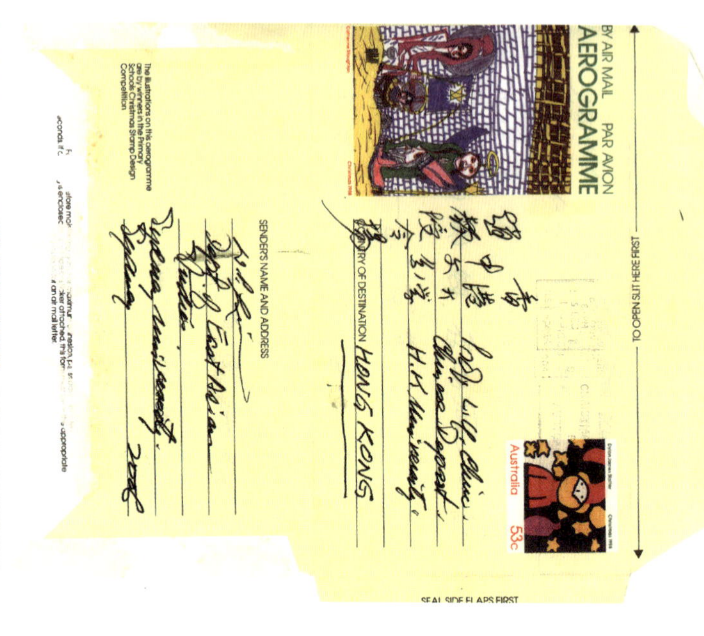

卻吃不消了！他們本不理，表
信不復，開會不去！充分道歉
意見之政策，妙極！：他教
也不錯（據榮先生說）即頌
大安 弟 澤平 五、十一、十二、五

DO NOT WRITE BEYOND THIS LINE

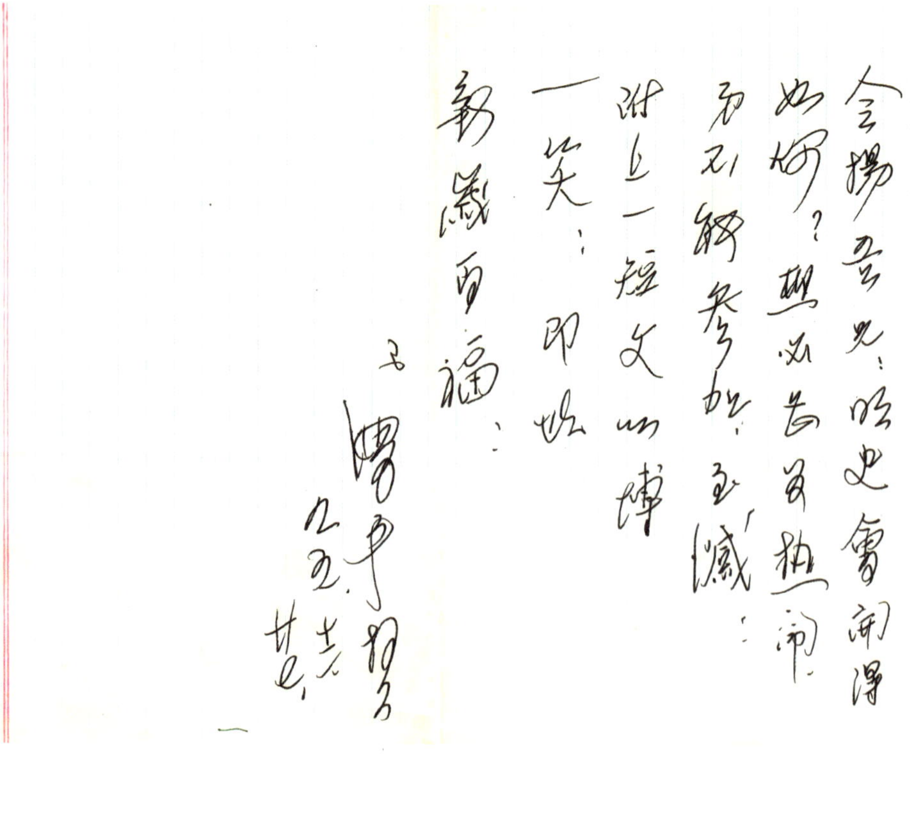

令揚吾兄：昨史會開得
如何？想必甚為熱鬧。
弟不能參加，至憾！
附上一短文以博
一笑：即頌
新歲百福：
弟 澤平 拜
九五、十二、廿七

今揚吾兄：

(一)明史會開得如何？想必成功！

附上北京出版的（書目文獻出版社）簡介一份，想我研究張岱的專家（見簡介內結文）先研究明史，想必以收藏此印刷品為快也！

(二)梁夫婦正在近日在此渡假，日內即返臺北。下月（二月）下旬他會來香港小住，屆時他會打電話與兄聯絡，但不知那時候　大駕是否在港。

(三)楊氏家表兄說得也遠在此。我已約他二人後日飲茶；

(四)附上拙文一篇請指正！　此頌

年禧　弟　周策縱　拜

九一、一、三

尊夫人　均此

今揚吾兄：久不通訊為念：曾已由教授上月遠逝，我寫了一篇短文紀念他，附上請賜正。閱後可轉交楊永安兄：大駕何日來此？拙文出版事有無進展？所請鄭印代為聯繫劇，但願早日完工，拜託了。

即頌

時祺　弟　周策縱　拜上

九一、八、廿八

令揚吾兄：

承賜電話告感，天地圖書的陳松齡九月七日來信，說已看過你送去的稿，他們樂意出版，而且華社的Disc（圖形光碟）如找得到，可給他一份，如找不到，他們會重排。他希望有多些圖片，我已將我所有圖片直接寄給他，兄如另有有關澳華僑歷史的圖片，望借一些給他，楊永安兄也許也有，望代為「預」約備用望。

請兄寫一短序，一份給陳，一份給我，謝謝！

我已定明年（2000）一月十六日由北京去台北，十八日由台北來香港，住十天（或兩週），希望能住利景酒店，以免登山之苦！大駕何日來臺？一切面談，即此

大安

弟 啓平 一九九九，九，十四。

令揚吾兄：前函計達：

(一)近日讀到台北中央日報上刊有有關許地山一文，剪寄，供兄參考。

(二)並附上前幾日剪下之文，作者何人，不知，此文說清末民初的「某石齋畫報」上刊有有關澳洲華僑生活之圖文，似為有趣，可以寫一篇短文。港大圖書館中，想必有此畫報，請將該文剪材（已放大複印）兄事忙可請楊永安或馬楚堅去找出該畫報，將有關澳洲華僑事跡之圖文仔細複印（圖及文）下來，加以研究，複印之圖文請寄我一份，以備參考！

(三)天地書局陳君已將合同草約寄來，看樣子，他們一定可以出版了；老兄序文請寫後寄他，如有圖片亦希望能借用！

(四)香港大風 華洗為念！ 此頌

大安

弟 啓平

九九，九，二十

The University of Sydney

今擬好《蘇旭濤筆》，全稿寄上。你說你要我找家出版社商量一下，我不希望賣錢，但也不想化錢，只希望出書而已！找到出版社之後，我可以直接與他們商洽其他細節……握握

安好

潤平

3月廿五

劉夢溪

劉夢溪，男，文史學者，為中國藝術研究院中國文化研究所所長、終身研究員、《中國文化》創辦人兼主編、大學教授，對中國古典文學、現代文學、文化史、學術史都有研究，主編《中國現代學術經典》叢書，著有《陳寶箴和湖南新政》、《紅樓夢與百年中國》、《馬一浮與國學》、《中國現代學術要略》，及眾多其他論著。

中国艺术研究院

令揚教授道席：章氏文集久覓不得，致使函遲至今日才寫信給您。昨晚終於從書堆中找到了，特寄上，請查收。內子簡歷一紙並呈，請收覽。我的演講題目擬定為：《論錢鍾書的解構主義文化觀》，或《錢基博和他的「現代中國文學史」》。兩個題目都是我研究多年而終未寫之為文的，希望得到先生暨港大諸學術先進的指教。另內子新出小書一冊並呈晒正。不備，即頌

大安

夢溪 拜啓

五月廿四日

劉鳳翰

劉鳳翰（1928—2007），男，史學家、中國近代軍事史專家，兼治中國近現代史，曾於軍中任連長、營長，後為「中研院」近代史研究所研究員、香港新亞研究所教授，著有《袁世凱與戊戌政變》、《于右任年譜》、《武衛軍》、《國民黨軍事制度史》，及眾多其他論著。

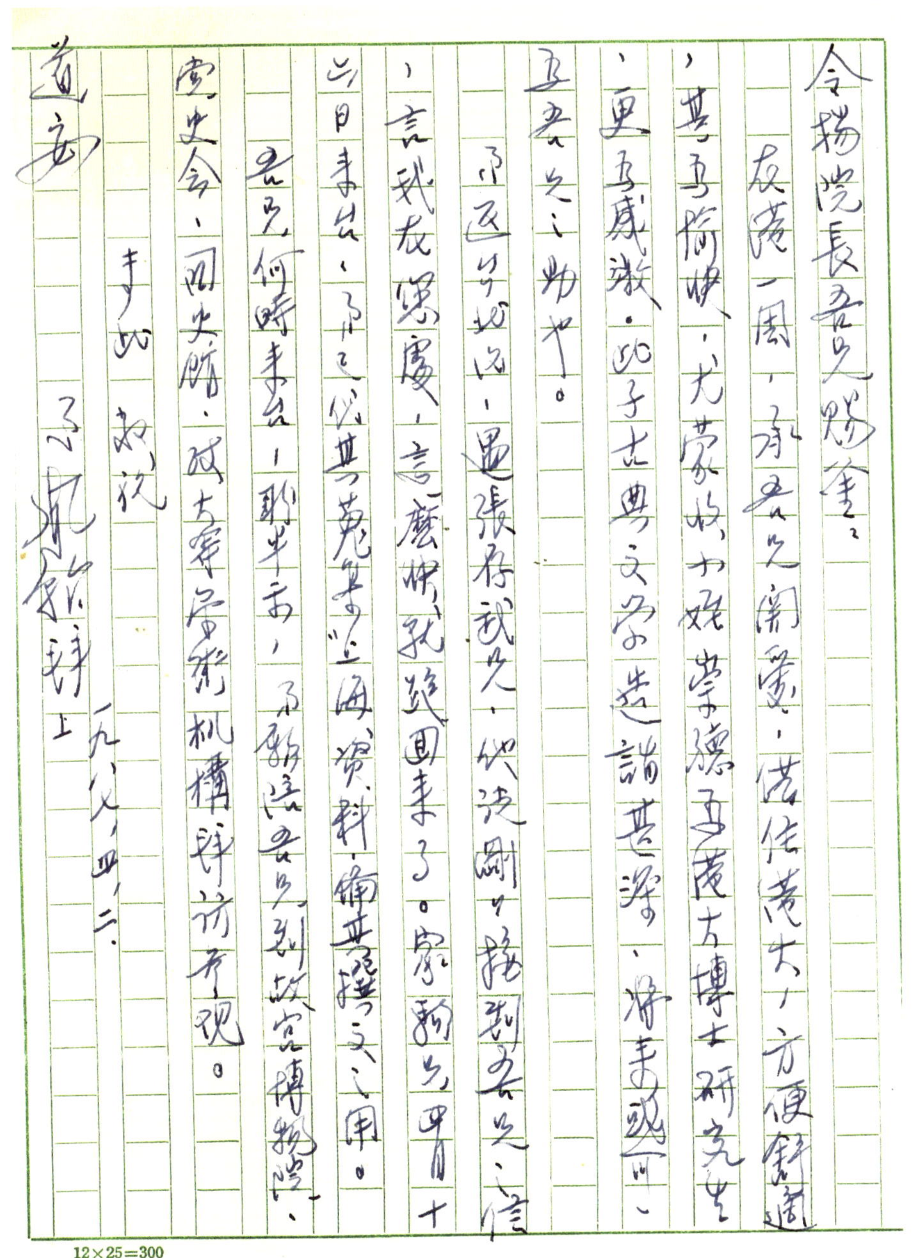

令揚院長吾兄勛鑒：

在港一周，承吾兄關愛，借住港大，方便舒適，甚爲愉快，尤蒙收小婿學德為港大博士研究生，更為感激。此子古典文學造詣甚深，將來或可爲吾兄之助也。

弟返此後，遇張存武兄，他說剛接到吾兄之信，言我在深慶，言歷快，就趕回來了。家翰兄早日十六日來台，弟已代其蒐集上海資料，備其撰文之用。吾兄何時來台，盼早示，弟願陪吾兄到故宮博物院、黨史會、國史館、政大等學術機構拜訪參觀。

專此　敬頌

道安

弟　鳳翰　拜上

一九八八、四、二

12×25=300

廣東華僑歷史學會

赵令扬教授：

欣闻先生于四月间来中山大学作学术交流，甚喜！素慕先生在华侨历史和华侨问题研究方面学识广博。自担任我会名誉理事以来对会务工作亦多关怀支持。据中山大学东南亚历史研究所林家劲先生和郑德华先生称先生在中山大学期间能抽暇为我会会员作一学术报告，这对我会是一大盛事。现特函请先生届时为我会会员及在穗的侨务工作者、归侨知识分子作一以澳州或东南亚华侨为中心内容或其他有关侨史或侨情的学术报告，不胜感荷。具体时间安排，待先生抵中山大学时再行商定。

专此，顺致

教安！

广东华侨历史学会

一九八三年四月二日

樓棲

樓棲（1912—1997），男，詩人、作家、文藝理論家，曾任中山大學教授、《中山大學學報》主編，於詩歌、散文、小說創作和文學批評、文學理論研究都有卓越成就，有《窗》、《反芻集》、《論郭沫若的詩》、《文學概論》（合編），及眾多其他論著。

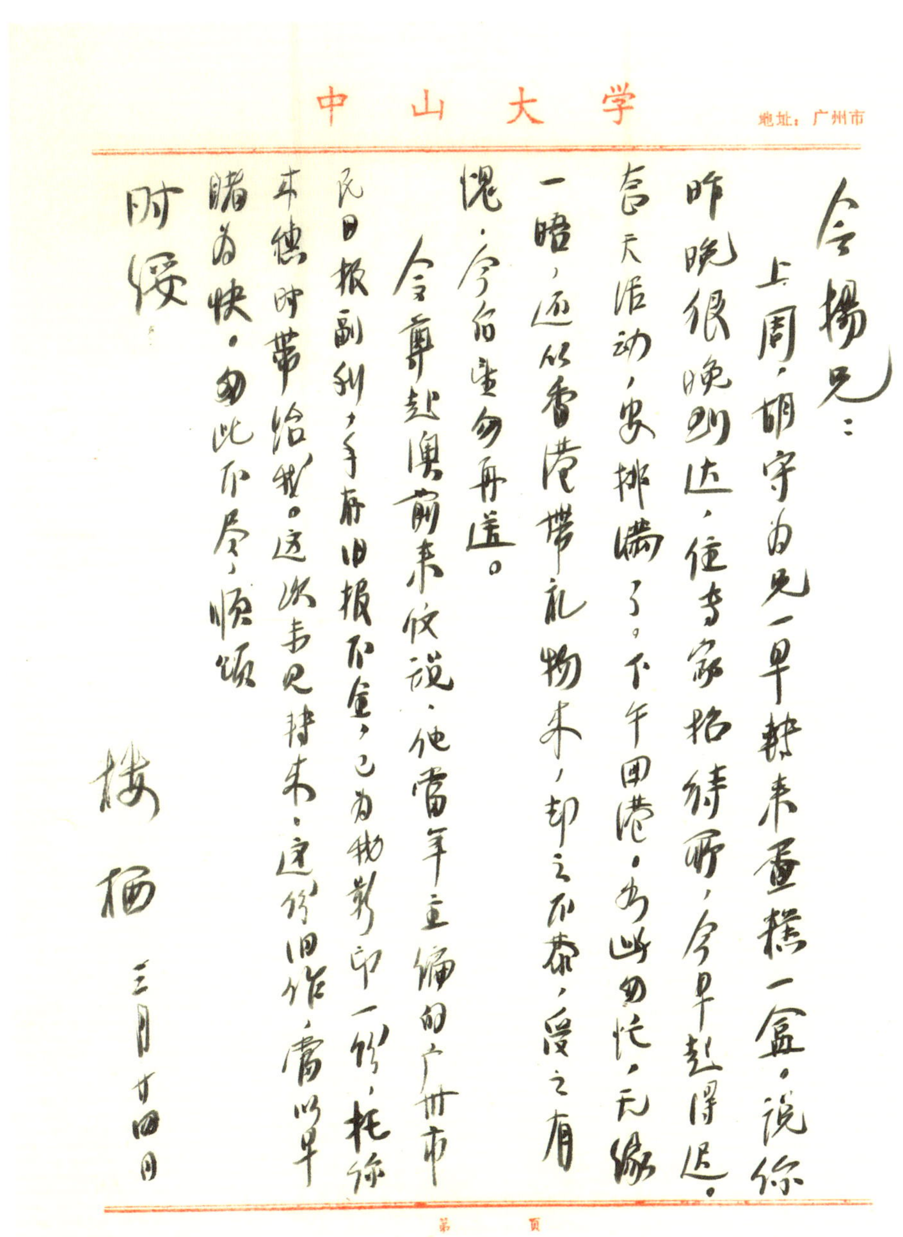

中山大学　地址：广州市

令揚兄：

上周，胡守為兄一早帶來蛋糕一盒，說你昨晚很晚纔到達，住李家招待所，今早起得遲。當天活動，安排滿了。下午回港，如此匆忙，無緣一晤，還從香港帶禮物來，卻之不恭，受之有愧。今後望勿再送。

令尊赴澳前來校說，他當年主編的广州市民國日報副刊，手存舊報不全，已為我影印一份，托徐本德附帶給我。這次吾兄捎來，這份舊作，當以早睹為快。匆此作覆，順頌

時綏

樓棲

三月廿四日

第　頁

1984年

令扬兄：

得书甚慰。前次来校作学术交流，介绍西方学术动态，受益不浅。惜日程安排太紧，未获深谈。回港前夕的告别宴会，我因身体不适，未能参与，深以为憾。车站送行，不允进入月台，匆匆握别，怅怅！

惠寄港刊《八方》及台湾光复前文学作品八册，盛谊隆情，不胜感谢！海关检查，尚需时日，不知何时才能到手。我没有想到你寄得这么快。我校有免检信箱，不须海关检查。香港友人，常由信箱寄资料给我，几天就能寄到。前次忘记信箱号码，故未提及。今后倘再寄台湾文学作品，请按免检信箱号码寄来：广州市1101信箱，我收，保证可以早日寄到。一般信件和书籍，不必由信箱转，海关容易放行。

上月，贵系陈耀南先生受罗忼烈教授之嘱，惠赠所著《魏源研究》一册。见面时请代向罗教授、陈先生深致谢忱。

专此，顺祝

教安！

楼栖 十月五日

潘國鍵

潘國鍵，男，史學家、書法家、作家，曾於香港中文大學任教，於《華僑日報》、《明報》、加拿大《星島日報》撰寫專欄，並曾於香港及多倫多舉行書法展，著有《北魏與蠕蠕關係研究》、《潘國鍵書法展覽》、《潘國鍵書法集》、《孫過庭書譜白話對譯》，及眾多其他著述。

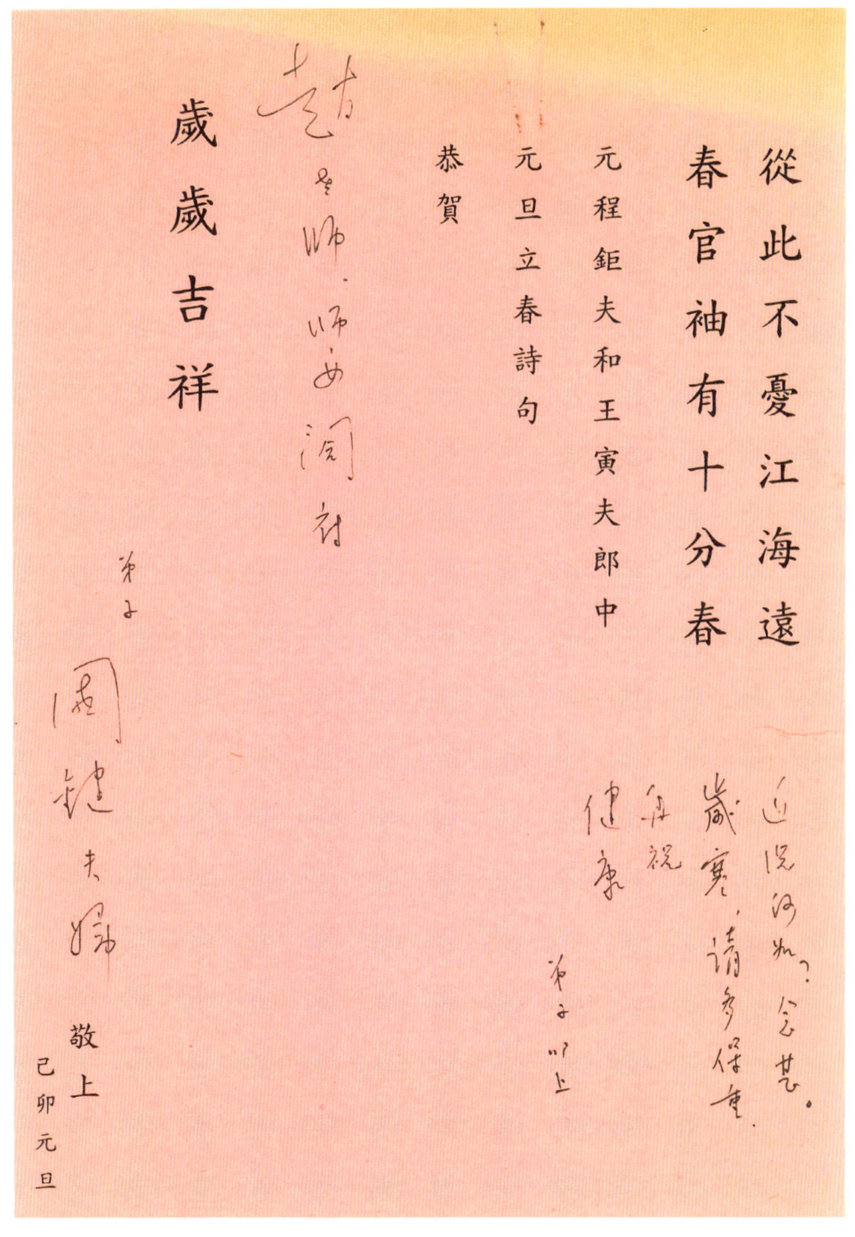

從此不憂江海遠
春官袖有十分春
元程鉅夫和王寅夫郎中
元旦立春詩句

近況何如？念甚。歲寒，請多保重，并祝
健康
弟子叩上

恭賀
趙老師、師母、闔府
歲歲吉祥
弟子
國鍵夫婦
敬上
己卯元旦

（此信共兩頁）

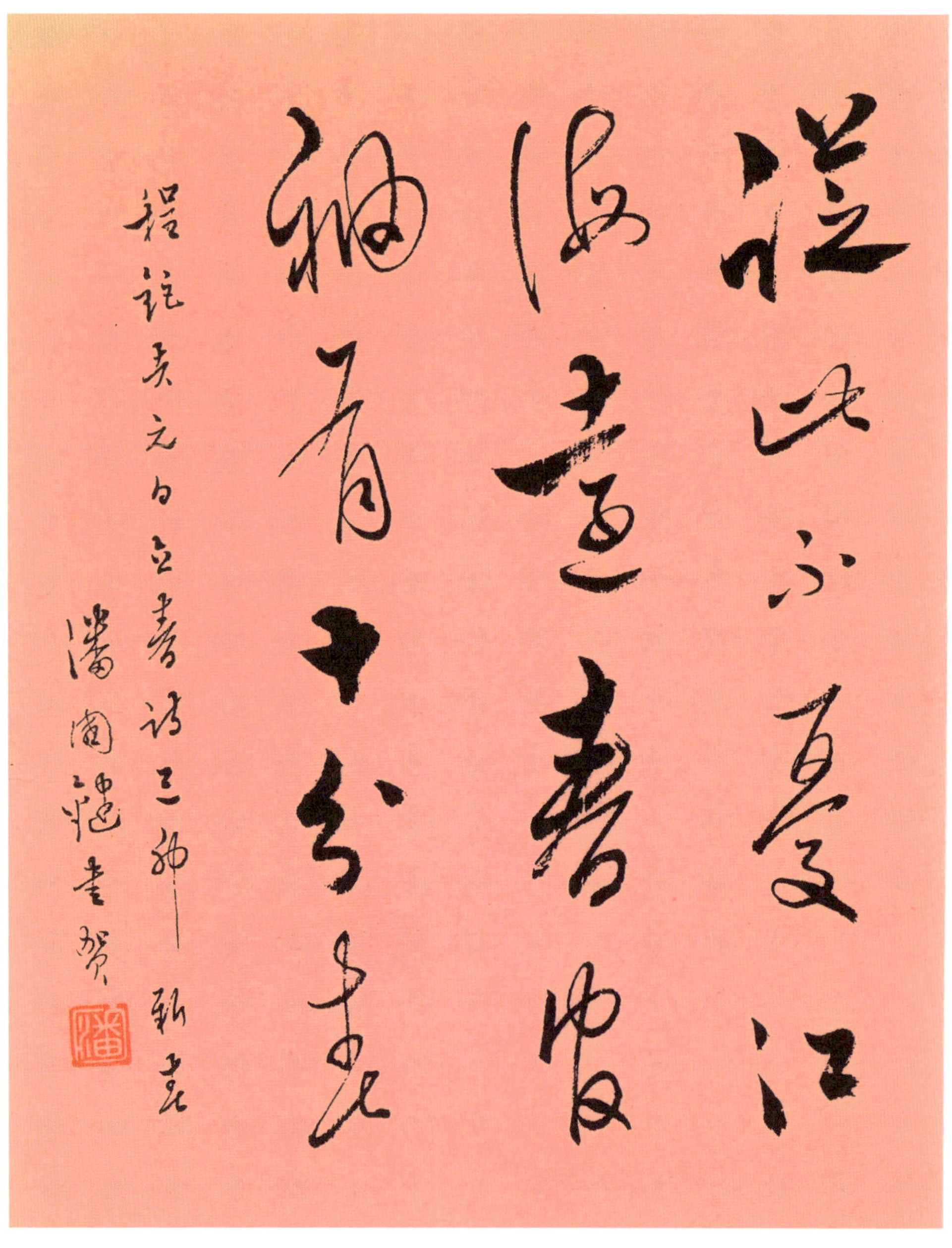

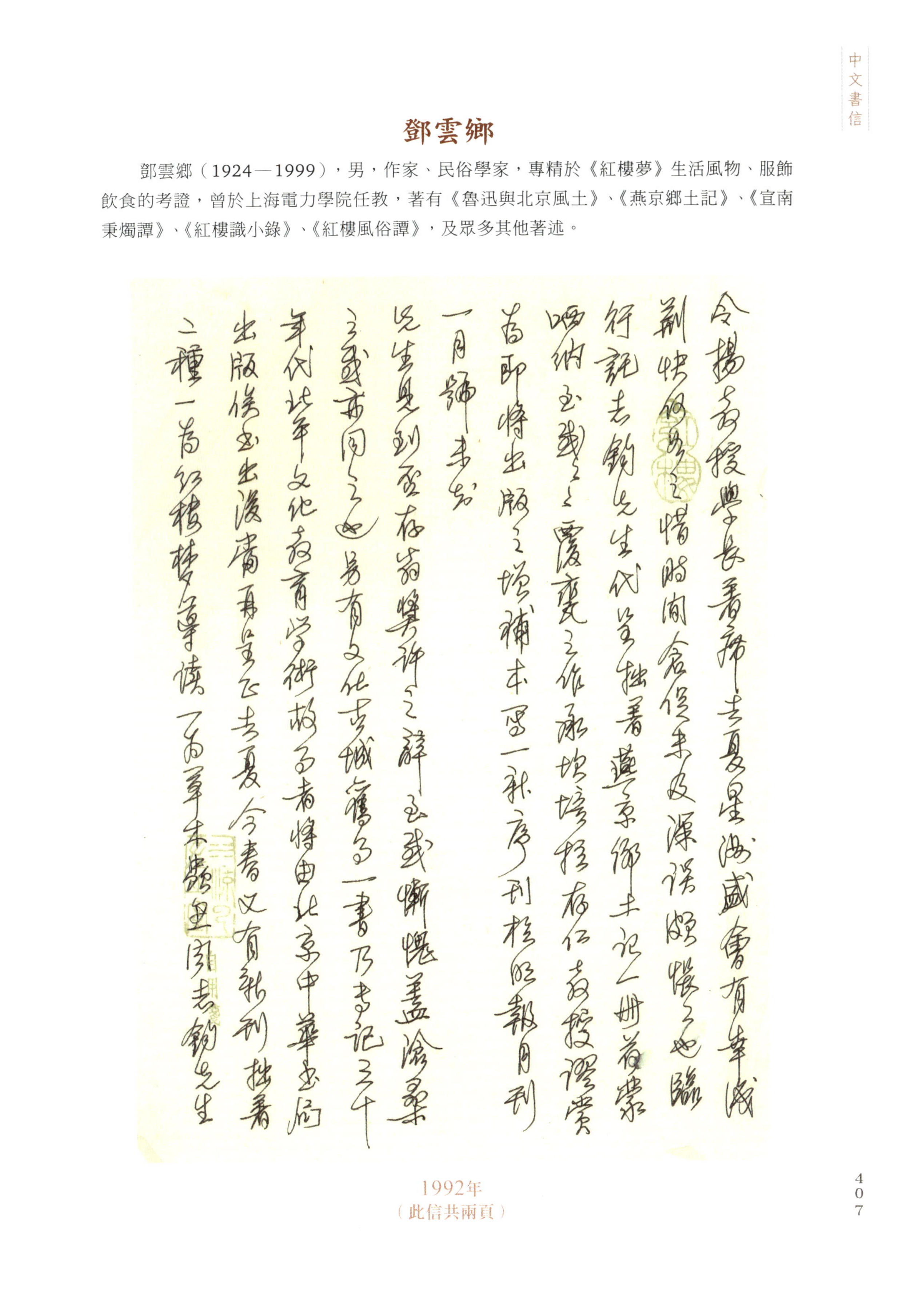

鄧雲鄉

鄧雲鄉（1924—1999），男，作家、民俗學家，專精於《紅樓夢》生活風物、服飾飲食的考證，曾於上海電力學院任教，著有《魯迅與北京風土》、《燕京鄉土記》、《宣南秉燭譚》、《紅樓識小錄》、《紅樓風俗譚》，及眾多其他著述。

1992年
（此信共兩頁）

經緒老台先生撰托其弟呈經電話聯繫，知已命
駕不能再帶，今即從郵平寄拙著三種，除前之種
外，尚有舊著紅樓夢風俗譚一冊，係寄呈請多
教正為荷。至於風俗譚有台北中華版，香港印刷較
為精美，第草木鐸出之書，香港商務亦同時出版，影
印十分潦草，唯篇數較少，且有改動處，反不及內地
之小冊子也。聊備淺淺博
大雅一哂之耳。今年
此間有東滬之友，擬年終之香港，若有開會或經
期請此等機會去港，賜予照拂也。專肅順頌
著祺 鄧雲鄉 十一月四日

弟擬名之學院，尚一小學校，無子可能，可隨意去香港。又及

自用箋

1992年

鄭培凱

鄭培凱，男，學者，研究範圍廣及中國文化史、明清文化、中國審美文化、經典翻譯及文化交流，曾於美國耶魯大學、台灣大學等多所大學任教，後為香港城市大學創立中國文化中心並任中心主任，曾主編《九州學林》季刊，著有《湯顯祖與晚明文化》、《陶瓷下西洋：十二至十五世紀中國外銷瓷》（合著）、《茶與中國文化：茶文化、茶科學、茶產業》（主編），及眾多其他論著。

1997年感懷

人們都說，今年的聖嬰現象
是世紀末風雲變色的徵兆
太平洋波濤的溫度升降
左右了人類文明的興盛與衰亡

到了歲暮飄雪，總會有人嗟嘆
為什麼不是三月天如火的杜鵑
沿着夢土的山坡，留連悠遊
山谷深處，小橋流水，鳥鳴清幽

季候風的方向從來不曾變更
矯飾衰弱也永遠找不到青春之泉
只有教會與警察才會宣佈真理永駐
植基在明年春風楊柳的安定與秩序

總算是目睹了二十世紀的詭譎
滄海抖抖長袖，化作島上的桑田
有人敢說不是，就得犧牲畢生的時光與幸福
為別人不想听的真話下一個腳註

1997年12月於紐約

恭賀新禧　　培凱敬賀

鄭德華

鄭德華（1944—2024），男，史學家，研究範圍包括中國歷史文化、嶺南文化、客家族群文化、廣東僑鄉與海外華人史、香港及澳門史等，曾於中山大學東南亞研究所、香港三聯書店編輯部、澳門中西創新學院等處任職，為澳門大學榮休教授，著有《歷史追索與方法探求——香港歷史文化考察之二》、《廣東僑鄉建築文化》、《土客大械鬭：廣東土客事件研究1856—1867》、《台山僑鄉與新寧鐵路》（合著），及眾多其他論著。

趙教授：

近好。

今天收到張映秋老师的来信，附有中山大学同意我到港大攻读博士学位的通知。他们在通知里说希望您"出具接纳"函件恐怕是为时尚早，因为我想这得经港大有关委员会的讨论同意後才能发出，是吗？我在美逗留的时间到今年九月，所以中山大学方面得马上考虑我下一步的安排；另外，作为我个人来说，也希望能尽快决定何去何从，这一点恐怕您是能体谅的。

近悉胡守为、成露西教授们未收到港大要他们写推荐信的通知。他（她）们多次问我，但我不知港大的具体申请程序，所以無以答覆。

我的有关申请文件是否全部收到？是否合乎要求？请能示知。

我六月二十日至七月十三日到东海岸N.Y和Washington D.C开會，回L.A後还会到Seattle一趟，为期约一周。不知能否在去东部之前收到您的训示？

问候冠麟兄及其他前辈、朋友。

即颂

教安！

学生 鄭德華 85.5.17.

△中大在通知中说攻读时间为两年，我以为是有延長的可能的。又及。

魯軍

魯軍，男，學者，曾任北京大學講師，作為主要倡導者，與梁漱溟、馮友蘭、張岱年、季羨林、朱伯崑、湯一介、李澤厚、龐樸、李中華、樂黛雲、王守常等共同發起成立中國文化書院，推動繼承和闡揚中國文化。

中国文化书院

趙令揚先生：

欣闻香港大学教授团定于四月来京访问讲学。望赐告行期、日程及讲题并有关材料，以便安排。

中国文化书院教授团即将前往贵校访问，请贵方面望予安排、关照、提供方便。另请再为郁风、姜燕女士各发一邀请，俾随团前往。

随函奉上敝院访问团成员情况介绍材料，请阅。不详之处请函示。

专此

顺颂

研安

鲁军 86.3.7

地址：北京和平门外安平里3号　电话：33.3104

黎克明

黎克明（1926—2016），男，大學講師、教授、華南師範大學副校長，曾任廣東陶行知研究會會長、廣東倫理學會會長、廣東管理哲學學會會長，著有《馬克思與馬克思主義》（合著）、《馬克思主義基本原理》哲學分冊（合著）、《哲學原理集辯》（合編），及眾多其他論著。

RECEIVED 9 APR 1985

趙令揚先生：

中國近現代哲学史討論會，將於今年五月十八日至廿五日在我校学術交流中心召開，敬請

先生光臨。

華南师範大学副校長 黎克明

一九八五年三月廿日

說明：

（一）、大會不配翻譯

（二）、旅費及食宿費均自理

盧明輝

盧明輝，男，史學家，專治蒙古史，曾任內蒙古社會科學院歷史研究所副所長，亦曾為中國蒙古史學會秘書長、理事，著有《蒙古「自治運動」始末》、《清代蒙古史》、《中俄邊境貿易的起源與沿革》，及眾多其他論著。

内蒙古自治区社会科学院

趙令揚教授：

您好？有幸在布达佩斯与您再次会晤，甚为高兴。今年11月中旬，我应香港中文大学邀请将赴港与该校历史系进行学术访问。该大学历史系主任陈学霖先生，是我相交多年的老朋友，这次是他邀请赴港进行学术交流。不过11月下旬，我还去广西出席"中外关系史学术研讨会"，所以，在港大约只能停留一周左右时间。

到时如方便时，我前去拜望您。我在匈牙利时已约请您，倘您愿来内蒙古大草原游览，领略"风吹草低见牛羊"的蒙古游牧民族风情，我乐于为您作陪，并仰望您光临。

寄上在罗兰大学学术厅我们的合影一幅，照的不太清晰，请原谅笑纳。在内蒙古有事，请来信或来电话（　　　　）告知，我愿为您效力。

余容后叙，即颂

教祺！

卢明辉 敬上

1997年10月8日匆草

蕭乾

蕭乾（蕭秉乾、蕭炳乾，1910—1999），男，作家、記者、翻譯家，1930 年代於《大公報》工作，主編該報天津、上海及香港之《文藝》副刊，後任倫敦大學東方學院講師，兼任《大公報》駐英記者，並報道第二次世界大戰，戰後歷任《人民中國》英文版副主編、中央文史研究館館長，並為中國作家協會名譽顧問，著作、譯作多次獲獎，輯成《蕭乾全集》及《蕭乾譯作全集》傳世。

香港 香港大学中文系 趙令揚教授

中央文史研究馆

令揚兄：近来好！我雖患腎功能衰竭（已割一个腎了），但尚能工作。今年《新文学史料》在连载我的文学回憶录。明年五月现代文学館、北大将开"文学生涯六十周年纪念会"，在歷史博物館开一展览，並出一本纪念集（四十萬字之譜）。

現介紹小兒蕭馳（1947年生）奉函来港。他目前正在美寫博士論文。關于他的一切由他自己介紹吧。今天寫信，是想托兄为他在港大或香港其他教育机構謀一教職。他能安定下来，走上軌道，为我一生最大的願望。相信兄会向他伸出友誼之手，給以幫助指点。

即頌
近安

潔若附候

弟蕭乾上
92.1.19日

12 AUG 1996

中央文史研究馆

令揚兄：謝謝寄來之剪報，令你勞費，因平生事太多，顧不及。另外，英美文藝報刊之來採訪，我已作了明白表示。昨天美國Time Magazine又派人來採訪。我寫了一文，寄兄一閱。此文已寄香港文學。如兄能再寄給海外華文報刊，至為感激。

知兄忙甚，不打擾。致問

近安

弟 蕭乾上

96.7.30

人民文学出版社
北京朝内大街166号　电报挂号2192

令扬兄：你好！

托校方寄上一套四卷的选集，收到了吗？

近潘耀明兄来此，写了封信催兄早日把"评传"写出交他。估计兄此时很忙，但也要安排时间，不要累坏。请兄务必不要过劳为荷。

顺祝

春安

弟 萧乾 上
14/2

何时再来京？盼见。

人民文学出版社

北京朝内大街166号　电报挂号2192

令揚兄：潮州來手奉悉。近作之匪，如今出選集

同是為文會結，先為翠華。吾兄學思俱成熟，

卅歲兄不足惜，可賀。弟也已因我們是友，

來京同事，相率從容也。弟今年不擬他去，

八月來京，一定歡候。弟家中無電話，來時請

電內子文瑛處（55-6108，時代出版社）可

談一晤也。目前弟正在與湖南人民出版社編

一套《海外見聞》，下半年擬出刊《編文集》（四

卷）。完此，整理舊作，即告一段落也。此問

夏安

弟　[illegible]

31/5

人民文学出版社

北京朝内大街166号　电报挂号2192

令揚兄：你好！

春间，兄曾闻中大邀弟于明年一月赴该校讲学事，兄曾表示希望弟於一月下半月赴港大。现中大邀请信已到，约的是2–4週。如果港大约弟下半月赴港的话，弟回中大信时即作"两周"，否则即答应他们"四周"。

请兄速来一正式邀请信（如港大仍请的话），并请与中大学艺学院院长傅元国教授联系，邀请信内容wording最好大致相同。弟

（此信共兩頁）

人民文学出版社

北京朝内大街166号　电报挂号2192

昔兄函再复中大，当必已尽速作复。如可以望给我一电话（星期中午或大早大晚打），信可以後寄補寄。即頌

夏祺

弟　蕭乾上
6.4.

另函煩便代付為感

人民文学出版社

北京朝内大街166号　　电报挂号2192

令揚吾兄：[illegible]美[illegible]！[illegible]于八月[illegible]信
收悉。九月[illegible]大學一個月，十一月上旬返京。
前天[illegible]通了電話後，本以為[illegible]有一正式
邀請信，[illegible]。此事[illegible]，故請[illegible]
手續。[illegible]（[illegible]honorarium）[illegible]
[illegible]均不需要。中文大學[illegible]有正式
函件。港大不[illegible]。[illegible]此事[illegible]
[illegible]。再[illegible]，[illegible]由
紐約飛港，[illegible]十一月返京，十二月[illegible]。
去港。不知中大與港大可否聯合[illegible]

（此信共兩頁）

人民文学出版社

北京朝内大街166号　电报挂号2192

你以寄机票（北京至香港）。回程拟乘火车。此事可否请兄便中电中大友人协商后，在通讯信中一并提及。盖我港航空购票需外汇也。

去岁所出《剑楼》已由漓江联排，明年初印出。届时将寄兄指正。

即问

近安

光琪　请寄附函至

弟　存仁

18/7

请息一定地以寄再执舍

錢伯城

錢伯城（1922—2021），男，出版人、文史學者，曾任上海古籍出版社總編輯、《中華文史論叢》總編輯，著有《辛棄疾傳》、《問思集》、《觀景樓雜著》、《古代文言短篇小說選注》（主編），並曾主編多種古代典籍。

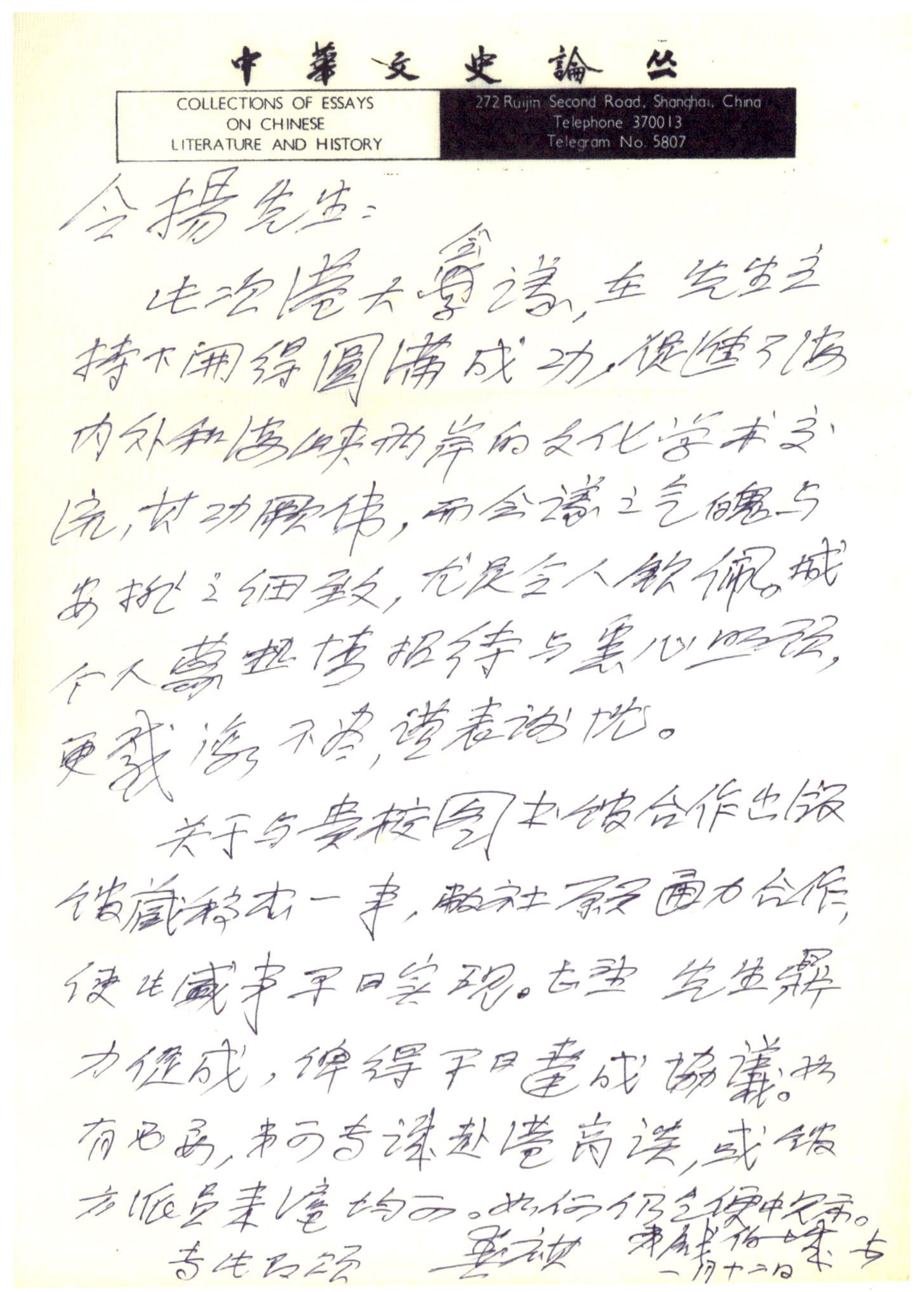

中華文史論丛

COLLECTIONS OF ESSAYS ON CHINESE LITERATURE AND HISTORY

272 Ruijin Second Road, Shanghai, China
Telephone 370013
Telegram No. 5807

令揚先生：

此次港大會議，在 先生主持下開得圓滿成功，促進了海内外和海峽兩岸的文化学术交流，其功殊伟，而会議之气魄与安排之细致，尤足令人钦佩。城个人蒙热情招待与悉心照应，更感激不尽，谨表谢忱。

关于与贵校图书馆合作出版馆藏稀本一事，敝社愿意通力合作，使此盛事早日实现。尚望 先生鼎力促成，俾得早日達成協議。如有必要，本可专谋赴港商谈，或馆方派员来沪均可。如何仍乞便中见示。

专此即颂
安祺

弟钱伯城 上
一月十二日

中華文史論丛

COLLECTIONS OF ESSAYS ON CHINESE LITERATURE AND HISTORY

272 Ruijin Second Road, Shanghai, China
Telephone 370013
Telegram No. 5807

令揚兄惠鑒：

自去年在港歡聚，别後又近半載，遥想南天，時切懷念。近維公私順遂為頌。

弟自港歸，即參選全國人大代表，并于三月下旬去北京參加大会，歷時二十餘日。此次大会，民主大发揚，法制建設更趨完善，國事日益進步，实國民之福，堪以告慰。返滬後又列席上海市人代会，亦十日之久。現上海新一屆市政府已組成，市长、副市长皆一时之選，上海重振雄風，指日可待。弟原擬年内卸去現職，俾得專心著述，奈工作所需，領導部门一再挽留，只得勉為其難，以盡绵力。

上次敝親入学事，承鼎力相助，至今銘感。頃又有一事相懇。弟在港時，承蒙見告，可为弟介紹醫生，治腸胃疾。此事待弟下次赴

（此信共兩頁）

一

中華文史論丛

COLLECTIONS OF ESSAYS ON CHINESE LITERATURE AND HISTORY

272 Ruijin Second Road, Shanghai, China
Telephone 370013
Telegram No. 5807

港時，厚为相熔。现据戀者，弟在港另一敝親（弟之連襟）近患血尿之症，正在檢查中，未排除癌症可能，或需手術（用刀）治療，切盼介紹政府醫院外科醫生関係，如此一則可減輕醫療費用，再則亦可有手術保证。吾兄交游廣阔，未知能代為介紹此種政府醫院関係否？亟盼仰仗大力，使敝親沾兄之光，得比实惠，感恩不尽。若有可能，即请函示，以便通知敝親趋前面告，或请將介紹信寄弟轉交亦可。敝親名李景可，自办景新國际贸易公司，任总經理。一切拜托，谢谢！

另寄《中华文史论丛》新刊一期，请指教。

专此布奉，即頌

文安

弟錢伯城上
三月二日

閻崇年

閻崇年，男，史學家，專治清史、滿洲史、北京史，創立北京滿學會及中國首個滿學研究機構——北京社會科學院滿學研究所，曾任該所研究員、北京滿學會會長，著有《滿學論集》、《燕史集》、《努爾哈赤傳》、《中國古代都市生活史》，及眾多其他論著，並有結集《閻崇年集》25 卷。

趙先生：

九月六日華函拜悉，至謝大謝。

先生為明清史國際學術討論會和創辦《明清史集刊》之辛勞，不僅受到史學界同仁贊佩，而且在中國史學史上会留下印迹。

拙稿《明珠論》寄上，祈教正。愚在研究康熙帝權相明珠時，力脫一些學者对歷史人物分析的傳统模式（如階級分析、民族分析），而着重对其進行家族与旗分的分析。文中援引的檔案，為首次披露。此稿如能在《明清史集刊》上補白，則至為歡忻。

函悉您將于十一月末來京。請告行期或擲函，以便迎迓或拜訪。

順頌

秋祺

閻崇年敬上

1986.9.22

又：拙稿如需用繁体字謄清，当另奉。

趙先生：

春節在即，謹頌新年之禧。

去年我去日本东京講学，年末赴深圳出席國際清史學術討論会，忙於应酬，尚祈鑒諒。

今年八月在辽宁兴城举行学術討論会。切盼先生屆期北行，为之陪辇。

附上名片一張，以便聯系。

祝頌

龍年學果豐碩

閻崇年拜贺

1988.2.9.

附：①会期三天，拟参观"明城"，并試映電視連續剧《袁崇煥》。

②听说今春香港袁氏宗族集会，如知其負責人及通訊地址，請撥告。

③我家的電話：北京

謝謝。

趙先生：

華函拜悉，謹謝賜箋。

知悉先生將有澳、新學術之行，甚為欣慰。

先生來京，請賜告：

自宅電話

當頌

春祺

周家年 敬啟
1988.3.28.

龍宇純

龍宇純，男，文字學及音韻學專家，曾於香港中文大學任教，曾為台灣大學教授及中文系主任、「中研院」歷史語言研究所研究員，著有《韻鏡校注》、《唐寫全本王仁昫刊謬補缺切韻校箋》、《中國文字學》、《中上古漢語音韻論文集》，並有《龍宇純全集》5 冊。

國立臺灣大學中國文學系用箋

令揚教授吾兄有道：譯城一別，瞬逾半年。其後為貴弟子撰寫論文來書覓取葉國良君著作，當即奉寄，想早已得達矣。茲有懇者，小女乃吟現任職國立中山大學外文系講師，同時尚在美國布朗大學英國文學系攻讀博士學位，本年暑假期間（七至九月）擬赴貴校馮平山圖書館蒐集資料完成論文，以備明年赴美接受論文考試。小女雖定僑居香港十年，其回港證則因回臺日久，業已過期，為此擬商諸吾兄可否給以某種名義（短期）來港，俾得辦理臺港兩地之出入境手續（彼八月底赴美亦會將路經此地），費用一切自理，如蒙慨允，實感厚誼。敬頌

撰祺

弟 龍宇純 上 四月五日

臺北市羅斯福路四段一號 電話：三五一〇二三一轉二二八四

April 3 '88 replied

1985年

戴逸

戴逸（1926—2024），男，史學家，專治清史及中國近代史，曾任中國人民大學教授、清史研究所所長，亦曾為中國史學會理事會會長、國家清史編纂委員會主任及《清史》總纂，著有《簡明清史》、《中國近代史稿》、《十八世紀的中國與世界》、《履霜集》，並有眾多其他論著。

中国人民大学

金扬教授台鉴：

去岁在香港小住，承蒙殷切款待，关心备至，衷心感谢。遥祝台端步履迪吉，身心康泰，是所至祷。

今有中国人民大学副主任杨益茂副教授前往香港中文大学访问，素仰大名，盼能识荆，故作书为介，希予照拂，於学问之道，多所指点，劳渎之处，容当后谢。

专此即颂

撰安

戴逸 1994.2.2

中国史学会

Association of Chinese Historians

尊敬的趙令揚先生：

我們收到您的邀請信後，感到由衷的高興，也非常感謝您的熱情邀請。我們向先生表示誠摯的謝意。這次因諸种原因，未能辦妥去香港的手續，六月去香港不能成行，我們感到十分遺憾。不日，先生將于5月30日到深圳參加「鴉片戰爭與香港國際學術討論會」，這我

（此信共兩頁）

中国史学会
Association of Chinese Historians

們也都有如此的認識，可以
藉着深圳，增進友情，再商
量去香港諸事。
敬頌
文安

戴逸　張椿年　林鐵
郝貴遠　莊建平
一九九七年五月九日

中華炎黄文化研究會

Association for Yan Huang Culture

赵令扬教授台鉴

顷奉华笺，邀我於台湾返回時在香港停留、访问讲学，意挚词诚，十分感谢。但一因我返回大陸時已在今年歲尾，明年之初又需从北京赴四川公干，道路僕僕，日程过紧，难以安排、二因赴台湾係组成代表团、同去同返，未便单独行动。再三忖度，香港之行只得延至异日。贵系70周年纪念盛典未得躬往祝贺，深表遗憾，专此奉复 敬候

道祺

戴逸 1997年10月28日

中国·北京

繆全吉

繆全吉（1929—1993），男，史學家，專治中國政治制度史、文官制度、行政倫理研究，台灣大學教授，著有《明代胥吏》、《清代幕府人事制度》、《中國制憲史資料彙編》、《行政革新研究專集》（主編），及眾多其他論著。

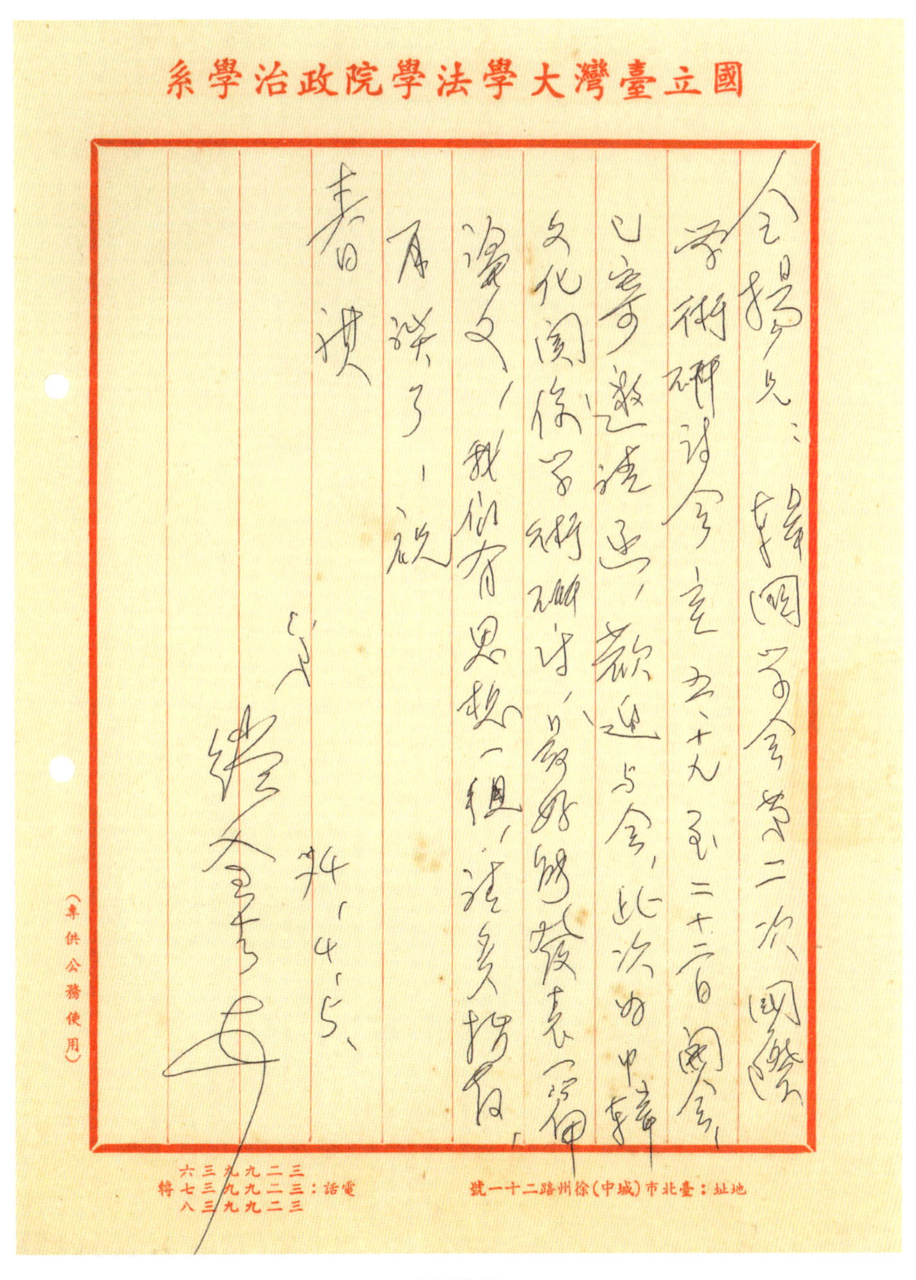

國立臺灣大學法學院政治學系

全揚兄：韓國學會第二次國際學術研討會定六，十九至二十二日開會，已寄邀請函，歡迎與會。此次為中韓文化關係學術研討，最好能發表一篇論文，我們有思想一組，請多指教。面談了。祝

春祺

弟 繆全吉 拜
74，4，5，

(專供公務使用)

地址：臺北市(城中)徐州路二十一號　電話：三二九九三六 / 三二九九三七轉 / 三二九九三八

1985年

NATIONAL TAIWAN UNIVERSITY
Department of Political Science, College of Law
21, HSU CHOW ROAD, TAIPEI
REPUBLIC OF CHINA

令揚兄道鑒，回港後想必甚忙，亦極暢快，諒必於學術合作有所幫助。陳立夫先生墨寶，趙寶煦先生已直接寄奉，照片十六張另封寄，應有便人再帶上。

三月底之會，弟與於漢廣兄一定參加，（並邀賀[illegible]兄）已告選題論文中，附帶請彼補一函，即會前後有三二天澳門行，俾談於後合作之事。其次彼忽請新加坡吳德耀先生之會，也出函（弟與照邀）於會前後赴新加坡談，商聯合會之事項，（不必招待及任何費用），時間三至一週，若方便，請速快函告，詳日來電話，專此順頌

新年如意

弟
胡佛
78.1.4.

1989年

謝國楨

謝國楨（1901—1982），男，明清史及目錄學專家，曾於南開大學任教，後於中國科學院（現為中國社會科學院）歷史研究所工作，著有《晚明史籍考》、《明末清初的學風》、《明清筆記談叢》、《明清之際黨社運動考》、《江浙訪書記》，及眾多其他論著。

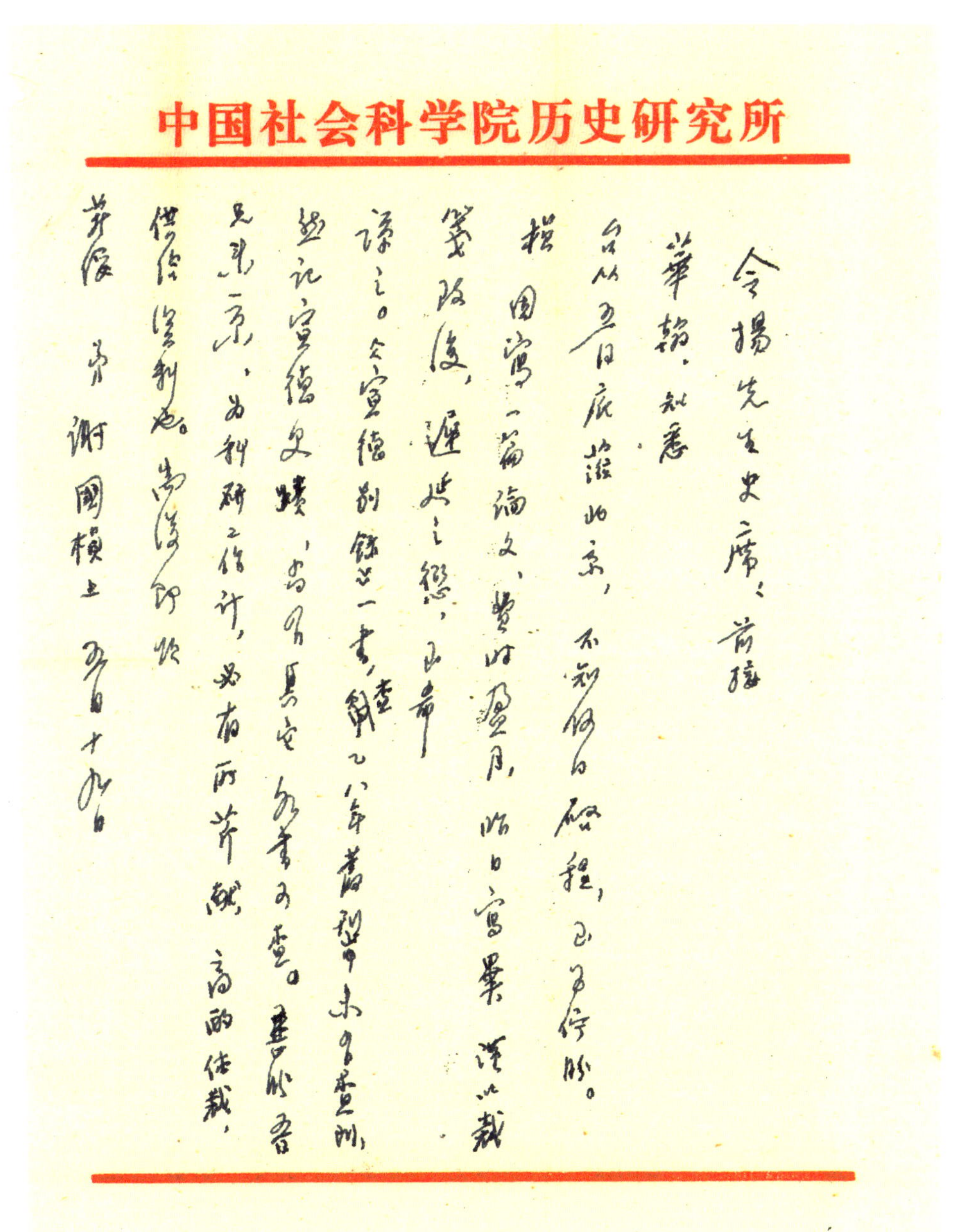
中国社会科学院历史研究所

令揚先生史席：前接
華翰，敬悉
台從五月底蒞此京，不知何日啟程，至為佇盼。
拙因寫一篇論文，費時歷月，昨日寫畢，謹以裁
箋致復，遲延之愆，至希
諒之。又宣德別錄一書，[illegible]八年著錄，未曾查明，
題記宣德史蹟，當有其它參考可查。甚盼吾
兄來京，為科研工作計，必有所貢獻，高明體裁，
俾便諮詢也。尚請即頌
著安　弟謝國楨上　五月十九日

1982年

令揚先生著席：春明晤聚，得聆
教益，快慰何似。言短情長，苦未能備覆
宏論，殊抱愧。不能書，荷蒙
不棄，命書數行，強勉成對聯一付、拙詩一紙，
並附上海書店新印故藏明信懋修英墨卿
談乘六冊、拙稿兩種，均希
教正存念爲感。並又贈
李鍌博士拙著三種（詩條一紙），請其哂納，費神，餘如

（此信共兩頁）

已出版，西盼一讀。臺北印有明伍表華林居漫錄，能否代購一部，尤為感盼。拙輯《明代社會經濟資料選編》聞已出版，嗣收到後，定請教正。尚望不遺在遠，時通魚雁，以慰懷思。端此即請

箸綏

謝國楨上
四月廿四日

李鍔博士同此致候

晤李棪先生時尚望代為問候以致拳拳

令揚先生著席：正馳思間，頃接
來札，藉悉，際茲秋令，
起居佳勝，並蒙見復，為慰為慰。拙著 公島新貨冊
副本銀，早已掛號寄去，未知收到否？茲將草稿奉上，
囑題之字，一併附上，聊希
指正，並望速為賜復。拙近正寫 公江浙訪書記之文
公西漢社會生活概述之，不久可以問世，尚請
教正。專此即頌
著安
謝國楨上 十月廿二日

令揚先生史席：頃接

惠函，備承

藻飾，至為感愧，並賜寄

大作《明實錄中東南亞史料》兩冊，至為感謝。定

當拜讀。茲寄上 拙文兩種，尚望

指正。茲後續寄 拙著尚有《明代社會經濟

資料選輯》亦由福建人民社出版，定當寄上，請為

指正。 專此順請，即頌

著祺

謝國楨 上 十一月六日

瞿同祖

瞿同祖（1910—2008），男，法律史、社會史專家，1930 至 40 年代於雲南大學、西南聯合大學任教，後前往美國哥倫比亞大學、加拿大英屬哥倫比亞大學任教，至 1965 年回國，任職於中國社會科學院近代史研究所，1983 年於香港大學馮平山圖書館五十周年紀念學術講座作公開演講，並於中文系及歷史系講學三周，著有 *Law and Society in Traditional China*、*The History of Chinese Feudal Society*、*Han Social Structure*、*Local Government in China under the Ch'ing*（《中國法律與中國社會》、《中國封建社會》、《漢代社會結構》、《清代地方政府》），及眾多其他論著。

令揚兄：

邀請信已收到。

社科院已同意我去貴校作公開演講。我決定10月18日乘CA 101航班直飛香港。接信後請速將往返機票掛號寄我，或逕由香港中国民航寄交北京中国民航，註明留交中国社会科学院瞿同祖，民航自會与社科院聯系，这比直接寄我更为妥当。如你能于洽購机票时在港訂好10月18日该班機座自然最好。至于由港返京日期則以open为宜，可等我离港前再確定返京日期。

关于講学之事，現已將你邀請信交社科院。講学期限須經組織考慮後才能作最後决定。

（此信共兩頁）

（社科院原则上同意我去贵校讲学，但具体期限需根据具体情况决定），候决定後再行函告。

我于7月14日函中询问公开演讲可否用中文，久未得复，我以为你对此同意，讲稿已用中文写好。8月22日来信说希望我用英文讲。由于讲稿已准备好且九月上旬我需出席几天会议，还有其他任务，来不及改写英文。查阅附来之公开演讲表，我的讲题後标明用中文，且七次演讲中除二篇注明 given in English 外，其他五篇均用中文，是则可随意中文或英文。希望你能同意我用中文演讲，乞谅。

此致

撰祺

瞿同祖 1983.8.31

北京市文化用品公司发行 82.4（1563）

機票備妥交北京民航後請即函告以便聯系。又機票座位已否訂妥，盼示知。

令揚兄：

本月13日来函已收到。

十月间因国庆来往旅客甚多，难于订座，故托社科院在机票寄来之前先给订机座。10月18日航班全部客满，幸订妥19日CA103机座，尚在Public lecture前二日赶到。CA103係国庆期间临时增加航班，上午9:20起飞，途经天津，然后飞港。民航人员云大约下午一时左右到港，具体时间不详，请与香港民航办事处联系当可问知。特此函告。行前我就不打电报了。

往返机票尚未寄到。我告知社科院外事局：根据兄来函，估计月底，至迟十月初可以寄到北京民航。机票办妥后盼来一信告知交付民航办事处日期为荷。

余面谈。

顺颂

撰祺

瞿同祖

九月30日

1984年

令扬兄：

拙稿复制件及相片已由学霖兄交来，谢谢。

我应Committee on Scholarly Communication with PRC Distinguished Scholar Exchange Program之邀请于年初来美，Univ. of Washington係我的母校，故先来Seattle，拟三月初访问Univ. of Chicago, Harvard等校，四月上旬自纽约飞返北京。Washington及Chicago两校皆曾邀请我前去授课访问，以前未能接受邀请，此次利用CSCPRC邀请的机会前去访问。其他各校友好甚多，限于时间及精力，未能多去几个城市，颇有年老体弱力不從心之感。

距访问贵校已一年，未見將拙稿复制件寄来，亦未得来信，以为冯平山图书馆金禧文集付印之事已作罢论。与学霖兄谈及此事，始知仍拟出版，陈兄希望我在此将拙稿改好寄上，但我在美时间短促，且已排定，实无暇顾及，只得等我回京後再说。拙稿原僅供演讲之用，如需出版，不僅要加附注，還要对文字加以修飾，需要时日。去年年初我较空闲，原拟等复制件寄来後從事于此，去年夏秋以来经医检查發現有冠心病，肺氣腫，腦动脈硬化，偶有供血不足現象（亦即minor stroke），健康欠佳，医嘱避免劳累，我自己亦感到疲乏，时常头暈，只得减少工作时间，修改拙稿之事，一时难于完成，尚希見諒。已拖延了一年，想亦不急，有無deadline？

即颂

撰祺

瞿同祖

85.2.1

令揚兄：

四月廿五日寄來之函件，由于信封上只寫"中國社會科學院"，未注明"近代史研究所"，而敝所不在建國門大街，日前始經熟人無意中見到該信，送交我收。

承函邀出席貴校為七十五周年校慶而舉辦之國際明清史研討會，甚為榮幸。祇是近來健康欠佳（經醫發現有冠心病、肺气腫、腦動脈硬化，有供血不足現象），醫囑避免勞累，不能參与盛典為歉，尚希見諒。謹祝會議成功，並致賀忱。

二月間在Seattle时寄上一函，諒早已收到。關于馮平山圖書館金禧紀念演講論文集事，[illegible]前年此时，兄云擬出版，囑補加附注。後……候校稿复制件寄到後着手整理。年餘迄無消息。今春安蘇兄云仍擬付印，隨後收到校稿复制件，離西雅圖时連同其他印刷品一併海郵寄回，不久當可收到。但不知該論文集是否仍照原計画出版，何时截止收稿，一切均不明確，尚盼函告。如出版計画有所改變，我也不必為此費事了。

专此函复，順頌

研祺

瞿同祖

1985.6.1

令楷兄：

昨接七月八日來信。

我願接受你的邀請去貴校，公開演講題目拟定为"法律在中国社会中的作用：历史的考察"。此题比较广泛，听众易感兴趣些。公開演讲可否用中文，盼告知。

來信问我可否停留一或二月以上，想是准备安排我参加 Seminar。为了藉在港机会找牙医检查装两个 bridges，我本想在演讲後多停留些时间。治牙费用我可设法。在港住的问题最为困难。住旅馆太贵了。如能住在貴校招待所或宿舍自最理想。做 bridge 須花时间，二个月想够了。希望参加 Seminar 次数不多，免得影响治牙，也免得过累，且时间短促，来不及多作准备。八月间还要去西安参加中国法律史学会年会。Seminar 讲"明清法律"如何？你希望我参加几次？盼示。

我已將貴校邀我演讲及讲学之事告知敝所，征求同意。此事需经社科院批准。特先函复表示我个人願接受邀请，以便你安排。七月八日來信但问我可否停留一或二月以上。我已向敝所说明係邀我讲学之意。为了便于进行起見，最好再來一信，邀请我作公開演讲及讲学，从几月至几月，共几个月，程途旅费及在港住宿由貴校招待。簽名请于姓名之下注明中国历史教授字样。

（此信共兩頁）

总之，是一封简短，formal的邀请信，云给我组织看的（信仍写给我）。其余的事——seminar题目、次数等详情则另给我一信。

我平日不去近代史所，来信仍请寄我家中，这样，信可及时看到。

社科院批准後，自当立即函告。

匆复顺颂

撰祺

瞿同祖
七月十四日

信尚未发，接伦敦好友来信，他们云将10月8日离英去香港，加入一旅行团，10月18去桂林等地，11月10日至13日在京，13日返港回英。希望和我在京见面，我也极想相晤，拟去信告知我去港什西。想他们10月到港後停留几天，正好见面。但不知他们11月13日返港是否稍作停留？希望11月13日以後几天内我可自由活动，兄不为安排任务。

羅忼烈

羅忼烈（1918—2009），男，對詩、詞、曲和文字學、訓詁學、古音學都有研究，曾任香港大學教授，著有《周邦彥清真集箋》、《文史閑譚》、《北小令文字譜》、《元曲三百首箋》、《詞曲論稿》、《詞學雜俎》、《兩小山齋論文集》、《兩小山齋樂府》，及眾多其他論著。

令揚山長：

寄上一聯奉贈，聯是第一流，字是第九流，請不要裱掛。聯語是「箸（著）書早慕蘭臺令（指班固），論難速拄五鹿君」。下聯出《漢書·朱雲傳》，說五鹿充宗善梁丘氏《易》，元帝令諸儒生和他辯論，此公極犀利，諸儒莫能抗，後來朱雲出馬，「既論難，連拄五鹿君。故諸儒為之語曰：五鹿嶽嶽，朱雲折其角。」下聯因用漢書字句，不合平仄，但用成語是可以不論平仄的，此例頗多。稱院長不免俗氣，古代的書院如宋之白鹿洞書院，清之廣雅書院，皆稱山長，不叫院長。拙著等見面時奉上。匆匆，并候

教祺

忼上 五月十六日

第 頁

兩小山齋

1985 年

羅楚鵬

羅楚鵬（1939—2007），男，地理學者，曾任香港大學及美國喬治亞大學教授，對城市遙距傳感技術及地理資訊系統的研究與應用貢獻良多，著有 *Applied Remote Sensing*、*Concepts and Techniques in Geographic Information Systems*（合著），並有眾多其他論著。

UNIVERSITY OF GEORGIA
Department of Geography
Athens, Ga. 30602
404-542-2856

令揚兄

謝謝來信及關心。

我当鼎力支持你競选文学院院長一事，希望你能当选。

我现在的小鎮打电報有困难，我今天用特别邮遞的方法寄给 Returning Officer my vote，信封面注明是二月七日用的，希能有用。我相信能赶及的！

此祝 一切

順利

楚鵬。

1.29.85

蘇長春

蘇長春，男，史學家，專治方志學，曾任《遼寧日報》編輯、《遼寧省志》總纂，著有《新編方志文論》、《遼寧乙丑水災志》（合編），及眾多方志學論文。

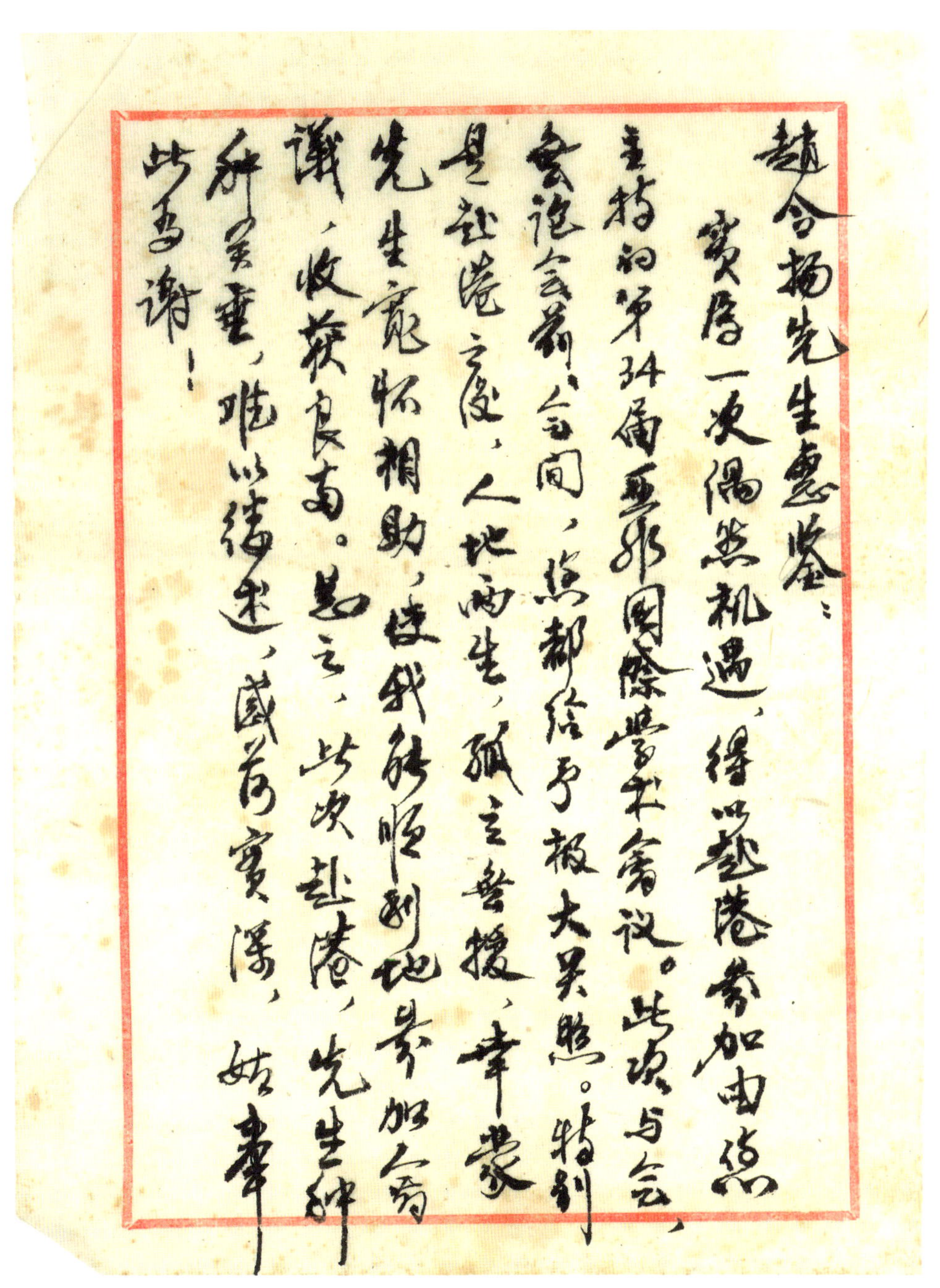

趙令揚先生惠鑒：

實屬一次偶然機遇，得以赴港參加由您主持的第34屆亞非國際學術會議。此項與會、會議會前、會間，您都給予極大照應。特別是赴港之後，人地兩生，孤立無援，幸蒙先生寵懷相助，使我能順利地參加會議，收獲良多。總之，此次赴港，先生給我關照，難以縷述，感荷實深，姑奉此致謝！

（此信共三頁）

返回大陆，曾几拨拟奉书致谢，终因百事丛杂，未暇裁谢，歉疚之至，不可言状。

会议期间，目睹先生之风范，理事之干练，千余人两大会，运筹自如。从开幕式到闭幕式，从大会到小会，从文艺晚会到酒会，安排得十分周密，井然有序，不胜佩服！

此次会议，在学术上拓宽了视野，受益匪浅；在交往上，结识了一些中外朋友，特别是与港台地学者接触较多，了解一些学术情况，也是有幸之事。

中國傳統節日—春節在即，值此辭舊迎
新之際，敬祝先生新春如意，事業有成！
祝願先生闔家歡樂，四季平安！

順頌

大安！

蘇長春 頓拜，
一九九四年一月二十九日

先生可能不知我為何人，我順便提及一下。我是
遼寧省地方志辦公室的。去年八月與我省遼寧大學錢
文良先生同去參加會議的。先生可憶起否？那天酒會，
我拍了一張照片，現奉寄給您。

趙令揚先生台鑒：

春節已過，按中國傳統規矩，給您拜年！節前，已給您及馬蒙先生分別去信致謝並拜年，不知信是否收到？去年八月在港參加第34屆會議時，曾給您增添了很多麻煩，感荷不已。

我有在新華社香港分社工作人員黃米杰君于春節時返里，請他返港帶去兩枚

（此信共兩頁）

狗年紀念巾，分送德及磁墨先生，聊表心意。本來可以帶點有名酒，但是，一則過關難獲，二則求人不便，只好以此物相贈，不成敬意，請笑納。

據遼大孫文良先生說，今年春季遼寧舉辦清入關350周年國際學術研討會，不知二位能否光臨？我非常歡迎二位來遼一聚。順頌

春安！

遼寧省地方志辦公室
蘇長春敬啟
一九九四年二月十七日

蘇新鋈

蘇新鋈，男，新加坡華人學者，專治先秦學術思想史，新加坡國立大學退休教授、新加坡道教學院教授，亦曾為中國北京國際儒學聯合會理事，著有《郭象莊學評議》、《先秦儒學論集》，及眾多其他論著。

令揚教授惠鑒：

去年承邀回母校參加中文系六十周年紀念國際學術研討會，至感榮幸。會議期間，復蒙安排以優惠價格住宿利園酒店，派車接送往返，尤深感激。回新加坡後，因課務世事繁忙，以致當日宣讀之論文"儒家政治思想的民主精神"，直至上月下旬，方克全部謄清寄上，諒已收到。稽延良久，甚感抱歉。倘蒙不棄，尚請惠予賜正。

弟自七月起將休假一年。擬於今年十二月至明年（1989）一月間前來母校中文系作短期之訪問研究，寄住於柏立基學院。未知母校能否接納，須繳費用若干？敬請惠予賜示，無任感謝！

餘容再陳，專此，敬頌

鐸安！

弟新鋈拜上

一九八八年一月二十九日

蘇雙碧

蘇雙碧（1933—2021），男，史學家，曾任《光明日報》記者、理論部主任、高級編輯，著有《歷史科學的理論和方法》、《太平天國史綜論》、《石達開評傳》、《文革第一冤案：「三家村」文字獄始末》（合著）、《吳晗傳》（合著），及眾多其他論著。

光明日報

金扬兄：您好！

大札已悉，承兄约我出席"人的革命"讨论会，我决定接受邀请，到贵校出席这个会议，另寄一份给陈人龙先生，敬请转告。

兄十一月来京，望约晤面。弟十一月初到广州出席孙中山纪念学术讨论会，如兄也出席这个会，当在广州和兄见面，畅叙。

敬祝

健康

弟 苏双碧 10.8

我学术职务：中国史学会理事
太平天国研究会副会长
工作职务：理论部副主任，已评为高级编辑（未公布）

1986年

饒宗頤

饒宗頤（1917—2018），男，有國學大師之稱，為西泠印社社長、天一閣名譽館長，曾於世界各地多所知名大學任教授、客座教授、講座教授，獲授法國遠東學院院士、俄羅斯國際歐亞科學院院士、法國文化部藝術及文學軍官勳章、香港特別行政區政府大紫荊勳章，於歷史、文學、語言文字、宗教、哲學、藝術等研究領域都有重大貢獻，於書法、山水、人物畫也有傑出成績，著有《殷代貞卜人物通考》、《敦煌曲 *Airs de Touen-Houang*》（中法文合本）、《梵學集》、《潮州志匯編》（編著）、《上博藏戰國楚竹書字彙》（合編）等，並有眾多其他論著。

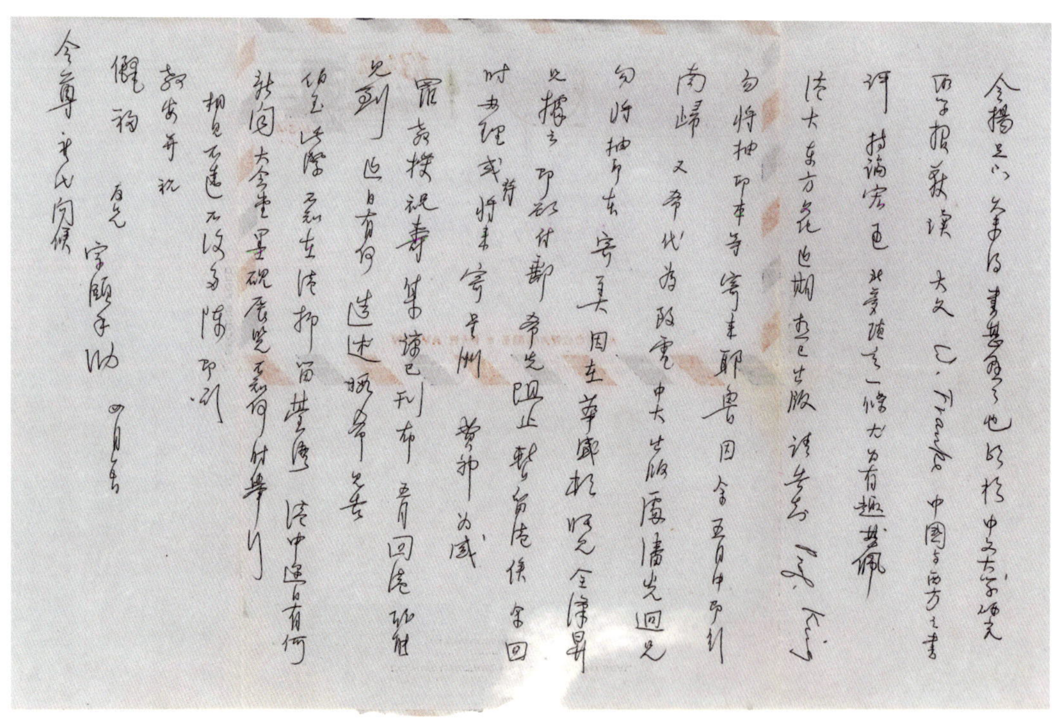

令揚兄：久未得書，甚念。頃於中文大學研究
所獲讀　大文 D. Franke 中國與西方之書
評，持論宏通，北美諸家一讀尤為有趣，無佩。
港大東方文化近期想已出版，請寄弟[illegible]
弟將拙印本等寄來耶魯，因今夏[illegible]
南歸。又希代為致電中大出版處，請先迴兄
弟將拙印本寄美，因在華盛頓時見全漢昇
兄，據云印就付郵，希先阻止，暫留港，俟弟回
時由[illegible]將來寄星洲，費神為感。
羅教授祝壽集諒已刊布，[illegible]
兄近日有何造述，敬希見告。
[illegible]在港抑留星洲，港中近日有何
新聞，大會堂墨硯展覽不知有何[illegible]
相見不遠，不復多陳。[illegible]
教安，并祝
儷福
弟　宗頤手啟　四月六日
令尊、令堂問候

1971 年

英文書信

Barnard, Noel

Barnard, Neol 巴納（1922—2016），男，新西蘭漢學家、上古史及金文專家、粵語日語專家，澳大利亞國立大學榮休教授，著有 *Inscriptions of Chin and the San-Chin, Chung-shan and Yen*（《晉與三晉金文及相關史事彙考》），及 70 多種論著。

Professor Chiu Ling-yeong,
Dean of Faculty of Arts,
University of Hong Kong,
Pokfulam Road, Hong Kong.

TAIWAN. 14-11-85

Dear Ling-yeong,

Thank you for sending me the details and letter from Mr Chan Wing-ming. I cannot, of course, make any promises at this stage but Chan seems to be the kind of person suitable for the post. Could he send me a copy of his paper in Yü-wen tsa-chih and also some examples of work done in the inscription area — hand-outs for tutorials or suchlike would be quite OK.

I have only just got settled in Taipei after a hectic trip through China (5½ weeks) and a week in Japan. Will be here for the next 6 weeks, then a few days in Hong Kong before returning to Canberra early in New Year.

Will look forward to seeing you again late in December.

With all good wishes,

Yours sincerely,

Noel

(Noel BARNARD)

P.S. With a large amount of mail to attend to, I hope Dr Chan will excuse my not writing directly to him on this occasion.
N.B.

Bartlett, Beatrice

Bartlett, Beatrice 白彬菊（1928—2024），女，清史專家，美國耶魯大學榮休教授，美國首批使用中國第一歷史檔案館清史檔案作研究的學者之一，著作有 *Monarchs and Ministers: the Grand Council in Mid-Ch'ing China, 1723-1820*，及眾多其他論著。

April 20, 1983

Prof. Ling-yang CHAO
Centre of Asian Studies
Hong Kong University
Pokfulam Road
Hong Kong

Dear Professor Chao: 韦庆远 大清會典

In March Professor Wei Ch'ing-yuan wrote me that the Ta-Ch'ing Hui-tien which had been sent to you from Taiwan (which I had paid for) had never arrived.

莊吉發

I immediately wrote to CHUANG Chi-fa to ask. He tells me that he sent the complete set to you from the Wen-shih-che Bookshop in November 1982. He further states that when you came to the National Palace Museum in December, you said that two packages had already arrived but you had not yet opened them. He is having that mailing traced, since it was sent by registered mail.

文史哲書店

When he received my letter he says he immediately, on April 4th, had another set dispatched. This second set should be reaching you about now. Its registration number is #684833.

Would you be good enough to be on the look-out for the second set? Since I am paying for the second set with my own funds, I do not want to keep on sending set after set!

In addition, once <u>both</u> sets are satisfactorily traced, would you be good enough to forward both sets to Professor WEI in Peking? There is someone else there who would like the other set. I have already corresponded with Professor WEI about this.

Thank you for taking care of this. I know that you are a very busy person with much more important things to do than this! I apologize for bothering you with such a matter.

While I am writing to you, let me give you my addresses from June 1983:
Office: Department of History
1504A Yale Station
New Haven, CT 06520

Beginning with the academic year 1983-1984, I shall be teaching in the History Department at Yale.

Please remember me to all my friends at Hong Kong University, particularly John Young.

Yours sincerely,
Beatrice S. Bartlett
Beatrice S. Bartlett
Research Fellow

Chau, Fuk Hing

Chau, Fuk Hing 周馥卿，女，日語專家，曾於香港中文大學任教，著有論文〈日本語の条件表現〉（日語的條件表達形式）、日語教科書《日本語》一及二（合著）。

July 8 1985.

Dear Prof. Chiu,

Thank you very much for your letter dated May 13. I am extremely sorry that I have not written sooner.

I would like to convey my gratitude to you for informing me of the readvertisement of the lectureship and asking me if I am interested in becoming a language instructor for a while. As you must have learnt, I didn't send my application this time and also, I don't think it is possible to accept the offer as an language instructor now (although I would really love to have an opportunity to teach Japanese after learning it for so many years!). The reason is that, judging from the present situation, I think I had better give the priority to my studies. The system in Japan is very conservative and it is not easy to obtain a Ph. D. degree in the fields of Arts and humanities. In my department, for instance, nobody has yet submitted a thesis and it is going to be tough for

（此信共兩頁）

the very first ones who ever endeavour to do so. My professor (Prof. Teramura who visited H.K.U. in June) is kind of encouraging me and I am asked to turn in the thesis in December this year. In this case, if I start teaching, the completion of my thesis might be affected. Although it is quite true that there is no gurantee that the old system will be broken, I would like to give a try since I am given a chance (some students studying under very conservative professors or in extremely traditional universities are never even allowed to write it at all!).

Due to the above mentioned situation, I would prefer not to apply for any available jobs in H.K.U. at the moment. However, I do hope I would have some other chances in the future. Once again, thank you for your concern and kindness. Although you are not visiting Japan in the near future, if you do happen to come sometime later while I am still around (probably, I will stay until April next year), please let me know.

Hope you have a nice vacation in London. With best wishes

Yours sincerely,

F. Chau.

(CHAU FUK-HING)

Chen, Chi Yun 陳啟雲

Chen, Chi-yun 陳啟雲（1933—2020），男，美國華人史學家，加州大學聖塔巴巴拉校區榮休教授，退休後至台灣清華大學任歷史研究所講座教授，為 *The Cambridge History of China* 及 *Encyclopedia of Chinese Philosophy* 合著者，著有 *Hsun Yueh: the Life and Reflections of an Early Medieval Confucian*、*Hsun Yueh and the Mind of Late Han China*，及眾多有關中國古代史、魏晉南北朝史、中國上古思想文化史的論著。

December 22, 1984

Professor L. Y. Chiu
Department of Chinese
University of Hong Kong
Hong Kong

Dear Professor Chiu,

I am organinzing a symposium on behalf of the Southern California China Colloquium, which is a consortium of Chinese Studies programs in fifteen southern California universities and colleges, including UCLA, UC-Santa Barbara, the California Institute of Technology, and the University of Southern California. The general theme of the symposium is "Religion and Ideology in the Chinese Tradition". We will meet for a whole day at the University of California at Los Angeles, Saturday, March 9 or 16, 1985 (to be confirmed), plus pre-symposium and/or post-symposium meetings.

So far, the following panelists and papers have been scheduled for the symposium :

1. Chi-yun Chen (UC Santa Barbara), "Once Again What Is Taoism";
2. Richard Shek and K. C. Liu (California State University at Sacramento and UC Davis), "Unorthodoxy and Heterodoxy with Special Reference to Taoism";
3. Margaret J. Pearson (University of Washington and Skidmore College), "Wang Fu's (ca. 90-165) Idea of 'Man in Cosmos'";
4. Yoav Ariel (University of Tel Aviv and Princeton), title of paper and participation uncertain depending on sabbatical plan;
5. Michael Nylan (Princeton and Bryn Mawr College), "Yang Hsiung's T'ai-hsuan ching (Classic of the Supreme Mystery)";
6. William F. Powell, "Socio-political Milieu of Ts'ao-tung Ch'anism";
7. Joseph Adler (UC Santa Barbara), "Chu Hsi and I-ching Interpretation in the Sung Dynasty".

I am eager to invite you to participate and contribute a paper on the Sung or Ming period or serve as a discussant and critic. We are operating on a restricted budget and have no fund for overseas travel subsidy. But if you can find travel assistance from your home institute, I earnestly hope that you may come to this interesting symposium. We should have fund to provide for your two-day living accommodation at UCLA. I am looking forward to your early reply.

Sincerely yours,
Chi-yun Chen
Chi-yun Chen
Professor of History

Cheng, Lucie 成露茜

Cheng, Lucie 成露茜（1939—2010），女，社會學家、報人，美國加州大學洛杉磯校區亞美研究中心主任及榮休教授，退休後返回台灣，接掌其父親成舍我創辦的《台灣立報》，又曾任《傳記文學》社長、創辦《破報》和《四方報》，並於其家族擁有的世新大學任教，及成立社會發展研究所並任創所所長，著有 *Linking Our Lives: Chinese American Women of Los Angeles*（合著）、《台山僑鄉與新寧鐵路》（合著）、《近代中國婦女史英文資料目錄》（主編）等。

August 7, 1984

Prof. L.Y. Chiu
Department of Chinese
Hong Kong University

Dear L. Y.:

I just got back from an extended trip to the East coast and found your letter sitting on my desk. I am glad to learn that the conference dates have been confirmed as December 14 to 17, 1984. Below is a list of scholars who should be invited to participate from North America. Please write to those you decide to invite directly.

From UC Berkeley, Asian American Studies Division, Ethnic Studies Department, University of California, Berkeley, CA 94720:
Ling Chi Wang
H. Mark Lai
Judy Yung
Sucheta Mazumdar

From UCLA's Asian American Studies Center:
Marlon Hom
Russell Leong

（此信共兩頁）

From Other Institutions:

Sucheng Chan: Provost, Oakes College, UC Santa Cruz, Santa Cruz, CA 95064

Victor Nee: Asian American Studies, UC Santa Barbara, Santa Barbara, CA 93106

Peter Leung: Asian American Studies, UC Davis, Davis, CA 95616

Jack Tchen: Asian American Research Institute, 44 E. Broadway, New York, NY 10002

June Mei:

Douglas Lee: History Department, Linfield College, McMinnville, OR 97128

Helen Chen:

Peter Kwong: SUNY, Old Westbury, New York, NY 11711

Su-Fang Chang: University of Neveda at Reno, Reno, Neveda 89507

Gordon Chang:

Alvin So: Department of Sociology, University of Hawaii at Manoa, Honolulu, Hi 96822

From Canada:

Edgar Wickberg: Department of History, University of British Columbia, Vancouver, Canada V6T 1W5

In addition, as you are aware, Zheng Dehua is visiting with us for a second year and should be invited to the conference. But he would not be able to make the trip unless you can come up with a round-trip ticket.

I look forward to hearing from you soon.

Warmly,

Lucie Cheng
Director

Cho, Sung-ok

Cho, Sung-ok 趙成鈺（1931—2012），男，韓國教育家，曾任韓國教育副次官、韓國忠南大學及仁荷大學校長、聯合國教科文組織韓國委員會秘書長、韓國研究財團總裁。

Dear Sir,

I would like to express my sincere gratitude for your constant co-operation and support extended to me during my service with the Korea Research Foundation.

It is a great honor to inform you that I have been appointed to serve as Secretary-General of the Korean National Commission for Unesco as of 15 November 1984. As you may know, the Korean National Commission for Unesco has greatly contributed to strengthening regional cooperation and mutuality in attempting to realize the goals and ideals of Unesco, and has become one of the most active National Commissions.

May I take this opportunity to request your continued support, and confidence that we shall strive to further strengthen the mutual cooperation and ties between us through Unesco Programmes and activities.

To have served as President of the Korea Research Foundation has been a singular privilege, and to have had the opportunity and benefit of your counsel will provide me with advantages I could never have realized otherwise. I acknowledge my debt to you.

Looking forward to renewing our personal contacts, I send you my best wishes,

Sincerely yours,

Sungok Cho

Cho Sung-ok
Secretary-General

1984年

Comber, Leon

Comber, Leon 梁康柏（1921—2023），男，英國籍，女作家韓素音前夫，曾任英軍軍官、英屬馬來亞警察政治處助理處長，後成為印度、馬來西亞、新加坡、澳大利亞、香港等地多個出版社的出版人，並有眾多著作。

Your Ref.

December 8, 1989

Professor L.Y. Chiu
Department of Chinese

Dear Professor Chiu,

Encyclopedia of Chinese History and Culture

We are enclosing a draft letter we have prepared for Professor Santangelo to advise him of the decision reached by the UPC at its meeting on December 5 and we should greatly appreciate your casting your eye over it before we finalise it.

We feel that it covers the essential points which were made, without going into unnecessary detail at this stage, and it would then make it easier for us to carry forward our discussions with him when he visits Hong Kong again in the very near future.

With best regards,

Yours sincerely,

Leon Comber

Leon Comber, Publisher

1984年

Chu, Mae

Chu, Mae 居美，女，國際知名教育家，曾任亞太區域幼兒教育協會理事、世界銀行首席教育專家，協助中東、南亞、東亞的多個國家制訂教育政策及推行教育改革，並融資總額達十五億美元以實現這些教育項目，所統籌之研究計劃已刊行超過一百種與兒童早期發展、基礎教育、師資教育、高等教育相關的論著。

Dec. 22, 1985

Dear Chiu Ling-yeong,

It is quite incredible that you could have arranged my trip to Hong Kong in one day. Given your efficiency, how could they not make you the Vice Chancellor?

I was met at the Beijing airport by everyone — two people from the State Education Commission, my aunt's daughter and granddaughter. I was then taken to the Beijing Normal University. It turned out that Beijing Normal does not have a guest house for foreigners, only one for the locals and the condition is really bad. I have therefore decided to stay with my aunt, at least until the time you turn up. Due to my aunt's overseas connection (i.e. my family) and 落實政策, she was able to get a five-room apartment, — extraordinarily spacious by Chinese standard. In fact, her neighbor is Hong Kong director 李瀚祥! Do you know him?

The State Education Commission has arranged everything for me. In fact, they also arranged for 深圳教育局 to take care of me, but I didn't show up. Beijing Normal University expected me since the 19th but I was in Guangzhou. It seems that I really have a lot of friends in Beijing but I didn't know they would be so

（此信共兩頁）

helpful.

I had to leave U.S. for China with only three weeks notice. I wrote to everyone I could think of and it seems that things are really working out.

Please send me my itinerary in Hong Kong including times of departure and arrival and flight numbers. I need to inform my contact in the State Education Commission when will I be arriving in Shanghai.

With Best Wishes
Mae

de Crespigny, R. R. C.

de Crespigny, R. R. C. 張磊夫，男，澳大利亞漢學家，澳大利亞國立大學教授，著有 *Fire over Luoyang: a History of the Later Han Dynasty 23-220 A.D.*、*Imperial Warlord: A Biography of Cao Cao 155-220 A.D.*、*A Biographical Dictionary of Later Han to the Three Kingdoms (23-220 A.D.)*、*Generals of the South: the Foundation and Early History of the Three Kingdoms State of Wu*，及眾多其他論著。

17 July 1998

Professor L Y Chiu
Department of History
Hong Kong University
Pokfulam Road
HONG KONG

Dear Professor Chiu,

Following our recent conversations, I am now writing with a formal offer and request for assistance in arranging the publication of a *Festschrift* which has been compiled in honour of Emeritus Professor Liu Ts'un-yan.

Professor Liu turned eighty by Western reckoning on 11 August 1997. At that time Professor Wang Gungwu, Dr Igor de Rachewiltz and I, old colleagues of Professor Liu at this university, commissioned a collection of papers in his honour which were presented to him on his birthday.

I attach a list of the titles of the papers [with a note of their approximate length]. The contributors include Professor Liu's fellows in the Australian Academy of the Humanities and those colleagues overseas with whom he has long shared interest and experience. The intention was to produce a collection of high quality material for serious international distribution, and we believe we have been successful.

You will observe that the manuscript presents a variety of essays on different topics, reflecting Professor Liu's wide interests in the literature and philosophy of classical and modern China. We have also added some translations from Professor Liu's own work, including a chapter from his novel *Qing chun*, recently republished in China as *Dadu* "The Grand Capital." Professor Liu himself has also agreed to provide a comprehensive bibliography of his published work in Western languages.

We believe, therefore, that the collection not only presents a broad set of contributions to modern and traditional Chinese learning, but that it will also be a valuable reference work for many people, both inside and outside China, who will benefit from an introduction to the work of one of this century's leading classical scholars.

It does seem particularly appropriate if the publication can be arranged through Hong Kong University Press. Professor Liu has a long association with Hong Kong and its universities, and holds an honorary doctorate from Hong Kong University. We are very pleased, moreover, that Professor Wang Gungwu, former Vice-Chancellor of the University, has agreed to act as one of the editors of the compilation.

We are most grateful for your interest, and shall be delighted if this project can proceed with your support,

Sincerely,

R. Crespigny

Dr R R C de Crespigny FAHA
telephone 61 2 6249 5281/2
fax 61 2 6249 5273
e-mail rafe.decrespigny@anu.edu.au

（此信共兩頁）

Festschrift for Professor Liu Ts'un-yan

presented on his eightieth birthday

edited by Rafe de Crespigny, Igor de Rachewiltz and Wang Gungwu

Bill Jenner	Foreword	
David Hawkes	"The Magic Peaches": a birthday playlet	[6,500 words]
Gøren Malmqvist [*trans.*]	"A Book to Burn" by Kjell Espmark	[100 lines]
J W de Jong	Lay Buddhism	[4,500 words]
Victor H Mair	*The Heart Sūtra* and *The Journey to the West*	[9,500 words]
Rafe de Crespigny	A Question of Loyalty: Xun Yu, Cao Cao and Sima Guang	[10,000 words]
Igor de Rachewiltz	The Identification of Geographical Names in the *Secret History of the Mongols 1-202*	[3,250 words]
Herbert Franke	Fa-chen: a late Yüan Buddhist monk and translator	[5,000 words]
Geremie Barmé	Gong Xiaogong: a case of mistaken identity	[9,250 words]
Kurt Radtke	National and global integration, and the freedom of the individual: diverging prospects or China and Europe	[12,500 words]
Wang Gungwu	The Travails of National Confucianism	[9,500 words]
Pang Bingjun and John Minford [*edited and translated*]	Excerpts from *The Grand Capital*, a novel by Liu Ts'un-yan	[2,000 words]
Pang Bingjun [*trans.*]	"All under the Grand Old Buddha" Chapter 1 of *Qing chun* a novel by Liu Ts'un-yan	[5,000 words]
John Minford [*trans.*]	"Cutting Grass" by Liu Ts'un-yan	[2,750 words]
Liu Ts'un-yan	Bibliography of works in Western languages	

Total length approximately 85,000 words

13 February 2002

Professor Chiu Ling-yeong
3 Reservoir Road
PYMBLE NSW 2075
phone (02) 9988-3623

Dear LY,

Festschrift for Professor Liu

This is to follow up our telephone conversation last week, when I said I would write to you. There are a number of complications about the Festschrift for Professor Liu, and I should be very grateful if you can help to sort them out.

1. Can you let me know the name, phone number and preferably the email address of the printers in Hong Kong? It would be very useful if I could contact them direct.

2. I have proofs for most of the pieces, but there are a couple which I do not have to hand. One of them is my own! - which seems to have gone missing in my moving of offices and houses last year.

That is one reason why I would be very glad to deal direct with the printers, because they could no doubt send replacement proofs.

3. Because of the length of time we have been working on the project, moreover, two of our contributors have made changes - one them has quite rewritten his paper.

Besides that, I have also compiled a bibliography of Professor Liu's publications in Western languages, and I have also prepared a short introduction. These items, together with the general preliminary pages such as titles, copyright, and final table lf contents when we have it, should again best be sent direct to them - with a bit of luck it will save proof-reading of those items.

4. We intend to include a photograph of Professor Liu - we can get one quite easily from the ANU files.

On the other hand, we have decided that it is not necessary to have an index for this sort of compilation.

5. As to the question of publication and subsidy:

a. I understand that CUHK Press now does not want to publish the work on their own. This is a little disappointing, as their distribution system is very good.

b. On the other hand, if the basic printing is being done in Hong Kong, I may be able to arrange for the book to be published by the Faculty of Asian Studies as part of its monograph series.

c. Do you think that, if we do this, we can get CUHK to include the work in some form in their catalogue? We would be quite prepared to give them credit on the title page as a joint publication - and allowing for the grant from the Macau Foundation and some contribution from the Faculty Publications we can presumably cover the basic costs of a 300-500 print run.

d. In those circumstances, can you advise me what the financial situation is in terms of the grant money received from the Macau Foundation and the payments made and due to the printers?

I should be very glad if you can reply as soon as possible. We are under some pressure from the contributors, who quite reasonably want to know when to see their work in print. There have been good reasons for the delays, but we should try to move the business along quite quickly now, before it gets too embarrassing.

With kindest regards and thanks for all your help,

Dr R R C de Crespigny
email: **Rafe.deCrespigny@anu.edu.au**

Davis, A. R.

Davis, A. R. 戴維斯（1924—1983），男，澳大利亞漢學家，悉尼大學教授，創立澳大利亞東方研究會，與柳存仁一起推動澳大利亞的漢學研究，著有 *Tao Yuan-ming: His Works and Their Meaning*、*Tu Fu*，及眾多其他論著。

Australia
15th Feb 1972

Dear Ling-yeong,

Sorry to be a little slow in writing, but a very great number of things were awaiting to be dealt with on my return.

Your Lane Cove rates are duly paid (receipted notice returned herewith). Also I have lodged A$84.00 at Rural Bank as requested (Cheque No 384390). It will not be difficult I am sure to spend my $HK 81.60 credit. I will let you know how to spend with Kwong Wah or Hsu Lao-pan some time soon.

Thank you so very much for all your helps in Hong Kong.

（此信共兩頁）

I am afraid I took up a very great amount of your time & you must have been quite tired when I left. Certainly I feel that I had a very successful time. Kuala Lumpur went also very well. Winnie is looking very fit & her husband much recovered.

I shall be writing a reference today for your Senior Lectureship. I hope you will be successful. Please let me know how it goes.

This year I shall have to try to plan my time very carefully. There are so many things to do. I have to keep my courage at a high level.

Please give my regards to all those I met & thank them for a most enjoyable visit. But my most especial thanks are to you. Very best wishes to your wife whom I am sorry not to have seen.

Yours ARD

P.S. Chiang Yee has already sent me a very fine piece of his calligraphy

Dear Ling-yeung,

Thank you very much for your letter
of September 14.

Congratulations on the new baby from
us both. You sound to be awfully busy with
so many changes at once.

Thank you very much for sending
Chiang Yee's calligraphy which arrived
safely yesterday. It is very fine. I am
afraid I have not seen him yet but
I imagine that I shall soon. He is
a marvellous person & I like him so much.

I expect that I shall go to Paris
but it is really hard to make plans for
next year. I wanted to take a term off
but there will be two others away for the
whole year. My plan to take my leave by
terms is not working out particularly well
so far. I have had one term now in 4 years
so have to get in two more within the next
three. George Liu is in Hawaii (very expensive
but otherwise agreeable I think). He will
be there until December & then return via
Canada & Taiwan arriving back at the
end of February. I expect to go to the P.E.N.
Conference in Japan in third week of November so

（此信共兩頁）

Dr L. Y. Chiu,
Department of Chinese,
University of Hong Kong,

HONG KONG

COUNTRY OF DESTINATION

SENDER'S NAME AND ADDRESS

Australia POSTCODE 2067

FOLD FLAPS BEFORE MOISTENING GUM. FOR MAXIMUM ADHESION PRESS DOWN FOR A FEW SECONDS. IF ANYTHING IS ENCLOSED OR ANY TAPE OR STICKER ATTACHED, THIS FORM MUST BEAR POSTAGE AT THE RATE FOR AIR MAIL LETTERS.

SECOND FOLD HERE

FIRST FOLD HERE

I may see you momentarily if I come or return through HK.

With very best wishes & many thanks

Yours sincerely,

ARD

35 Rosedale Rd,
Gordon.
NSW 2072
3rd May, 1976

Dear Ling-yeong,

I was glad to receive your letter of April 8 and relieved to find that you did not reproach me for being a bad correspondent. I am afraid I missed Christmas, New Year and Chinese New Year! I really meant to write but as you may have heard we had quite an excitement at Christmas with Philip getting married. We had a wonderful time in Munich and like all our new 親家 immensely. The only problem it is yet more connections - more people to write to. I have reached a stage where I could spend all my time writing letters & very little else of course. I don't as you know.

It always amazes me that Ma Meng can be retiring: he seems so youthful to me. I shall be very glad to be a referee & hope I may be helpful. I wish you success.

Our university finances are in a deplorable state. We only have cleaning some days a week now & if there is a vacancy its filling has to be argued. Pat Roche decided to become a full-time student so I have had to argue for a secretary: successfully. I now have Isobel

to Mexico. Many friends seem not to be going & from my experiences so far, it may be a muddle! Also it is not much on the way to anywhere except America which is not very pleasant in August. I am very glad to be in touch with you again. Please write again soon.

With all good wishes to you & the family
Yours as ever
ARD

（此信共兩頁）

Boyaosky who is very efficient, experienced & interested. Also to the place' Bonnie & again it is agreed to.

If you came to Sydney, it seems we could offer you the honorary title of Visiting Lecturer. Is this adequate? Unfortunately the only other title is Visiting Professor which is normally only given to Professors or very senior men from Oxford or Cambridge who are not Professors. Sydney seems very oldfashioned in this respect. "Fellow" would probably be nicer but they don't have it. It would be very good to see you in any case. I have not decided about going

19 March 1980

Dr Chiu Ling-yeong
Department of Chinese
University of Hong Kong
HONG KONG

Dear Ling-yeong,

A most strange thing happened: letters from yourself and Professor Ma about a thesis that you would like me to examine arrived by the same mail. I opened them quickly and took a glance because I had a class at the time and then they utterly disappeared without trace. I have written to Professor Ma asking him to send me a copy of his letter, with due apologies and perhaps I might ask you to do the same. I think your letter was typewritten.

I don't think you mentioned your response to our invitation to contribute to the Jubilee Volume in your letter. Please do let me know soon.

May I take this opportunity to ask a big favour of you. Some weeks ago I sent a big order to Universal as a kind of last trial to see whether they do still supply Chinese books. (They send me lots of periodicals quite regularly but for several years now no bill for them.) Could you possibly do a little spying and prompting to see whether they are going to supply the books I have ordered or whether I must find someone else. It's a very sad situation after more than thirty years.

With all good wishes,

Yours sincerely,

A. R. Davis

Dunstan, Don

Dunstan, Don（1926—1999），男，澳大利亞工黨黨員，曾任南澳大利亞州律政司及州長、維多利亞旅遊議會主席。

30th October 1984

Dr. Chiu Ling-yeong,
Professor In Chinese History,
University of Hong Kong,
Department of Chinese,
HONG KONG.

Dear Dr. Chiu,

I would be happy to make the presentation on the Museum of Chinese Australian History on the evening of Thursday 29th November and would be pleased if you would make the necessary arrangements.

Looking forward to seeing you.

Yours sincerely,

DON DUNSTAN
Chairman

Elvin, Mark

Elvin, Mark 伊懋可（1938—2023），男，澳大利亞史學家，澳大利亞國立大學榮休教授、英國牛津大學聖安東尼學院榮休院士，以研究中國社會經濟史、中國環境史聞名，著有 *The Pattern of the Chinese Past*、*Retreat of the Elephant: an Environmental History of China*，及眾多其他論著。

Professor Chiu Ling-yeong
Department of Chinese
University of Hong Kong
HONG KONG

6 May 1985

Dear Professor Chiu

Thank you for your invitation, which is very much appreciated, and congratulations on the 75th anniversary of Hong Kong University. I have to confess that, at the present moment, my work on the Ming and Ch'ing period has really come to a standstill, and I have therefore nothing of substantial interest to offer to the Conference. (My present focus of research interest has moved to an earlier period, and most of my organizational work to a more recent period, which leaves the Ming and Ch'ing epoch neglected. My apologies!)

I do wish you the very best of success and, in fact, am sure you will have it.

Yours sincerely

Mark Elvin

(Dr) Mark Elvin
Director
Asian Studies Centre

Copied to Noble on 12.3.86.

ST. ANTONY'S COLLEGE,
OXFORD
OX2 6JF
TEL. 59651

RECEIVED 10 MAR 1986

March 4, 1986

Dear Professor Chiu

This is just a quick note to let you know that I am busy preparing my Conference paper, which will be rather long. So far I have found time to type 40 pages, but term is very busy here and I shall not be able to meet the March 7 deadline. I will probably be able to mail it by air, express, on or around March 10. It is a rather primitive effort, due to the pressure of time.

（此信共兩頁）

The second point I would like to mention is that I have received no further information about my ticket. It would be convenient to know exact times, etc., as soon as is possible.

With all best wishes,

Mark Elvin

April 3, 1986

Dear Professor Chin

This is just a brief note to thank you most warmly for inviting me to the Conference on 中西文化交流 last week. It was an interesting, enjoyable, ... and sometimes exhausting occasion!

You spoke once or twice about the possibility of publishing my paper. To be honest, I think this would be a little premature. It was thrown together more-or-less directly onto the word-processor from my reading notes, and would need at least a little "scholarly" underpinning, such as a discussion of the views of Hu Shih + Chou Tso-jen, etc. If, however, you were in no great hurry, and thought

（此信共兩頁）

a condensate of the main argument would suffice, it might be possible to manage something adequate eventually.

I look forward to hearing about your longer-range plans.

With best wishes,

Mark Elvin

伊懋可

Fisher, Tom

Fisher, Tom 費思堂（即 Fisher, Thomas Stephen，生卒年不詳），男，澳大利亞明清史學家，曾於澳大利亞樂卓博大學、墨爾本大學任教，著有 "Accommodation and Loyalism: the Life of Lü Liu-liang (1629-1683)"、"New Light on the Accession of the Yung-cheng Emperor"、"Loyalist Alternatives in the Early Ch'ing" 等論文。

20 Jan. 1985

Prof. L.Y. Chiu
Chairman, Dep't of Chinese
University of Hong Kong

Dear Prof. Chiu,

Thank you for your response to my letter to Lee Ngok. I would be very happy to give a seminar on "Commentary and Counter-Commentary" when I get to Hong Kong.

At the moment, however, I am not quite sure when I will arrive. My problem is this: I would like to find someone with whom I can read Neo-Confucian texts for a few week before returning to Australia, where I will continue on my own. Ideally I hope to find someone who knows the debates between <u>li-hsueh</u> and <u>hsin-hsueh</u> and among the 心學 sub-branches of <u>li-hsueh</u> and who also has time to spend an hour or two a day going through some of my texts with me. I have some research funding to cover costs and can work in either Mandarin or English. So far I have not located anyone, though someone has suggested one of your tutors Ts'ao Kuang-ming. Before coming to Hong Kong I will be in Taiwan, where I will also search for such a person. My arrival date in Hong Kong thus hinges on whether I do my commentary work in Taiwan or Hong Kong. If you have any suggestions, please let me know.

If my memory is correct, you and I were both examiners for an A.N.U. Ph.D. thesis not too long ago.

Looking forward to meeting you.

Sincerely,

Tom Fisher

(Dr) Tom Fisher

Ho, Hung Sun Stanley

Ho, Hung Sun Stanley 何鴻燊（1921—2020），男，香港及澳門企業家，澳門旅遊娛樂有限公司、信德集團有限公司、澳門博彩股份有限公司創辦人，曾任澳門特別行政區基本法起草委員會副主任委員、澳門特別行政區籌備委員會副主任委員等多項公職。

25th May 1987

Professor L.Y. Chiu
Head
Department of Chinese
University of Hong Kong
Pokfulam Road
Hong Kong

Dear Professor Chiu

Thank you for your letter of 19th May 1987 and I consider it a pleasure and honour to accept your invitation to be the Patron of the Academic Conference to be held on 17th – 19th December 1987 in celebration of the 60th Anniversary of the Department of Chinese in the Faculty of Arts.

I am also pleased to confirm my sponsorship of HK$60,000 to cover the expenses of the Conference.

With best regards.

Yours sincerely

Stanley Ho

TC/lbj

Houston, H. S.

Houston, H. S. 何守敦（1924—？），男，澳大利亞教育家，曾任澳大利亞坎培拉高等教育學院（現為坎培拉大學）副校長、澳大利亞「高等教育議會」專員，後於香港浸會學院（現為浸會大學）任職學務副校長，有眾多教育學、心理學論著。

November 30, 1984

Professor Chiu Ling-yeong
Chinese Department
University of Hong Kong
Pokfulam Road
HONG KONG

Dear Professor Chiu,

The President of the College, Dr. Daniel Tse, asked if I could attend the lecture to be given by The Hon. Don. Dunstan on "The Establishment of the Museum of Chinese Australian History". Unfortunately, we did not receive the request until November 28, 1984 and I had, by then, an earlier commitment. I knew something of the intention to consider the establishment of a Museum of Chinese Australian history in Melbourne, having only recently left Australia to take up this position here.

I was sorry to have missed Mr. Dunstan. I regarded his government as enlightened and progressive. No doubt he has since left you, but I hope you would understand my inability to be present when he was with you.

Yours sincerely,

H. Stewart Houston

H.S. Houston, Ph.D.
Academic Vice-President

Huang, Lisung Rayson

Huang, Lisung Rayson 黃麗松（1920—2015），男，華人化學家、教育家，曾任馬來亞大學署理副校長、南洋大學校長，1972 年出任為香港大學首位華人校長，並曾任香港特別行政區基本法起草委員會委員等多項公職。

UNIVERSITY OF HONG KONG

香 港 大 學

From THE VICE-CHANCELLOR

TELEPHONE 468161 EXT. 200

19/11/76

Dear Dr Chin

Thank you so much for the books on Chinese History which have just come to hand. You promised to purchase these for me so I do hope you will allow me to defray the cost.

Among the books I think I have the one by 李定一 which I used to read now and then, years ago. But the one by your good self is certainly the most profound: Instead of the usual chronological style of history books I in

（此信共兩頁）

used to, it is critical in approach, & I hope my shallow knowledge of Chinese and Chinese history will enable me to benefit from it.

With kind regards
Yrs sincerely
Rukmani

THE UNIVERSITY
HONG KONG

20/11/81

With The Vice-Chancellor's Compliments

With many thanks for the materials you kindly supplied for the speech. I made use of some of these, & heeded your suggestions not to touch on certain sensitive issues. It's a mixed bag of an audience & their background & present circumstances certainly differ a lot – so the "lowest denominator" was called for.

Am very glad you can make use of the tickets given me last night at the Dinner. Hope you enjoy the operas. We saw one last night with the dinner – It was VERY good

RLH.

UNIVERSITY OF HONG KONG

香 港  大 學

From THE VICE-CHANCELLOR TELEPHONE 468161 EXT. 200

14/12/83

Dear L.Y.

Please keep in touch with Mr Chuang 莊世平 or his secretary.

They assume you have no passport or visa problem unless they hear from you.

I've told them you can stay till the end & will return with the main body of guests from HK on Jan 3rd.

Would you ~~get~~ phone Mr. Chuang's office & leave your contact address & telephone numbers, please?

Hope you have a good trip

[signature]

12/8/97

Dear L.Y.

It was good to see you again when we visited HK for the Hand-over ceremonies in June-July. I was very glad to be present on this occasion as I have a strong attachment to HK, having spent 40 years of my life here.

Here at last are the photos. I am sorry I have taken so long over them – partly due to our rather frequent trips out of B'ham since returning. I would be very grateful if you would be kind enough to send a copy over to Mimi (she's travelling right now, I believe) and give a copy to Lee Ngek (I'm not sure how to get hold of him!) Many thanks!

Hope HK continues to do well. Up to now, I've been told, all is fine.

With my best regards
Sincerely,

Raymond Huang.

Hwang, King Hung

Hwang, King Hung 黃金鴻（1919—2019），男，大律師，首位於劍橋大學取得法學博士的中國人，曾於教育、法律、銀行等多個界別任職，獲委任香港公共服務領域多個職位，著有《英國人權六十案》。

December 8 1996

Dear Professor Chin

Christmas time again. Exactly to the day, I have been in Canada 20 months.

You will be pleased to know that I have survived one of the longest and coldest winters in Canada in recent years. You may not be too pleased to know, for my sake, that another Canadian winter, predicted to be even longer and colder than the last, has just begun.

1996 has been a year of transition to me, or the continuation of the transition beginning the year before. In my letter written shortly before last Christmas, I told you that I had just moved into a rented apartment. Well, I have just moved out of it, into a bungalow.

I never intended to live in rented premises for long, but for quite some months I could not decide whether to buy myself a flat (or condominium, as they call it) or a house. The work involved in maintaining a house is obviously enormous, but the hardship inflicted on one by one's selfish and inconsiderate neighbours in an apartment building can be intolerable. There, right above the apartment in which I lived, lived a family with I don't know how many teenage children. Everyday at regular hours after school, they turned their apartment into a gym. In the evening, their father turned it into a workshop. I did not actually see what they were doing of course, but I could hear them clearly and, guided by my ears, follow their movements, now pushing the furniture from one end of the room to another, now skipping, now chasing one another, now starting the machine, now dropping a hard tool on the floor, etc., in my mind's eyes. They helped me to make up my mind. So while I was lying in bed one late night with my eyes wide open as the man upstairs was hammering hard, I decided to start house-hunting.

The house which I eventually bought is a tiny old bungalow. It has a sitting room, which has a space for dining and a den attached to it, and 3 bed rooms. The basement was not finished at the time I took possession; it is now nicely done up. There is a guest room in the basement, which you will be most welcomed to use anytime you come to Toronto. The renovation has been quite extensive. For instance, the roof has been completely replaced. My supervision over the renovation has been a painful, testing, time-consuming and frustrating experience, as anyone who has gone through the experience of dealing with house renovators may tell. The work is now nearly completed. As an old Chinese saying goes, "He who is on a hundred *li* journey is half through after ninety." Four months after the renovation began, I suppose this is probably where I am.

（此信共兩頁）

I have a lawn in front and a garden at the back of my house. Both of them are of good size. The lawn is completely ruined after the plumber dug a long trench on it to put in a sewage pipe, which he left uncovered for weeks while heaps of earth on both sides weighed heavily on the grass. But my garden is a fairyland when the morning sun shines through the maple trees on a carpet of golden leaves that fell from the overhanging branches the night before. Sometimes, the leaves are bedecked with a soft layer of silvery snow. The interplay of the gold and silver colours is fascinating. The quietness, absolute quietness, in the neighbourhood adds to the fascination. Looking at the scene through the big window from my warm kitchen, I can only respond with equal quietness. "Silence says more than sound," said the Tang poet Bai Ju-I. He truly understood the secret beauty of silence.

But the leaves are not there just for admiration. They mean hard work, as they have to be swept into heaps to be tucked into big plastic bags for collection by workmen from the city government. If left too long on the ground, they will be blown over to the neighbours and cause complaints. My daughter Sophie and I spent two mornings last week to fill up 12 bags in a spirit of good neighbourliness. One may hire people to do the job of course, and we once did. But the men cannot come everyday, and they are expensive. Besides, both of us rather enjoy the work as good exercise. But I would rather hire someone to shovel snow off my front path, which the law says I must keep safe for anyone walking on it. The doctor forbids me to do it myself, and I do not think it wise to ignore his injunction.

Since my daughter Sophie has come back from Hong Kong to live with me, she has been a great help in my daily life. She will begin her studies in the Education Institute of Toronto University next month. Then I shall be left more alone in the house during the day.

My health is on the whole OK. My high blood pressure is under medical control, but my legs are not as strong as before. I try to strengthen them by doing more exercise, especially more walking. When it is too cold for me to walk in the open air, I walk a lot inside the shopping mall just across the road, from one end to the other and several times a day, always bringing home some groceries from the supermarket.

I am afraid I have to sign off here. Hope to hear from you sometimes. Any news from you will be exciting news to me. Please note my new address printed on the previous page. If you want to have a chat with me over the phone, my number is which is also the number of my fax machine.

Do take care. Meanwhile, I wish you --

A MERRY CHRISTMAS AND A HAPPY NEW YEAR!

Yours very sincerely,

K.M. Hwang.

Jellison, Richard M.

Jellison, Richard M.（1924—2013），男，美國史學家，美國邁阿密大學榮休教授，著有*Paper Currency in Colonial South Carolina and Society*、*Freedom and Conscience: the Coming of the Revolution in Virginia, Massachusetts, and New York*，及眾多論文。

March 12, 1985

Dear Professor Chiu:

Thank you for your letter of January 21, 1985. I am delighted to accept your invitation to visit the University of Hong Kong, May 8-12.

I will be delighted to lead your faculty seminar as your requested. In addition, the paper which I will present is entitled "Nationalism and Other Loyalties in Revolution: A Case Study the American Revolution."

During my visit to your university I will be happy to explore with you the possibility of establishing mutually beneficial relations with your department.

Once again I am deeply grateful for your kind invitation to present a paper and conduct a seminar. Your invitation does me great honor.

Sincerely yours,

Richard M. Jellison
Chair

Jolly Sasaki, Yukiko

Jolly Sasaki, Yukiko 佐々木幸子，女，日本學者，曾於美國夏威夷大學、香港大學、日本名古屋商科大學及愛知淑德大學任教，著有《日本の常識はどこまで通じるか》（日本人的常識能走多遠，合著）及 "The Use of Songs in Teaching Foreign Languages" 等眾多論文。

University of Hong Kong
March 15, 1985

Dear Prof. Chiu,

With mixed emotions, I have decided to leave the University of Hong Kong later this month. I would like to take this opportunity to thank you for your professional and personal guidance and friendship during my stay of nearly four years here. Apart from the academic achievement, it is the quality contribution of persons such as yourself that has made my experience most rewarding.

I will be taking up a new teaching position at the address below. I hope that you will contact me whenever you are in Japan or drop by when you are in the vicinity of Nagoya. Also, please write from time to time and let me know how you are doing. I look forward to the opportunity of

（此信共兩頁）

being with you again at some future occasion. Until then, please take care of your health, and I wish you much success.

Sincerely yours,

Yukiko S. Jolly

Yukiko S. Jolly

Prof. Y. S. Jolly
Nagoya University of Commerce
Sagamine, Nisshin-cho
Aichi-gun, Aichi 470-01, Japan

(Tel. Central Office:)
(05617-3-2111)

趙教授,

Thank you for your kind words this afternoon. I'm sending this note to you so that you can contact me in future. Do write me if you you need me for anything! Good luck to you.

Yuki

May 24, 1985

NO.

Dear 趙教授,

Hope you enjoyed attending the conference in Taiwan. I received a letter from Judy Chung of the Language Centre requesting me to mark the exam scripts of Jap III 1. I'm enclosing a copy of my reply to her for your reference.

Have you received a summer grant from the Japan Foundation for the intensive course? If you need my assistance in teaching the course, as you mentioned before my departure in March, please let me know soon. Although I have a few engagements scheduled during summer, I'm sure I can arrange to come down to HK around those activities.

As of now, it looks like I should be free from July 20 to Sept. 16.

Have you talked with Lee Ngok recently? How's he doing in Australia? Please send him my regards. Is the V-C going to UK this summer? Please convey my greetings to him, too.

Looking forward to hearing from you, soon.

Yours Sincerely

Yuki Jolly

July 10, 1985

Dear Chiu-san,

Hi! How are things at HKU - Arts Faculty? By this time you may be gone to Australia or Europe. Is your son (that tall, handsome young man I met in your office) in England now? How's Lee Ngok?

How's the new Japanese Studies Dept.? Is Prof. Campbell-Hurst (sp.?) from Kansas U. coming? I'm anxious to find out about the programme and the personnel. Won't you let me know?

Hope to hear from you soon.

Your friend,

Yuki Jolly

名古屋商科大学

Kakubayashi, Fumio

Kakubayashi, Fumio 角林文雄，男，日本史學家，曾於新西蘭梅西大學任教，著有《任那滅亡と古代日本》（任那的衰亡與古代日本）、《倭と韓：邪馬台国の源流を探る》（倭與韓：探索邪馬台國的起源）、《日本古代の政治と経済》（日本古代的政治與經濟）、《アマテラスの原風景：原始日本の呪術と信仰》（天照的原始場景：原始日本的呪術與信仰）等。

31st May 1983

Dr. L.Y.Chiu
Chief Editor,
Journal of Oriental Studies,
Centre of Asian Studies,
University of Hong Kong,
Pokfulam Rd.,
Hong Kong.

Dear Dr. Chiu,

In January I sent my article "Reconstruction of the History of Fourth Century Japan" to Professor Ho Peng-Yoke of the Department of Chinese to be considered for the Journal of Oriental Studies. He informed me that as he did not belong to the editorial board of the Journal, he handed it over to you. I understand it is in your hand. I would be happy to rewrite my paper if there are any errors or misunderstandings, or if the style needs changing. If the article is not accepted, please send it back to me.

I would be grateful to hear from you at your earliest convenience.

Yours faithfully,

Fumio Kakubayashi

(Dr.) F. Kakubayashi
Senior Lecturer in Japanese.

Kanda Matsuoka, Tamaki

Kanda Matsuoka, Tamaki 松岡環，女，日本學者、紀錄片製作人、日本銘心會創會會長，本為小學教師，後推動紀念及承認南京大屠殺，著有《南京戰・閉ざされた記憶を尋ねて》（《南京戰 ・ 尋找被封閉的記憶》），拍攝南京大屠殺紀錄片《太平門 —— 消えた 1300 人》（《太平門：消失的 1300 人》）。

March 10, 1997

Dear Prof. Chiu,

I hope you remember me.

I met you in the ~~summer~~ spring of 1993 when I was conducting the research on the subject "Cultural Exchange through Films in 20 Century Asia". I deeply appreciate your kindeness and your help extended to me at that time.

Based on that research I've completed my first book and it has publoshed just now. It took me for about three years to complete this book, as these days I've been very busy for writing co-author books and magazine articles, giving lectures, introducing Indian and other Asian films to film festivals in Japan, and so on. I must apologize to you for the delay of my book.

I've sent one copy of it to you by separate ~~air~~ mail. Though this book is totally in Japanese language, You can find your name in the index or in the acknowledgement list which has a roman script. I hope you like my book.

Thank you again, and I hope to see you again.

Sincerely yours,

Tamaki M. Kanda

Tamaki Matsuoka KANDA

I'm here to attend the film festival. As my schedule is very tight, I'm afraid I can't visit your office in the university this time. I'm sorry.

Kim, Hak-chu

Kim, Hak-chu，金學主，男，韓國漢學家，韓國首爾大學榮休教授、大韓民國學術院院士，曾任韓國中國學會會長，大力推動翻譯眾多中國古代經典書籍，著有《中國文學史》、《孔子의生涯와思想》（孔子的生涯與思想）、《中國古代歌舞戲》，及過百種論著及翻譯作品。

Dear professor: June 22, 1984

The foruth International Chinese Studies Conference sponsored by the Society for Chinese Studies of the Republic of Korea, is scheduled to be held in Chun-buk National University from Setember 3 to 5, 1984.

The theme of this conference will be " The Chinese Culture and Kuwen movements. " (中國文化與古文運動) The formal languages of this conference will be Korean and Chinese, and the subject of the papers can be chosen by the writers freely within the theme of this conference, but whatever length the paper maybe, each paper presenter will have only 30 minutes for oral delivery. All the participants from abroad will be provided with hotel accommodations and meals during the conference period.

In my position as the president of the Society for Chinese Studies of R. O. K. and the chairman of the forth coming conference, I take a great pleasure in formally inviting you to attend the conference with a paper.

Looking forward to seeing you at the conference next September. Please write me if you have any questions.

Cordially yours,

Hak-chu Kim
President
The Society for Chinese Studies
Seoul, Korea.

Kramar, Leonie

Kramar, Leonie（1924—2016），女，澳大利亞教育家，曾任悉尼大學校長及澳大利亞文學教授、澳大利亞廣播公司主席，獲授英國爵級司令勳章（DBE），主編 *Oxford History of Australian Literature*，並有 *Language and Literature: a Synthesis*（合著）等眾多著作。

28th June 1995.

Dear Professor Chiu,

Once again I am indebted to you for your kindness. It was a great pleasure to meet you again, and I very much enjoyed our conversation over dinner, and meeting your colleagues the next day.

Later today I shall be meeting the senior government official to talk about a collections building for the University. I am hoping that something can be arranged, because it's very important that we provide public access to the University collections. I shall keep you informed of progress.

I hope for an opportunity to reciprocate your hospitality here in Sydney.

With best wishes –

Yours sincerely,

Leonie Kramer

Telephone (02) 351 4164 Facsimile (02) 351 4773 DX1154 Sydney

Kumekawa, Mitsuki

Kumekawa, Mitsuki 粂川光樹（1932—2018），男，日本學者、作家，曾於美國普林斯頓大學、日本明治學院大學任教，後為新加坡國立大學創立日本研究學科，著有《極東語学校夜話》（閒話遠東語言學校）、《上代日本の文学と時間》（古代日本的文學與時間）、《明暗ある終章》（《明暗》最終章〔夏目漱石長篇小說《明暗》的續成作〕）等。

April 4, 1987

Dear Professor Chiu,

Thank you for your letter dated March 5, 1987. Today, Ireceived your reminder and the copy of the examination papers. I am sorry that I could not reply you soon partly because of my trip to Okinawa and mainly because I had to take some procedure to arrange my schedule to visit you.

Unfortunately, I have an inavoidable meeting on May 29th which is Friday and another less important meeting on Sunday, May 31st.* So, the best time for me to visit you should be between Monday, June 1st and Sunday, June 7th. May I propose that I leave Tokyo in the afternoon of May 31st for Hong Kong, stay there a week and leave Hong Kong in the afternoon of June 6th or morning of 7th? However, if it is desirable, I can cancel my second meeting mentioned above on May 31 to come to you within May 30th. I am also ready to extend my stay, if necessary, till 9th morning of June.

I will read the exam papers promptly and send my comments as soon as possible.

With best regards,

Yours sincerely,

M. Kumekawa

Mitsuki Kumekawa

Lai, H. M.

Lai, H. M. 麥禮謙（1925—2009），男，美國華裔史學家，曾於美國三藩市州立大學、加州大學柏克萊校區任教，並曾任美國華人歷史學會會長，著有 *Becoming Chinese American: a History of Communities and Institutions*、*A History of the Chinese in California: a Syllabus*（合著）、*The Chinese of America, 1785-1980: an Illustrated History and Catalog of the Exhibition*（合編）等。

Jan. 7, 1985

Prof. Chiu Ling Yeong
Dept. of Chinese
Univ. of Hong Kong
Hong Kong

Dear Prof. Chiu:

Attached is the final draft of the report I gave at the December conference.

It had been an educational and rewarding experience to be able to attend the conference and meet with scholars from different parts of the world. It certainly gives me wider perspective on the overseas Chinese history. Congratulations to you and your colleagues for a job well done. I look forward to the publication of the proceedings and to the next conference.

Yours sincerely,

H M Lai

H. M. Lai

Leung, Kai Cheong

Leung, Kai Cheong 梁啟昌，男，美國華人學者、中國古代文學專家，為美國聖荷西州立大學榮休教授，著有 *Hsu Wei as Drama Critic*，及眾多論文和書評。

San José State University
WASHINGTON SQUARE
SAN JOSE, CALIFORNIA 95192

SCHOOL OF HUMANITIES AND THE ARTS

Department of Foreign Languages (408) 277-2576

May 4, 1984

Dear 令揚兄：

Just got back from the Grand Canyon area and found your letter — Many thanks. The one who typed the manuscript had many typographical errors (notably "enuch" for "eunuch," etc.) — I'm sure you've noticed.

How are you, and our mutual friends (李 Yuet Ting, for instance)? Do let me know whether you are in the San Francisco Bay Area — I live about 50 miles south of ~~the~~ San Francisco.

Best regards.

KC

THE CALIFORNIA STATE UNIVERSITY AND COLLEGES

Give my regards to 炳良

August 13, 1997

Dear Ling-yeung:

By the time this letter reaches you, you are probably in Australia. It was a pleasure meeting you in Budapest. I looked for you the first day I arrived (Tuesday); it was ridiculous that the organizers had no way of tracing where you lived. I am enclosing the following:

a) portrait of Marx and "revisionist." (negative also enclosed, so you can blow it up and hang it on the wall!)
b) facade of Economics University
c) familiar scene of congress week -- remember the statue of liberation on the hill? (You'll recall that many houses in Budapest still bear the bullet holes left from World War II.)
d) scene of Pest from cable car on Buda.

I hope you did get to Gundel for dinner -- by the way, I read in a magazine about Hungary winning third place in an Euro cuisine contest. I like Budapest, especially the fin de siecle (I mean the last one, of course!) atmosphere of many of the old buildings. Speaking of that, I hope you have had coffee at the famed Cafe New York (circa 1900) with its unrivalled splendid interior of the last age of grace and grandeur. Many famous painters, musicians, and world figures used to frequent this place.

Best wishes,

Loney, June

Loney, June（1930—2016），女，澳大利亞豎琴演奏家，曾任悉尼交響樂團豎琴首席，及於悉尼大學悉尼音樂學院任教。

2nd April, 1981

Very dear Ling,

Our letters crossed! It was so good to hear from you yesterday evening when I returned to P.B. after three very busy days in Sydney. Thankyou for writing to me.

I was relieved to hear that Dr. Huang was preoccupied with his VC's conference and that was the reason for the delay in hearing from the University about the appointment. But still I must wait until I do hear before giving my resignation to the Con. They are now aware of the situation with Hong Kong U. and are showing real good-will. But the Head of the Department has a replacement lined up for my post in Paris and he will be very pleased when I can let him have some definite news.

I would like to resign from the Con as from the beginning of July (i.e. the end of this semester) otherwise I may have to teach on until the second week in December. Personally I don't mind too much 'though it would be better to have a full academic year in HK to prepare for the first student intake. There's a lot to be done in order to make this possible as I'm sure

（此信共五頁）

you would know.

I saw the Sid Nolan "Paintings from China" exhibition which was in the upstairs of the N.S.W. State Gallery and at Rudy Komon's gallery in Paddington. 9 paintings at the State (which I preferred) and 6 at Rudy Komon's. Nolan has really changed stylistically. The landscapes are quite primitive and almost like children's paintings but beautifully effective. The colours are especially vibrant. He's using much more pink and very fast colours. There was a kind of rough energy in the paintings of Chinese pots and horses — too rough for my taste — but I don't think these are destined for the exhibition in China.

I spoke to Sid himself on the telephone at the Wentworth and we hope to arrange a meeting when he returns from Melbourne the week after next. Arrangements for the Hong Kong exhibition are going ahead. He already knew about your interest and seemed very pleased indeed. He said he will be passing through HK early in May and could stop off for discussions about the exhibition. The Phillipines too are offering to have it there. And Sid is doubly delighted. When we meet I'll show him the brochure that Peter Leung gave me. I hope that you will be able to meet him when he visits. Best to contact Mr. Nicholson at the Australian High Commission as soon as possible. Usually the High Commissioner

3

provides accommodation and sets up meetings for visiting Australian artists of Sid's distinction. If the HK University really want to be hosts for the Exhibition then I think you must move fast. Perhaps Nicholson has already been in touch with you?

The VC was inclined to allow the Exhibition to be shown down town when I mentioned this to him — but perhaps this was because of his anxiety about the VC's conference. Maybe he felt just then he had enough on his plate. Ling I'll have to leave this to you and Peter now and I'm sure between you you'll know how to handle the matter.

This is all very exciting and I'm delighted that Mr. Nicholson has acted so swiftly and that arrangements are going ahead. I hope you will be pleased too.

Don't hesitate to contact me again if there's anything more I can do from this end.

Well dear Ling I must fly now to catch the post as I want this to reach you as quickly as possible. I'm so delighted about the Nolan exhibition. This could bring Hong Kong U. such prestige and how marvellous to have Nolan associated with the University. This means that we'll automatically be able to interest Arthur Boyd (who's Nolan's wife Mary's brother). What a coup! Hope the Fine Arts Department will

4

be pleased.

I hope this finds you well and in good spirits. I hope too that your visit to Canton was profitable and interesting.

I've had a few tentative lessons in Chinese characters but have not enough time at present to give to Mandarin Studies. Am hoping to do a crash foundation course at Sydney University starting in June in Mandarin language. Am very excited about this and want to get going before September so that by the time I come to join you I'll have made a start.

I feel such empathy with the Chinese now. And worlds are opening before me. My time in Hong Kong was so fascinating and I long to return as soon as possible.

I think it may be possible to interest Dr. Nicholas Rautley in one of the other music posts. I spoke with his girl friend yesterday. We would make a superb team and I'd be very thrilled if he does apply. A very charming young Englishman, beautiful pianist and fine conductor – especially of choirs. Cambridge background. I can see him in HK. His main research interest and love is 19th century European Music but he can teach everything we need....and more. His Ph.D. was in metrical patterns in C19th music. No special interests in Chinese music but the other post will take care of that. And

5

so will I if my Chinese Studies make good progress.

Already I'm missing Hong Kong more than England. And obviously looking forward to September.

Naturally I'm hoping some other musical meteor doesn't streak across the horizon. And that HKU doesn't change its mind about my suitability for Head of Music Department. Strangely my confidence grows daily. And your most welcome letter has set my mind at rest.

Again my devoted thanks for making my time in HK so wonderful. I'll look forward to entertaining you in Sydney in July. Until then letters will have to suffice.

Much love,

[signature]

P.S. Right now I am busier than I can ever remember being and only just keeping my head above water. I'm also incredibly happy. Really life could not be better.

K.

26th June, 1981

Dear Ling,

Many thanks for your letter and WELCOME TO SYDNEY !! My apologies for not being able to greet you in person.

Sadly I am away from Pearl Beach from Wednesday 1st July – Monday 6th July. (I have some music being performed in Geelong & Ballarat).

But if you are free I'd like to ask you up to Pearl Beach the following weekend (July 10/11). I have another concert in Sydney

（此信共兩頁）

2

that Sunday afternoon and would love you to come and hear some of my music. Anyway please ring me (and I'll try to contact you) from the evening of Monday July 6.

Longing to see you and hear all the news from Hong Kong. And if you can make it to Pearl Beach I can show you this beautiful place. And it is very relaxing.

I'm only sad that I'll not be here to greet you as soon as you arrive.

Love,

June

Sunday evening 27. III. 81

Dearest Ling

I write only briefly and late on Sunday evening after my weekend guests who now own my beautiful dog have departed. Although very tired I simply couldn't allow another day to pass without writing to thankyou for your innumerable kindnesses to me during my visit to Hong Kong. Really I don't quite know how I'd have coped without all your dear help and support. Dearest Ling I hope you will always be able to count upon my friendship. The 17 days I spent in HK were so fascinating and I am so looking forward to my return.

I wait with growing impatience for definite confirmation from the University of my appointment. Without this I can make no plans. Already the Conservatorium are pressurising me to know if I'll stay on next term (which runs from August to December). I've told them that I think not but without definite news I am unable to burn my bridges in Australia. I trust it is merely a formality, or mails, or both, which delays

（此信共三頁）

2

news. I need scarcely tell you how disappointed I should feel if things should not work out at this stage. I have written to Ngok and I'm sure he'll reply as soon as he is able. I've also sent him a newspaper article from the Sydney Morning Herald from 1967 and asked him to pass it on to you. I think you may like to have it.

I so look forward to seeing you and Ngok when you are in Sydney at the beginning of July.

My welcome home was very warm. Everyone while being pleased that I'm back seem also to be delighted about the Hong Kong developments. Perhaps it is my own enthusiasm which is catching.

My students and work in general are keeping me busier than I can ever remember being. There's so much to catch up with. It's pretty exhausting but I'm trying to cope by simply living each day as it comes along.

Last weekend was taken up with the funeral of my Aunt who brought me up in Central Q.L'd from 3½ - 9½ years old. She had been in a coma for 22 months since a stroke so in a way her death was merciful 'though difficult still for her immediate family.

3

Tomorrow I'm going to see some of Nolan's 'Paintings from China' exhibition which is being held in Sydney at present. This I am looking forward to very much and will of course take the opportunity of sounding out the feasibility of having these in Hong Kong. I'll keep you posted on this.

But right now Ling I must return to preparing this week's lectures.

Again my very dear thanks to you for looking after me so well while I was in Hong Kong. I hope this finds you well and in good spirits.

Much love,

Jim

Mazumdar, Sucheta

Mazumdar, Sucheta 穆素潔，女，美國籍，中國及印度研究學者，於美國杜克大學任教，成露茜編寫 *Linking Our Lives* 一書的助手，著有 *Sugar and Society in China: Peasants, Technology and the World Market*、*Antinomies of Modernity: Essays on Race, Orient, Nation*（合編）、*From Orientalism to Postcolonialism: Asia-Europe and the Lineages of Difference*（合編）等。

Dear Professor Chiu,

You must think very poorly of me for not having written many months earlier to thank you for your hospitality in arranging my stay at Robert Black College. I do indeed appreciate your having sent all my books, and having been so gracious a host. Please accept my apologies for my tardiness.

Since I came back in January, life has been most complicated and crazy, and I have had to move house three times since. This academic year, I am a post-doctoral research associate with the China Program, University of Washington. The life of a wandering scholar is not an easy one.

I hope we will keep in touch and that you will forgive my unintended rudeness. Thank you again for having sent my books.

Yours sincerely,

Sucheta Mazumdar

Mulder, W. Z.

Mulder, W. Z.（1905—1987），男，荷蘭籍學者、攝影師，曾於悉尼大學任教，著有 *Die vreemde Oosterling: Een verkenning van de Oosterse mens en zijn denkwijze (The Strange Oriental: an Exploration of the Oriental Man and His Way of Thinking)*、*China: from Yao to Mao*、*Hollanders in Hirado: 1597-1641* 等。

February 03 - 1984

Dear Ling-yeung ,
Thank you for your letter and news .
When in Sydney I already learned that Bertie was not going to last till Xmas ; he was reported as clear in mind and speech , but I did not look him up in order not to irritate him , we did not get along too well , remember ?

As to Mr. SUNG I shall wait untill I hear from him , having waited more than 3 years I can wait a bit longer . Anyway I have seen and corrected the proofs at his typesetting connection , a very nice and capable woman in Mong Kok who runs it . CHIU MAN it is called , 110 Chung Choi St. ph.

（此信共三頁）

I agree Australian Education is not attractive but on the whole I have a much better impression of the schools in the ACT than in Sydney . Both my grandchildren attend schools in Canberra and my granddaughter scored last year for an extra course this year because she is a so-called 'gifted child and the Govt is doing something about that and will this year run a few trial runs in ACT . For boarding schools in England you might ask Mrs Petty , who had all her children there from High School onwards and deliberately did so in not-so-big cities with great success .

John Mills lost his wife and still his book on toponyms is not ready ; I have offered him to come and help him to finalise it and now await his reply Better to go and see for myself how it stands than maybe , after his demise , be compelled to do so and not even knowing what or how he wanted it to be arranged . It wont be a cheap book either !!

So far we have not had much winter yet . I have seen more snow on Tamoshan one winter than this one 83/84 on lat. 54° North .

I take it Jim Bullen is still in Kuanchow-wan ? His contract came up for renewal in Nov. but on his Xmas card everyting sounded normal . When in Sydney I found a friend prepared to support him when and if he wanted to join Trade & Commerce and in Canberra Jocelyn Chey would do the same.

When you are coming to Europe again please remember this House has guest quarters for friends of inmates Bilthoven is plumb-center of the Netherlands and you can be in Leiden or Amsterdam or Rotterdam in an hour Every hour there is an Intercity 2 x plus two stop-trains.

Bye for now and my regards to J.

Sincerely

Bill

BM BILTHOVEN

08-05-1984

Dear Ling-yeung ,

Please note the date ! It is now nearly 9 months ago that I was in HKG and Mr. SUNG promised me he would start printing in October . Through a stupidity on his part and I presume a clerk in someone's office the last few pages reached me in November when already back in Holland . I sent them back by AIRMAIL on Nov, 10th so he should have been printing before the year was out . But another 4 to 5 months later I still have not heard from him . Does he realise that in March 1979 (YES , more than 5 years ago he signed a contract and I paid half the price de demanded)

（此信共三頁）

Nothing since , only poor galley-proofs in two letter types (unpermissable!) and only after a friend of mine looked him up in his Friendship Printery ; friendship , my foot , he treats me more as an enemy . It cost me £850 last year to sit for some ten days a full day's correcting the proofs ; in Mongkok of all places and August. The lady who ran the typesetting shop , however, was very nice and thoughtful and setting errors I had marked in the morning were corrected before evening .
So , please tell him I am totally disgusted with him and the services he offers .

We had a very mild winter and not a flake of snow . Last month I went to Switzerland at the request of John Mills (of Ying Yai Shêng Lan fame) who turned 96 and is still working on his Encyclopedia of Toponyms in early discoverers XVIc.

I took upon me to 'do' about 250 toponyms for him from a Dutch book based on Portuguese discoverers. XVIth century dutch ! And every toponym had to be compared with charts and B.A. Pilot Books to find the modern name of the blasted place and position in lat. and long. Well , thats over and done .

Already the next job is on my desk : A Chinese star-map of the skies in some 20 sheets , looks modern at first sight : characters read from left to right and in simplified characters . Maker is YING Chi-tong , never heard of the man . If there is anything on the man or his star-maps I am keen to see it .

Well thats all for the moment,
and remember if ever you stray
as far as Holland I can put you up
in one of the guestrooms here!

Yours
Bill

14 november 1984

Dear Ling-yeung ,

It was a pleasure indeed to receive your parcel, as the first thing I noticed was that the sender was PROF. CHIU . Proficiat with this last step the way up !!

In due time I hope to hear all about it .

SUNG . 4 years less a month since we contracted and exactly O N E year after he had the complete set in his possession , at long last the blueprint I must admit that the print looks all right but the foto's are nothing to write home about . I also missed 3 maps but presume he is going to do these as end-papers . Just to make sure I am going to send y o u the design of the cover and extra foto's for the front and rear end-papers . Please impress on him that he has to find an orange and a blue that matches mine , for a reason he would never understand . Not just an other orange and another blue , on the Australian principle : she is near enough . On the back of the cover just the bands of colour .

（此信共兩頁）

In a few days I am also going to approach my old Company on the shipping to Holland ; they have an office in the Sincere Building that does the more practical things , North Point is more a regional center for the Regional Manager .
For practical reasons Sung should not pack more in a carton than 20 kilo's . I estimate that is about 40 books .
In a sense he is lucky that I had not contacted an English friend of mine in HKG yet ; he had heard about the slackness and indifference of Sung and offered me the assistance of his Office' lawyers to sue Sung for breach of contract and damages . After all I spent nearly HK$6 000 last year to sweat in the August heat for a fortnight and correct the damned thing . Sung also asked me to pay him n o w .Not before I am sure he has delivered the goods at the adress I shall give you in due time shall I move towards paying . In the meantime he can send me the Bank A/C number

and the least he can do is offer apologies for the poor service he meted out to me . What he in reality should do is repay me the unnecessary trip last year . And , please remind him that he should , at the same time , pack my manuscript C H I N A from YAO to MAO , plus the some 50 foto's he is still holding for me , to return to me for I found a publisher who is interested in it .
Expect to write again in a weeks' time , not to him but to you .

Best wishes and thanks again for your help to an old "mate" .

Bill

01 02 85

Dear Ling-yeung ,

Thank you for your recent letter , am glad you have secured a Chair and take it for granted that they will keep you busy just for the hell of it !

It is good to have to visit China because you will gradually get the 'feel' of the take-over in '97 and its consequences for HKG . Personally I have the feeling that they will not make any haste in sinifying HKGU and HKGU has another decade to ooze out those that they know damned well will not be welcome to the new system . Nor like it ! In that respect the search for a new VC is a ticklish job for to get rid of a VC , once he has been appointed , is a more than major operation .

Good news of Jerome ; yes I was always fond of him and trust he will make it . And then Oxbridge , of course . Personally I liked Cambridge rather than Oxford when I was still in and out of England several times a year . Sometimes I go to Mills in Switzerland for a week or so ; he is now practically blind (and 98 !) and last year he asked me to 'do' the Dutch work of Jan Huyghen van Linschoten for him because his Dutch is non-existent and he - correctly so - expected his eyes would not last . So I did the 300 cards for him and he spent his last efforts on the English works . In his last letter , typed by a secretary , he announced that the whole work would be sent to the Royal Asiatic Society in London who are going to publish it .

A dept. of Japanese at HKGU ? Why not , after all at certain High Schools in the Colony they have been teaching Japanse for their HSC . Years ago there arrived 100 Japanese per day on Kaitak , who stayed an average of 3 days .

A CHêNG Ho Conference in Nanking ? Pity I have not completed my manuscript on Chinese Navigation , which includes CHêNG HO becuase I have found a lot of glaring mistakes in Ferrand , Pelliot , even Duyvendak and other european writers on the subject . A friend and classmate of mine here wants me to offer it to Sinica Leidensia , he is President of the Dutch Boxer Indemnity Fund so he can finance it but I am not so keen to publish it here because it would be printed at Brill Leiden and they have very poor characters in their printery.

Yours ever
Bill

On SUNG in a later letter .

February 17th-1985

Dear Ling-yeung ,

Enclosed please find a carbon copy of the letter I sent to SUNG last week .

I traced all the given dates very carefully because I shall need them in case I shall have to take him to Court when further delays occur . As a matter of fact I have started enquiries . Last week some Dutch HKG friend of mine visited Holland ; he is in import and export between HKG and Holland and , of course , his sizeable office in HKG employs a Law Office to sort out legal matters . My friend took fotocopies of all the material in my hands with him and will , when he is back in HKG in a few months show it to his lawyer . What annoys me most is the fact that when I was introduced to SUNG in 1980 I was prepared to like him ,he was a Shanghai man , showed me several books he had written and even gave me a work which was of interst to me . His office was a bit messy but neither is my desk a glaring symbol of my orderlyness . I think we are all a bit like that !

But in the course of the years it was impossible to go on liking him , he compelled me to fly into HKG in August 1983 and had he printed late in that year - which he could have ! - I might have shrugged my shoulders and said never again . But another year went by and still no book . And threatening not to print unless I paid is , between you and me , a form of blackmail . I had never expect that from him nor from anyone in HKG .

What can I do if he mucks the printing up or binds the book in an ungainly wrapper ? It gives me the shivers .

As to the Shêng Ho Conference in Nanking I dont think I can make it ; I have some lovely material for such a Conference but lack the time to write that up in a paper because it affects practically all the Western commentators on his Voyages , Ferrand , de Saussure , Prinsep , Pelliot , Duyvendak , Mills etc. and on the Chinese side PAu et al .

Best wishes to you

Bill

Easter Sunday 1985

Dear Ling-yeung ,

What a beautiful day to wring that bl. Soong's neck. Tschikowsky's piano concerto on the radio , suitable music to send him into his grave ! !

But that is not what I wanted to talk about . Since a few days I have discovered that a friend of mine in Amsterdam (whom I have helped to analyse stars on a Chinese star-map he is working on) has contacts with a certain ZHANG Yuzhe , director of the Zijinshan Observatory in Nanjing . 张钰哲 紫金山
Since he owes me something for my aid I have suggested he would mention me and my efforts on the astronomical navigation of CHENG Ho to this man and enquire if and whether they would be interested including my vieuws on this matter in the Conference on CHENG Ho which you mentioned would be held in Nanking later this year .
What I would like to hear from you is anything you could tell me on that Conference and keep me posted on further news on it .
For you will realise that IF I can attend it will mean a lot of preparation on this side of the world as to sponsoring . I am pretty sure that Leiden Uni no longer has the means (Govt. here is cutting into Education mercilessly !) to delegate me even if they would wish to do so . Then there is the Boxer Indemnity Fund , whose president at the moment is a classmate of mine 1940/45 . But the imperialist smell of that event would neither be a good introduction !?
I could try KLM for its top-boss is a man with whom I used to sail round HKG island on free sundays some 30 years ago . . . .
Anyway I shall be grateful for anything you can send me on this Conference .

On this side : busy with all sorts of things, health good , no complaints whatsoever .

Best wishes to you and J's.

Bill

Quested, Rosemary

Quested, Rosemary（？－2012），女，英國籍學者，曾於香港大學及馬來亞大學任教，著有 *The Russo-Chinese Bank: a Multinational Financial Base of Tsarism in China*、*The Expansion of Russia in East Asia, 1857-1860*、*Sino-Russian Relations: a Short History*、*"Matey" Imperialists?: the Tsarist Russians in Manchuria, 1895-1917* 等。

7 June 1984

Dear Dr. Chiu,

On behalf of the Committee of the Society for the Study of Sino-Russian Relations I write to invite you to present a paper in the Panel on Perceptual Aspects of Sino-Russian Relations to be held under the auspices of the Society at the 3rd World Congress on Soviet and East European Studies, Washington, D.C. 30 October - 3 November 1985.

We would like you to write on one ~~both~~ of the following topics:

"A critical commentary on Eric Widmer's thesis on the Soviet historiography of the Ch'ing" or "An evaluation of Joseph Sebes' analysis of the differing Soviet and Chinese interpretations of the 17th century documents relating to the Sino-Russian frontiers." Should you have time, both topics may be covered in condensed form.

With good wishes,

Yours sincerely,

R. Quested

R. Quested

2 March 1985

Dr. L.Y. Chiu
Department of Chinese
University of Hong Kong

Dear L.Y. - Professor L.Y. perhaps?

I am sorry to have to inform you that our panel on Perceptual Aspects of Sino-Russian Relations for the III World Congress on Soviet Studies, Washington, 29 October - 4 November, has been changed to a roundtable presentation because there are four participants. This is by order of the Congress Committee and nothing to do with me. But it would seem to exclude your participation as a discussant, unless S.T. Leong, who is very busy with his new Department, does not have time to prepare his paper. You may like to be in touch with him about this, and should any of the other three panellists drop out I will of course inform you at once. (In a roundtable, no discussants are allowed, they say).

We shall be delighted to have your presence for informal comment, needless to say, and in fact if it does have to be a roundtable, I am planning to arrange some kind of private session of the panel at which you would have more time to air your views.

Hoping you are well, likewise all old friends, and that 1997 does not weigh too heavily on things

Yours sincerely,

Rosemary

Rosemary Quested

Ryan, Janice

Ryan, Janice，女，澳大利亞學者，曾於澳大利亞伊迪斯科文大學任教，著有 *Chinese Women and the Global Village: an Australian Site*、*Ancestors: Chinese in Colonial Australia*、*Chinese in Australia and New Zealand: a Multidisciplinary Approach*（編著）。

12th January, 1985

Dear Professor Chiu,

I would like to congratulate you on a very successful symposium on 'Chinese Emigration'. I was grateful for the opportunity to deliver a paper. I certainly gained from the experience and the help and advice extended to me by the other delegates. I will send my paper to you by the end of January.

I would also like to extend my thanks to you personally for your friendship and encouragement. I certainly appreciated your help and look forward to seeing you and your colleagues at the next symposium.

Yours sincerely,

Janice Ryan

Janice Ryan

26 July 1995

Dear Professor Chiu,

I was delighted to see you at the Conference in December at the University of Hong Kong. I was disappointed that I did not have time to talk to you at length and to see Liu Yat-wing. Thank you for a copy of your book, it will be an extremely useful source book.

I have enclosed a copy of my book Ancestors: Chinese in Colonial Australia The launch of the book was a rather grand occasion and many dignitaries from the Chinese community came to the celebration. Negotiations are under way for the book to be translated into Chinese, so that is a very encouraging sign. So far sales have been extremely successful, and reviews very positive.

I hope you are well and perhaps we will catch up again at the next ISSCO conference.

Kind regards,

Yours sincerely,

Jan Ryan

Dr. Jan Ryan

Schmitz-Emans, Monika

Schmitz-Emans, Monika，女，德國籍學者、比較文學教授，於德國波鴻魯爾大學任教。

Bochum, den 16. Oktober 2001

Festschrift für Adrian Hsia: *Transkulturelle Rezeption und Konstruktion / Transcultural réception and/et Construction transculturel*

Dear colleague,
let me first thank you again emphatically for your kind offer to constribute to the festschrift which will be dedicated to Adrian Hsia on the occasion of his 65th anniversary. As the date of this anniversary is in 2003, I would like to ask you to send me your paper by the end of 2002 (December, 1st, 2002), in order to have the festschrift realized in time. The contributions should consist of about 10 to 15 pages (25-30 lines), and it would be very helpful to get them as word- or rtf-documents with an additional offprint for control purposes. Added to this letter, you will find a style sheet which you are kindly asked consult when you arrange your text. If any questions arise, please do not hesitate to contact me.
You may send your documents to my mailbox address:

<monika.schmitz-emans@ruhr-uni-bochum.de>

I am very much looking forward to our cooperation on the festschrift project.
With cordial thanks and best wishes
Yours,

Monika Schmitz-Emans

(Prof. Dr. Monika Schmitz-Emans)

Struve, Lynn

Struve, Lynn 司徒琳，女，美國史學家、印第安納大學榮休教授，專治明清史，著有 *The Southern Ming, 1644-1662*、*The Ming-Qing Conflict, 1619-1683: a Historiography and Source Guide*、*Time, Temporality, and Imperial Transition: East Asia from Ming to Qing*（編著）、*The Qing Formation in World-Historical Time*（編著）、*Voices from the Ming-Qing Cataclysm: China in Tiger's Jaw*（編著）等。

Dear Professor Chao:

Recently, I was interested to find your paper, 「明史編修與南明正統問題」, printed in one of the volumes of the 國際漢學會議論文集. For many years I have been studying the history and historiography of the Southern Ming. In 1974 I completed my doctorial dissertation on "Uses of History in Traditional Chinese Society: The Southern Ming in Ch'ing Historiography" (University of Michigan), and this year Yale University Press will publish my book, The Southern Ming, 1644-1662. Enclosed is an abbreviated vita, which lists my other writings, two of the chapters from my doctoral thesis that I thought you would find most interesting, and a copy of the (now somewhat outdated) bibliographical essay that will accompany my chapter on the Southern Ming for The Cambridge History of China, Vol. VII.

In the near future, I plan to publish a general historiography of the Southern Ming, and a guide to sources on that period, for English-language readers. If you have written other articles that pertain to this area of research, I would appreciate very much your informing me of them.

During the coming academic year, I hope to be in East Asia again. My plan is to spend about seven months in mainland China, and then to stop for shorter periods in Hongkong, Taiwan, and Korea before returning to the U.S. Although I have visited Hongkong several times in past years, I regret that I never have made your acquaintance. When I visit Shatin again, probably in the spring of 1984, perhaps we will have a chance to meet and discuss topics of mutual interest.

Although I probably will be abroad in the autumn of this year, please reply, if you care to do so, to my History Department address as given above. A graduate assistant will forward your letter to me.

Sincerely yours,

Lynn Struve

(Miss) Lynn Struve

P.S. One small error that I noted in your article: At the bottom of page 274 it says that the Prince of Kuei was captured in Burma in K'ang-hsi 18 (1979). Of course, that should be Shun-chih 18 (1661).

P.P.S. Please do not hesitate to write in Chinese, rather than English, if that is more comfortable for you.

1983年

Dear Professor Chiu,

Congratulations on your elevation to Dean of Faculties. I'm sure you are busier now than ever before, and I am sorry to trouble you with small matters in my letters.

I much appreciate your invitation to attend the Ming-Qing Conference at your university in December of this year. It sounds like a wonderful opportunity for me to become acquainted with the finest Ming-Qing scholars in East Asia. From your letter, it is not clear to me whether you would welcome my attendance at the conference as an observer, or whether you would like me to present a paper of some sort. If it is the latter case, please let me know what kind of paper would be preferred.

Of course, it might prove difficult for me to obtain funding to attend two overseas conferences in one year. However, if you wish me to present a paper, I can begin now to explore possibilities for funding. (The situation is complicated somewhat by the possibility that I will teach on a visiting basis at the University of Chicago next year--in which case I might not be able to receive travel support from my home institution.)

Recently, at the annual conference of the Association for Asian Studies, Yuan Tsing spoke with me about forming a Ming panel with you at the Midwest Regional Conference in the autumn of this year. Apparently you will be traveling in the United States at that time. Whether it be in Hongkong or in my country, I sincerely hope to see you some time this year.

Warmly and respectfully,

Lynn

Lynn Struve

1985年

Terrell, R. D.

Terrell, R. D.，男，澳大利亞計量經濟學家，曾任澳大利亞國立大學校長。

Dear Professor Chiu

I was delighted that you were able to attend the TT Tsui Lecture on behalf of Dr Tsui last week. I'm sure that you will agree that the lecture was a great success.

We are looking forward to finalizing arrangements for the second lecture, to be delivered in either Beijing or Hong Kong. I understand from Professor Bruce Stening that you have been negotiating with Peking University to have the lecture there. I would be grateful if you could proceed with those negotiations. As you may know, The Australian National University has close links with Peking University and I would personally be very pleased if the lecture could be held there.

I look forward to hearing from you concerning the arrangements once you have finalised them.

With my very best wishes.

Yours sincerely

Deane Terrell

R D Terrell
Vice-Chancellor

1998年

Dear Professor Chiu

I am writing to thank you most sincerely for your valuable contributions in helping organise the 1998 T.T. Tsui Annual Lecture in Asia Pacific Business. The lecture was a resounding success and that is due in no small part to your personal efforts, especially in relation to the lecture at Peking University.

Thank you, too, for acting as host for the dinner on the Thursday evening, in Dr Tsui's absence. A most enjoyable evening.

With very best wishes.

Yours sincerely

Deane Terrell

R D Terrell
Vice-Chancellor

1998年

Vasilyev, Dimitry D.

Vasilyev, Dimitry D. 瓦西里耶夫（1946—2021），男，俄羅斯東方學家、突厥學家，曾任俄羅斯科學院東方學研究所東方學家協會副會長、第 37 屆亞洲及北非洲研究國際學術會議秘書長，著有 *The Monuments of the Turkic Runic Writing of the Basin of the Yenisei Basin*、*The Graphic Fund of Monuments of the Turkic Runist of the Asian Range*、*Orhun, Orthodox Shrines of the Balkans* 等，並有眾多其他論著。

Dear Professor Chin Ling-yeong,

As you know, at the last 36th ICANAS in Montreal it was decided that the next 37th ICANAS would be held in 2004 in Moscow.

The Orientalists' Society and the Institute of Oriental Studies of the Russian Academy of Sciences will be the organisers of the future congress.

We are glad to inform you that in the near future we plan to invite to Moscow the presidents of last several Congresses. It would be very kind of you to share your experience of convening and conducting the 34th ICANAS.

We also would appreciate your experience in establishing Committees of support for organising the ICANAS in different countries and territories.

We'd be glad if you find some opportunity to meet with the members of the Organising Committee of the 37th ICANAS in Moscow.

Vice President
Orientalists' Society
Russian Academy of Sciences

Dimitry D. Vasilyev

2001 年

Wang, Ling

Wang, Ling 王鈴（1917—1994），男，科技史專家，曾在英國、美國、澳大利亞多所大學任教，與李約瑟（Joseph Needham）合作撰寫《中國科學技術史》（*Science and Civilization in China*），並有眾多其他論著。

5th June, 1985

Dear Ling-Yang,

It is almost three years since I passed through Hong Kong. I was rather exhausted while travelling and was sorry to have only a brief meeting with you and no opportunity to see other friends. I am very grateful to you for sending all my books to me afterwards. My wife and my boys all remember the welcome you and your wife gave them when they spent a few days in Hong Kong many years ago.

I am afraid I have not been in touch with most of my old friends since I retired from the A.N.U. in 1983. Towards the end of that year I was not well and spent a short time in hospital, and later on Ruth had to go to Sydney for an operation. Now fortunately we have both recovered and are now trying to make up for lost time.

Congratulations on your election as the Dean of the College of Humanities. Both Wang Gungwu and Li E told me this news. I therefore am writing to consult you as to whether there is any chance of inviting me to teach in the Department of Chinese Studies. I have also sent a letter to Ho Peng-Yoke about this, and Professor Huang Li -Sung. I enjoyed very much lecturing at Cornell and Wisconsin in 1966 and afterwards at the University of Washington (Seattle) in 1969-70. In each of these universities I lectured in Classical Chinese, also giving seminars on the History of Chinese Science. At each place I also supervised a few Ph.D. students. I would be happy to do the same things for the Hong Kong students. I know everything takes time and such matters cannot be arranged immediately. If there is any difficulty at the moment I would understand. The prospect of having a chance to teach in your university is of particular interest to me because at the moment I am thinking of buying a small flat in Hsin Chen 新鎮 which is not very far from Hong Kong.

This brings me to the other subject on which I would like to seek your advice. In the middle of April Hu Yaobang visited Australia. I wrote him a letter requesting the return of two houses in Nantung which my father built with his savings.

（此信共兩頁）

Unexpectedly they have now been returned, so my brother suggested that these can be sold. The money we receive could be used to buy a house somewhere else. I wrote to Joseph Needham last week telling him that I might buy a house in Shanghai. Now suddenly I heard onthe radio broadcast that lots of companies from Hong Kong have built flats in Hsin Chen. Since Hsin Chen is also within the boundary of the People's Republic of China like Shanghai, I assume that I could buy a house there instead of Shanghai with the proceeds from my father's house. I asked the opinion of Professor Li E on this point. He said he would write to you, thus I am also writing direct to ask you the following questions:

1. Is it possible to use Chinese money (jen min bei) to buy a flat in Hsin Chen ?

2. What would be the price of a small flat there?

3. Is the cost of living more or less the same as that in Shanghai or Peking?

Since you are almost on the spot your information would be very valuable.

With best wishes,

Yours, Wang Ling

P.S. I remember when I saw you as I was passing through Hong Kong 3 years ago, you mentioned my friend Professor Ch'uan Han-Sheng. I hope he is still there. Could you tell me his address?

Wheatley, Paul

Wheatley, Paul（1921—1999），男，美國地理學家，曾在英國倫敦大學學院、美國加州大學柏克萊校區、芝加哥大學任教，著有 *The Pivot of the Four Quarters: an Enquiry into the Origins and Character of the Ancient Chinese City*、*The Golden Khersonese: a Historical Geography of the Malay Peninsula before A.D. 1500* 等。

Department of Geography
UNIVERSITY COLLEGE LONDON
GOWER STREET LONDON WC1
Telephone: EUSton 7050

September 5th.

Dear Ling-yeong,

It was good to hear from you — rather a long time ago, I am afraid — but I have delayed answering until I am able to tell you whether I am going to Chicago or not. The answer is no. After a great deal of hesitation, a couple of weeks ago I finally decided to stay in London. The ready availability of such a large number of sources here was not uninfluential in my decision. However, the disorganization attendant on the uncertainty of my position has effectively prevented me from doing any serious work for the past six months.

I should be delighted if the AAS Monograph Series were to publish your thesis. Ho Ch'i sounds an important character. However, in January I hand over the editorship to Edgar Wickberg of the University of British Columbia, so that the handling of your volume would fall to him. But if you care to send it to me, I'll start the ball rolling. The final decision on publication rests with the Editorial Board, who base their recommendations on the reports of referees. I would have

（此信共兩頁）

liked to have had Joe Levenson as a referee for your work, but unfortunately he was drowned a month or two ago. I'll hunt up two sympathetic referees and send them *The Life & Thought of Ho Ch'i*, but it will be Wickberg who will take over from there. Of course, if you don't have it ready before January, you will have to send it to him directly. In any case, I shall look forward to reading it one way or another. Do let me know how you intend to proceed.

With best wishes,

Yours sincerely,

Paul Wheatley

Yeung, Patrick

Yeung, Patrick，生平不詳。

July 6, 1991

Dear Ling-yeong:

Time has really passed so quickly since our reunion in Toronto. I trust that things must be very busy for you but otherwise fine.

I am still looking for a good Cantonese-English Dictionary. I remember, in our discussion on this subject, you told me there are probably two in existence (prepared by missionaries? As such, they may be out of print). Could you kindly help me locate at least one, if not both, of these rare dictionaries? An English-Cantonese dictionary can also be of help as a substitute or complement. I hope this task would not put you to too much trouble.

Do have a good summer rest.

Thanking you for your help,

Your old classmate,

Patrick

PATRICK YEUNG

S. T.

11 Jan 1976

Dear Ling-yong,

It's awfully good of you to write so promptly in reply to my request to use your address for mailing purposes. I had two very hectic weeks in Malaysia. Got to Taipei a little over a week ago, and plunged straight away into work at the Academia Sinica here. As you know, I am turning to local history — I have selected the 潮梅 area as focus and am trying to see what can be learned about changes in that area from the Taiping era onward. I found a group of 10 researchers here each working on the modern history of coastal and riverine provinces — so there is quite a bit in common between them and myself, especially in the case of Kwangtung which is being studied by 王萍。

I shall be leaving here on Feb. 1 for Japan, and will plan to arrive in Hong Kong on 15th Feb. The stay is shorter than I have originally planned; however, I shall be up this way again early next year + hope to station myself in Hong Kong. Will discuss this in detail when I see you.

（此信共兩頁）

To open cut here 請由此處開拆

Dr. L.Y. Chiu
Dept. of Chinese
University of Hong Kong
Hong Kong

AÉROGRAMME 亞洲大洋洲航空郵簡 PAR AVION
(FOR MAILING TO ASIAN & OCEANIC COUNTRIES ONLY)

Sender's name, address & postal zone number 寄件人姓名住址及郵遞區號

c/o Miss B.S. Bartlett

Directorate General of Posts, Republic of China, 1974 交通部郵政總局發行 中華民國六十三年十月

Cheng Ching Lake, Kaohsiung

FIRST FOLD 第一摺

I have not given much thought as to where I might stay while in Hong Kong from Feb 15th to 22nd. But I ~~am a~~ have an AUS card which entitles me to share a room with someone at MIRAMA HOTEL. at 1/2 price. So I shall just let things be since my stay is so short. I shall be very grateful to have your help in arranging for use of facilities at Fung Ping Shan library + a visit with Prof. Lo. Looking forward to seeing you, & wishing you & your family a very happy New Year.

Yours S.T.

四海來鴻：
趙令揚教授友朋書信選集

Ever Sincerely Yours:
30 Years of Letters to Professor L. Y. Chiu

黃啟華、林光泰、楊文信、黃毓棟 編選

責任編輯　鍾　翶
裝幀設計　陳佩珍
排　　版　楊舜君
印　　務　劉漢舉

出　　版　中華書局（香港）有限公司
香港北角英皇道 499 號北角工業大廈 1 樓 B
電話：(852) 2137 2338　傳真：(852) 2713 8202
電子郵件：info@chunghwabook.com.hk
網址：http://www.chunghwabook.com.hk

發　　行　香港聯合書刊物流有限公司
香港新界荃灣德士古道 220-248 號
荃灣工業中心 16 樓
電話：(852) 2150 2100　傳真：(852) 2407 3062
電子郵件：info@suplogistics.com.hk

版　　次　2025 年 6 月初版

規　　格　16 開（240mm x 180mm）

ISBN　978-988-8913-45-9